携爱而行

Xie Ai
Er Xing

纪红建　曹永胜　杨丰美◎著

浙江人民出版社

位于杭州市西湖区文一路翠苑社区沿街的三替旧址——从这里开启一个行业

三替第一家物业服务点

第一个十年。图为三替集团总部大楼

第二个十年。图为三替集团未来科技城办公及培训基地

第三个十年。图为三替集团总部大楼及培训基地

2006年，商务部领导莅临三替考察调研，高度肯定三替所做的工作。图为同年在杭州召开的全国家政服务业现场经验交流会

2009年，三替仅用10天时间以星光速度、三替精神如期完成名特优星光大卖场的装修任务。杭州市委、市政府四套班子亲临开幕式现场，授予三替“突出贡献奖”

2013年，三替集团与新疆阿克苏地区签订了战略合作协议，助力实现共同富裕

三替始终将深切的社会责任融入企业发展，迄今已累计为近10万下岗失业失地人员提供免费培训与再就业推荐（照片摄于2013年）

2017年，三替集团在英国参加国际合作交流——三替的愿景是“有华人的地方就有三替的服务”

2018年，国家发改委领导率队专程赴杭，在三替召开全国家政服务行业经验交流座谈会，同时专门对三替家政服务进社区网点进行现场调研

2019年，为响应国家长三角一体化发展战略，三替集团董事长陶晓莺出席长三角家政服务一体化发展联盟成立仪式并担任轮值主席

2021年，召开“矢志践行初心使命，创造辉煌开辟未来”三替集团第37期主题学习会

三替集团董事长陶晓莺总是和一线员工打成一片，走近他们的生活，倾听他们的所思所想

三替集团董事长陶晓莺传递2008年北京奥运会火炬

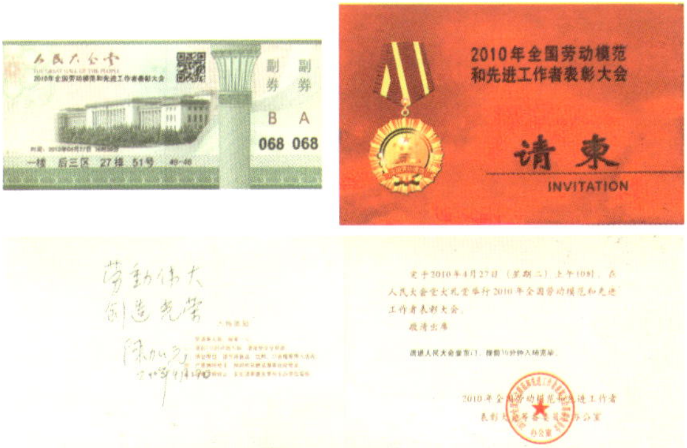

三替集团董事长陶晓莺荣获2010年全国劳动模范和先进工作者殊荣

2018年，浙江民营经济改革开放40年40人40事发布会邀请三替集团董事长陶晓莺作为民营企业家代表发言并分享创业经验与感想

2020年，国家发改委召开面向“十四五”的社区养老、家政服务发展经验交流会，三替集团董事长陶晓莺作交流发言

2022年，三替集团董事长陶晓莺受邀出席国家版本馆捐赠仪式并发言

2011年和2019年，三替两次受邀成为国家商务部家政服务教材主编单位。图为相关教材

2014年，三替集团积极研发新一代基于移动互联网的智慧家政云服务平台，并正式运营上线。这一平台已于2015年被杭州市委、市政府列为杭州市政府民生服务的重点项目。图为“三替·好生活”App线上发布会

三替集团是全国家政行业最早的搬家服务标准制定单位、浙江省唯一的一级搬家企业。下属的搬家公司获得全国工人先锋号、浙江省一级搬家企业、杭州市模范集体、杭州市抗疫先进集体等多项荣誉

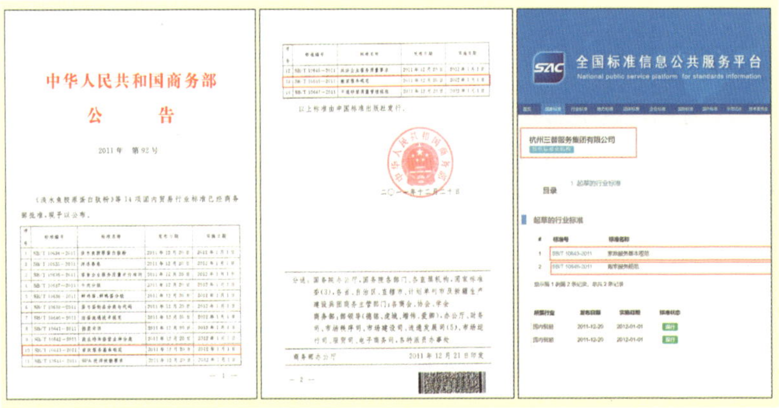
中华人民共和国商务部

公　告

2011年　第92号

以上标准由中国标准出版社发行。

二〇一一年十二月二十日

2011年12月21日印发

全国标准信息公共服务平台

National public service platform for standards information

杭州三替服务集团有限公司

起草的行业标准

2011年，商务部发布公告，三替集团成为国家最早的家政、搬家服务两个标准制定单位

为社区80岁以上老人提供保洁公益服务的三替保洁师

三替保洁公司获得再就业先进企业、杭州市模范集体、全国首届未来家政创新创业大赛一等奖和“带动就业”单项奖等荣誉。图为保洁师服务工作场景

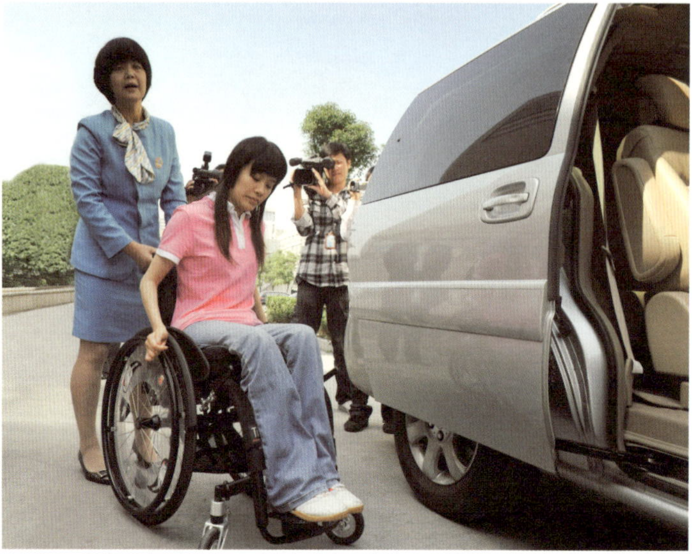

2009年，桑兰在三替找到称心如意的家政管家助手后，专程来三替登门道谢

保姆工作照

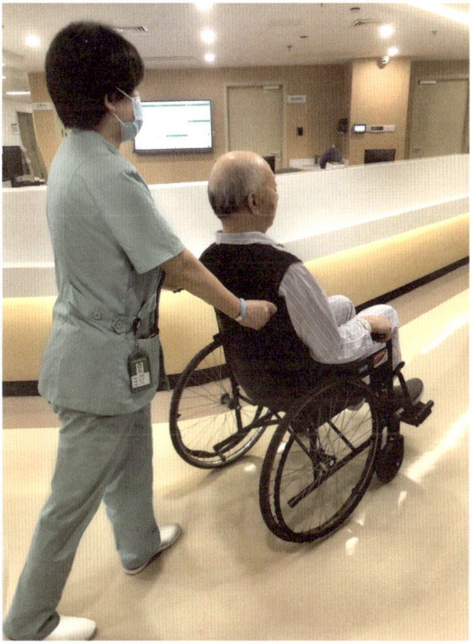

病患护理工作照

三替有数以千计的人员每天都在医院提供病患护理服务。图为浙一医院的部分病患陪护员

2017年，三替被评为杭州市健康养老家政示范企业。三替集团用一站式居家养老服务打造“没有围墙的养老院”，实现了家门口的五星级健康养老生活场景。图为三替服务网点

养老护理工作照

来自大山深处的三替家政学院的学生深怀感恩之心，专门用绿植手工制作了一幅画作，寓意“三替号”直升飞机带领他们走出大山

三替家政学院是国内唯一一所由家政企业创办的家政专属学院。为响应“扶贫先扶智”的号召，三替家政学院每年为贵州提供100个免费就读三替家政学院的名额。图为2014届学生毕业照

夏美琴，1998年入职三替，成为一名保洁员，如今已成长为全国五一劳动奖章获得者、优秀家政服务员，并转型为一名保洁培训老师

汲长洋，1992年入职三替，如今已成长为管道疏通专家，获杭州市劳动模范、“杭州工匠”、杭州五一劳动奖章、杭州商贸特色服务品牌个人、杭州市十大家政服务明星等荣誉

方良言，1993年入职三替，现任搬家公司经理，获浙江省五一劳动奖章、杭州市职业技能带头人、“管道专家”等荣誉，并成立了方良言大师工作室

序　一

时光飞逝，20多年前，我在杭州当市长的时候认识了三替，到三替调研考察受到触动后，给三替题词：“这是一项极其伟大的事业。”从此以后，我一直关注三替的发展，亲眼见证三替的壮大。三替的“替您排忧，替您解难，替您受累”精神，深深打动了我。从当时的初创企业起步，发展成为现今家政行业的龙头企业，三替为服务业发展和群众就业作出了重要贡献。

记得当年，我提出杭州要实现产业升级、提高城市品质，必须大力发展服务业，包括生产性服务业和家庭及个人生活的服务业。这是社会主义市场经济发展中专业化分工、社会化服务的必然，也是政府抓经济工作新的增长点。从人民政府为人民的群众观点考虑，一方面，如果有了与消费水平相适应的家政服务业，市民就能摆脱繁重的家务劳动，有空余时间去休闲、旅游、读书、健身，从而实现自身的全面发展；另一方面，下岗工人、“4050”人员等就业困难人群，就有可能在这个行业得到充分就业，获得相对稳定的收入，因为这个行业的就业门槛相对较低。

基于这样的考虑，杭州市政府大力发展家政业，政府有关部门也在各方面鼓励、帮助、支持家政业的发展，三替就是这一轮家政业快速发展中的领头羊。三替集团初创于1992年，那时还是一个只有十几个人、十几平方米办公场地的家政服务部，而此时人们还没有“花钱买服务”的概念，家政服务在国内刚刚起步，市场并不成熟。随着人民群众生活和消费水平的不断提高，服务需求日益增长，三替渐渐地被人所熟知，迎来了从小到大、从弱到强的黄金发展期。30年过去了，现在的三替已经是一个拥有1.5万多名在册服务人员的企业，是一家多元化经营、现代化管理的企业集团，极大地拓展了家政服务的新领域、新市场、新空间。同时，三替开始输出管理和服务模式，通过标准化、规范化发展，成为国家家政服务标准化试点单位，是全国最早的家政、搬家两个标准制定单位，是全国家政行业的先进典型，荣获“全国文明单位”称号。现在的三替，不仅仅是传统的家政服务提供商，更是平台化一站式到家服务的整合者，率先探索形成了家政服务的“三替方案”。

1992年到2002年，是三替起步发展的十年，也是三替经营拓展的十年。这十年，三替由最初的家政服务部发展成为拥有18大类100余项服务的多元化企业集团。2002年至2012年，是三替战略创新的十年，三替通过互联网技术和标准化管理手段，迅速转型升级，由原来的一家传统家政服务企业向现代化家政服务企业跃升。2012年以来的最近十年，三替从“触网”到“融网”，而且致力于打造“家政服务＋传统文化”新模式，培养良知员工，提供良知服务，建设良知企业，把爱带给千家万户，温暖千万家庭。

文化是企业发展的灵魂。三替集团将“诚信、爱心、满意、创新”的价值观与中国优秀传统文化相融合，建设具有家政行业辨识度的企业文化，用中华传统文化引领家政从业者，用独特的企业文化凝聚人心。三替是爱心铸就的品牌，始终将深切的社会责任感融入企业发展，在追求经济效益的同时不忘社会效益。自创立以来，始终坚持对孤寡老人、特困户、重残家庭实行免费服务，迄今已累计为近10万名下岗失业失地人员提供免费培训与再就业推荐。三替一直将国家的扶贫攻坚战略作为集团的重大战略，与新疆阿克苏、贵州黔东南、四川青川等地签订战略合作协议，通过“三替·好生活”平台，精准对接原产地与终端市场，帮助拓宽阿克苏等地特色农产品在东部地区的销路。集团依托三替家政人才培训基地，与四川青川、美姑、昭觉，贵州黔东南，江西南昌、鄱阳，湖北恩施、咸宁等地区加强特色农产品和家政供需对接，建立对口帮扶合作关系，助推四省边际发展。三替与衢州、建德等地结对，打造“衢州阿姨”“大同阿姐”等品牌，激活乡村劳动力市场，不断助力乡村振兴，让更多的人走上通往共同富裕之路。

员工好，企业才能更好。三替把员工作为最宝贵的资源，加强对员工的培训和教育，通过“送出去”和“请进来”培训相结合，采取各种途径培养各种管理人才、技术骨干，逐步探索出一条集招生招工、培训培养、就业创业于一体的家政人才生产线，提升员工服务理念、职业技能和职业素养。“三替·好生活”智慧家政云服务平台，被列为杭州市政府民生服务重点创新项目，品牌、标准、培训基地、管理信息系统、连锁经营网络、智慧家政平台建设、高端家政经营管理人才培养等系列布局，构成了完备的三替家庭服务体系。

“替您排忧，替您解难，替您受累”，三替简单明白、直抵人心的服务宗旨，成就了一个闪亮的服务品牌，成为全国生活服务领域的一张“金名片”。20多年过去了，我愈加深刻感到“这是一项极其伟大的事业”。三替的伟大，不仅仅在于它为客户提供了多少服务、为服务业创造了多少GDP，更在于其传承弘扬了一种自强不息、乐于敬业、服务社会的精神。三替职校教育和工作岗位实践，培养了一批批自信、勤劳、为客户提供良好服务的家政服务员，向社会传递了讲诚信、有良知、懂感恩的满满正能量。在三替，不仅能看到物质上的不断富裕，也能感受到精神上的日益富有。每个三替人把家政服务当成一种事业来追求、一个职业来对待，既成就了自己、发展了企业，更为社会和谐发展作出了积极贡献。

进入高质量发展建设共同富裕示范区的新阶段，人的全面发展是共同富裕的核心要求，是现代化的本质特征。三替不仅让每个家庭生活更美好，更能促进每个人的更好发展。三替，未来可期、大有可为！

认真翻读书稿，其中记录了三替的发展轨迹，蕴含着三替的价值追求，内容生动翔实，富有可读性。而且，本书对了解改革开放以来家政业的发展历程，对新时代年轻人的创业就业，也很有参阅价值。

是为序。

茅临生

壬寅年于杭州

编者注：序一作者为浙江省人大常委会原党组书记、副主任；曾历任杭州市市长，浙江省副省长，浙江省委常委、宣传部部长。

序　二

晓莺啼处是杭州

看杭州风景，“过尽晓莺啼处”；用杭州家政，选三替服务。替暑、替寒、替人愁，晓莺三替，是杭州社会服务的风景线。

古往今来，行政与家政、公务与民生自有明确分工。行政，“以法为分，以名为表，以参为验，以稽为决，其数一二三四是也，百官以此相齿”；家政，“以事为常，以衣食为主，蕃息畜藏，老弱孤寡为意，皆有以养，民之理也”。陶晓莺从事家政，三十年如一日，一以贯之，就是为了两个字：“三替”。我们由衷地赞她一个字：“值”。

30年是一个时代的长度。在特定的年代里，我们经历了许多从未验证过的事物。三替，原意是“替您排忧，替您解难，替您受累”，而实质是替人修路，替人担当，替一个新的群体确立新的社会关系，替一个新的发展阶段找到新的服务方式。城市化快速发展之后，如何解决社区治理的抵近式服务问题，实现社治有所理？老龄化社会形态显露之后，如何整合社会资源、开启融入性服务，达到年寿有所养？农村人口转型为城市人口之后，如何解决人口素质与服务业态双向提升，实现创业、择业各有所从？什么是有尊严的劳动？什么是新型平等的客服关系？什么是社会主义市场经济条件下的劳动力市场？三替的实践成了教科书式的案例。

三替是晓莺，晓莺啼醒殷勤人，让城市街区更加明净，让家常菜肴更具风味，让老有所依、脂穷而薪传。

三替是群英，陶晓莺集合了一个优秀的群体，那是善小而为、上善若水的一群人，不似精英，胜似精英。因为他们的存在，生活变得有序而美好。无论是风和日丽的城市阳台，还是疫情防控的街道社区，他们骑行如云，集合如林，受托守信，是孩子的牵手、老人的扶手、创业持家的帮手。他们是真正的精灵和群英，很少有人为他们唱赞歌，因为他们的工作“缺少创意”；很少有人为他们著书立说，因为他们是“弱势群体”；很少有人为他们设一个奖项，因为他们来自五湖四海，并非原住民。他们也有家，为了顾大家却远离了自己的小家。感谢陶晓莺为他们营造了一个家，并引领他们进入了千万家，与社区平台建立了血脉联系。他们的存在，抚平了时代变迁的折痕；他们的劳动，拉近了社会阶层的距离，保洁、保安、保育、保供，构建城市生活最基本的生命线，体现了共生同命的特殊意义。

希望三替的精神能升华为企业家精神——替国家效力，替社会分担，替民众解忧。民营企业不论在哪个行业，“三替”是基本宗旨，只有“三替”，才能换来“一替”——民众替你说话。

感谢三位作者替民营企业说话，替家政的从业人员说话。家政服务业自身也要提质保稳，在质量和数量上适应新消费、新生活的需要，学习数字化，打造新家政场景，获取线上线下的复合优势，强化员工服务的幸福输出优势。

勉之期不止，多获由力耘，三替仍须努力。

郑宇民

壬寅年于杭州

编者注：序二作者为浙江省人民政府党组成员，浙商总会党委书记、秘书长；曾任浙江省工商行政管理局局长。

目录
Contents

引子◇一壶冰心

那是2006年的事了。

那件事虽然早已融化在了三替集团董事长陶晓莺温暖的笑容里，却像树一样，深深扎根于汲长洋的心灵深处，奋力生长，迎接阳光、雨露，向上、向善。

故事发生在夏天。

“陶——陶总——我——我——”那天下午5点左右，汲长洋不安地给陶晓莺打来电话。

陶晓莺意识到情况不对，立即安慰汲长洋说：“不急，小汲，慢慢说。”

“陶总，我刚接到家里电话，我姐没了。”汲长洋说。

汲长洋来自山东临沂。那里不仅是中华文明的重要发祥地之一，更是一片神圣的土地、一片红色的沃土。革命战争年代，沂蒙人民为了建立新中国，不怕牺牲，留下了彪炳千秋的英雄事迹。而现在，那里的群众依然保持着民风朴实、勤劳勇敢的本色。由于家境贫寒，1992年，18岁的汲长洋跟着一个在杭州做苹果生意的亲戚来到了杭州，走进了刚刚起步的三替集团，成了一名水电工。而他的姐姐，则一直在老家做着接触化工原料的体力活，可能是长期接触有毒的化工原料，后来得了怪病，再后来病入膏肓。

“小汲，你一定要稳住情绪，节哀！”陶晓莺说。

“陶总，我本来不想打扰您的。”汲长洋忐忑地说，“我刚到汽车站，但今天从杭州到临沂的长途车没有了。”

“小汲，你赶紧回家收拾行李，在家等着就是，我马上安排车，送你回山东。”陶晓莺立即说道。

不到半个小时，车就来到了汲长洋居住的楼下。让他没想到的是，陶晓莺派出的是自己的专车和驾驶员。更让他没想到的是，刚一上路，驾驶员就跟他说，陶总说了，要全程保障他的用车，等他把家里的丧事办好后，再一起回来。

一个星期后，带着悲伤、感恩、不安情绪的汲长洋回到杭州。他回到杭州的第一件事，就是向陶晓莺表达自己深深的谢意，并掏出2000多元作为油费和过路费。陶晓莺微笑着推手，说道：“这个钱我不能收，这些都是小事，更何况我们是朝夕相处的同事呢。”

……

向我们讲述这段往事时，汲长洋眼里泛起了泪花。

他情不自禁地回忆起陶晓莺当年面试他的情景。那是1992年11月的一天，懵懵懂懂的他，在文一路11路公交车的翠苑总站下车后，看到正对面的一家门店挂着一个招聘水电工的广告。于是，他推门而入。面试他的，正是陶晓莺。看着瘦瘦的汲长洋，陶晓莺问，小伙子是哪里人。汲长洋用一口山东话回答说，山东临沂的。陶晓莺问，以前干过水电没有？汲长洋说，没干过，但从小就喜欢捣鼓这些，在临沂的一个厂里干过维修。陶晓莺说，那先试一下，感觉一下，如果能干，就留下来干。于是，他跟着老师傅一起走千家串万户，这一走，就是30年。

汲长洋说，虽然如今三替已经从当年一家名不见经传的小公司，发展成全国文明单位、中国驰名商标、中国商业服务名牌、全国现代服务业的先进典型。“陶妈妈”（三替集团员工背后都称陶晓莺为“陶妈妈”）也从当年的小经理变成了拥有全国劳动模范、全国三八红旗手等诸多荣誉与光环的集团董事长，但30年来，不论是晴天，还是刮风下雨，“陶妈妈”对事业的追求、对员工的关心始终如一。她脸上的笑容，她那颗温暖如春的心，也从来没有改变。“陶妈妈”的心永远是那样的晶莹剔透、纯洁无瑕。

30年来，汲长洋有太多的记忆和感动。

1994年秋的一天，汲长洋骑着自行车，拉着公司刚刚采购的新式设备，来到解放路的一个宾馆疏通管道。需要疏通管道的房间在二楼，他打算先上楼看看堵在哪里，查清情况后，再下楼取设备。考虑到需花费的时间不长，他就把自行车和设备放在了宾馆门口。几分钟后，当他下来取设备时，设备和自行车竟都没了踪影。他一下子变得不知所措起来，慌慌张张地问保安看没看到他的自行车。保安虽然同情，但也只摇头说不知道。汲长洋想，可能是被小偷偷了。他还想，时间不长，小偷应该没走多远。于是，他发疯似的在附近跑着、找着，跑得大汗淋漓，但自行车和设备依然不见踪影。他知道，疏通管道的新式设备大概值2000元，自行车约400元。而当时，他的月工资还不到400元。

“经理，刚才我把自行车和疏通设备丢了。”汲长洋沮丧地打电话给陶晓莺。

电话那头，陶晓莺依然像往常那样跟汲长洋聊着，问他是在哪个地方丢的、怎么丢的。问完后，她安慰汲长洋说：“小汲，你不要着急，遇到这样的事也难免。先回公司吧，只要人安全就好。”

即便陶晓莺这样说了，但汲长洋依然极为不安。

“当时公司发展很不容易，好不容易走出困境，下狠心购置了一套新设备，还没用几天，就被我弄丢了，我能不着急嘛！”汲长洋回忆说，“当时我的心情糟糕透了，连坐公交车的心思都没了。我是走路回到公司的，都想不起来是如何走回去的，走了三个多小时。”

回到公司，陶晓莺微笑着给汲长洋倒了一杯凉白开。

“丢了就丢了，不要再纠结了，面向未来吧！”陶晓莺说。

“那我该怎么做？”

“给你两个选择。”陶晓莺说，“第一个选择是离职，如果离职，你不需要赔。第二个选择是继续留在公司，如果留下，这个钱就必须要赔，因为这是公司定下的制度，不论是谁，都必须按制度办事。钱可以从你工资里扣，扣足为止。”

“经理，虽然我没什么文化，但父母从小就教我欠债还钱的规矩。”汲长洋说，“我选择留在公司，赔款就从我工资里扣吧。”

“好的，小汲，那公司就慢慢从你工资里扣。”

第二年底，汲长洋的母亲大病一场，陶晓莺一次性拿出了2400元慰问金。

“当‘陶妈妈’递给我那笔慰问金时，我泪流满面。”汲长洋回忆说，“那一刻，我读懂了‘陶妈妈’的苦心，也深深感受到了温暖。”

……

“陶妈妈”的温情和关爱，像温润的珍珠，串起生活的温度，帮助员工抵御人生道路中的冰冷，更铸就了三替集团的辉煌与灿烂。

“陶妈妈”有似水柔情，也有严肃刚毅。

三替搬家公司城西分公司负责人方良言，是1993年就加入公司的老员工。他告诉我们，在三替集团的近30年里，他深深感受到了“陶妈妈”的大爱无疆。从一开始的毛头小伙，到后来加入中国共产党，再到现在的浙江省五一劳动奖章获得者、杭州市职业技能带头人、管道专家，这一系列成就的获得，甚至包括他妻子的工作，孩子的学习、成长，都曾得到过“陶妈妈”的帮助与关心，可谓是三十年如一日的关心。

但方良言觉得自己也是集团中被批评、被罚款最多的员工之一。

方良言说，不论是在工作中，还是在管理上，只要有不到位的地方，“陶妈妈”就会毫不讲情面地批评，甚至按制度严格罚款。比如，遇到下雨天，“陶妈妈”会要求员工将搬家用的毛毯洗干净、吹干。

一次，方良言刚搬完家回到公司，就被“陶妈妈”叫到了三楼办公室。

“你知道为什么叫你到办公室来吗？”“陶妈妈”问。

“不知道。”方良言摇了摇头。

“你到这里来看看。”“陶妈妈”走到窗户外，指着院子里的搬家车说，“刚才你们回公司时，我突然发现车顶上的油漆剥落了，既难看又容易引起车辆渗水。”

“那是被树枝刮掉的。”方良言解释说，“再说，别人看不到，也不会关注车顶。”

“别人是不会爬到车顶去看的，但我们必须严格要求自己，必须注意细节，按标准进行质量管理，维护好三替这个品牌和形象。‘求其上者得其中，求其中者得其下’。你是搬家公司负责人，管理不到位，应不应该按公司相关制度接受处理？”“陶妈妈”态度十分严肃。

方良言不好意思地说：“应该。”

又一次，方良言与同事在搬家的过程中，把业主家的一台液晶电视“碰坏”了。尽管客户不能证明电视机在搬家前是可以正常使用的，但方良言等人也没办法证明搬家前就是坏的。

而当时的搬家服务费是200元。一打听，修好这台液晶电视需要6000多元。

“这台液晶电视即便是新的，也就值1.2万元左右，如果花6000多元钱去修，真是不值得。”方良言向“陶妈妈”诉苦道。

“那就不要修了，万一修了以后客户不满意也是白费力气，直接给客户买一台好了。”“陶妈妈”说。

“如果这样，这趟搬家，我们亏得更大了。”方良言说。

“现在证明不了不是你弄坏的，就只能买一台。修复后如果客户仍不满意也得再买，不如直接买一台算了。”“陶妈妈”严肃地说，“三替唯一的服务标准是客户满意。”

……

肖原是个“90后”，硕士学位，来自重庆。

“我毕业后就来到了三替，这是我人生中的第一份工作。”肖原告诉我们，“之所以选择三替，或者说之所以被三替选择，是因为三替的价值观与我的人生信念高度吻合。”

刚到公司时，她负责接待。

一次，一个菲律宾家政教授到公司讲课。讲完课，“陶妈妈”安排公司相关人员陪这位家政教授到千岛湖观光。当她们带着这位家政教授来到千岛湖边时，已是晚上。考虑到第二天下午就要回杭州，肖原就私自跟翻译说，时间太紧了，就不去岛上观光了，在湖边走一走算了。

晚上，“陶妈妈”给肖原打电话询问如何安排教授行程。

“不上岛能真正叫到千岛湖吗？这不是糊弄人吗！”听了肖原的解释后，“陶妈妈”大发雷霆。

肖原回忆说，“陶妈妈”的批评让她很是忐忑，但她完成接待，回到公司见到“陶妈妈”时，“陶妈妈”面带微笑、态度温和地跟她进行了一次推心置腹的交谈。“陶妈妈”对她说，带教授上岛观光，不是为了讨好这位教授，而是做任何事都要高标准、严要求、讲诚信、讲品质。虽然这是一件小事，但从一件小事足以看出一个人的工作态度。听着听着，肖原的内心更加温暖而明朗，也更加笃定了自己对三替集团的选择。

“选择三替，其实就是对自己人生价值、理念和情怀的一种选择。”肖原说。

三替集团是杭州的，也是浙江的、中国的，更是老百姓的三替、新时代的三替！

从疏通维修到搬家服务，从打扫卫生到洗衣做饭，从1992年至今，“陶妈妈”和她的战友们已经在家政服务业耕耘了整整30年。

没有高利润增长，没有颠覆性变革，没有疯狂式扩张，这个定位为“替您排忧，替您解难，替您受累”的企业，365天都会如期出现在千家万户并始终以“求其上，得其中；求其中，得其下”的精神服务社会，同时实现自己的价值。

家政是个微利行业，但也是一项民心工程和民生工程。三替把爱带给千家万户，点亮万家灯火，温暖亿万家庭。

它已经渗透到城市的细胞和血液里，如绣花般参与着城市的现代化治理，温暖城市，照亮城市。

如今，三替集团正通过培训打造具备专业职业技能的家政服务人员，增强欠发达地区发展的内生动力，行进在实现共同富裕的征程中。

更难能可贵的是，30年来，三替集团始终秉持“替您排忧，替您解难，替您受累”的初心不改，并通过组织全员学习，将这份初心赋予所有三替人。在三替，所有员工都要学习传统文化，这是成为三替人的必备条件，也是三替集团建设企业文化的有力举措之一。通过定期学习、脱产培训等，员工们接触到了“知人者智，自知者明”“立志、勤学、改过、责善”等中华优秀传统文化的精髓，并将这些内化于心，明白了许多为人处世的道理。就这样，一批批普通求职者成长为了将信守承诺、敬业爱岗、向上向善作为人生信条的三替人。

习近平总书记曾指出，在我国目前发展阶段，家政业“是朝阳产业，既满足了农村进城务工人员的就业需求，也满足了城市家庭育儿养老的现实需求，要把这个互利共赢的工作做实做好，办成爱心工程”。

“三替所做的事，就是各级政府要做的事，为民排忧解难，各级政府都要大力支持三替的发展！”三替人时刻铭记着时任浙江省委书记习近平于2006年12月31日视察三替集团时的殷殷嘱托。

第一章 亘古热肠

20世纪90年代初，中国改革开放步入一个新阶段，寓意“替您排忧，替您解难，替您受累”的三替集团应运而生。董事长陶晓莺凭着一股敢想敢干、不服输的冲劲，在家政行业中激荡青春。

综合维修、管道疏通、搬家、保洁……当这些紧贴人民生活、包裹人间烟火的元素，在三替文化中生根发芽、拔节生长，三替携爱而行的故事便如旭日初升，照耀寻常生活，点亮万家灯火，温暖千家万户。

万家灯火

1992年，浙江杭州。

虽然已是冬季，但在改革开放春风的吹拂下，杭州焕发出勃勃生机与活力。

那天，位于杭州市西湖区文一路的翠苑社区沿街，在11路公交车的翠苑终点站旁，一家名为“西湖三替综合服务部”的家政服务公司开业了。

门店并不那么起眼，只有十几平方米，里面的设施也极其简陋，两张桌子、两个柜子、三部电话，再加上八九个员工，却引起了人们的好奇。

“姑娘，你们这个服务部是干什么的？”一位老太太拄着拐杖走了进来，满脸疑惑地问道。

“阿姨，我们是做家政服务的。”一位个儿高高、长得漂亮、颇显干练的姑娘微笑着迎了上来，“水电维修、疏通下水道这样的活我们都干，你们生活中遇到了困难，我们都替您排忧，替您解难，替您受累。”

这位姑娘，便是如今三替集团的董事长陶晓莺——“陶妈妈”。当年，29岁的她决意从杭州市江干区江城文化宫辞职，凑了5万元钱，与几个同学和朋友一起，开起了这家服务部。

“这些活谁不会干，谁愿意出那个冤枉钱呀。”老太太满脸不屑地说，“谁愿意花钱买鲜花看朋友呢，当然是买水果实在些。”

陶晓莺微笑着点头，并耐心地跟老太太聊了起来。

离开服务部的时候，老太太摇着头丢下一句话：“姑娘呀，看你长得漂漂亮亮的，为什么要放着好好的事业单位的工作不干，偏偏来做什么家政呢！唉，可惜了。”

老太太的话确实有几分道理，也的确在随后的日子里得到了某种程度的验证。

陶晓莺他们在门店装备了三部电话是有讲究的，考虑到占线的可能，就把两部电话作为客户专线，剩下的一部用于回访。可是刚开始创业的那段日子，不仅鲜有人进门询问，电话也始终不响。

“请问是三替服务部吧？”一天，有客户打电话过来问。

“您好，这里是三替服务部。”刚接起电话，陶晓莺既激动又忐忑。

“我家的抽水马桶水箱和水龙头坏了，你们能不能修？”客户问。

“能修，能修，能修！”陶晓莺激动得一连说了三个“能修”。

虽然最后修理完这个客户家的水龙头，只收到了15元，但这对于陶晓莺来说，对于初生的三替来说，太珍贵了。不，对于陶晓莺来说，对于三替来说，甚至对于那个时代来说，这都应该具有里程碑意义。

可是，万事开头难，新鲜的事物要被社会所接受，不是件容易的事。一次，陶晓莺他们好不容易接到一位男性客户的电话，让三替给他家换一罐煤气。当员工兴冲冲地赶到那户人家时，女主人说什么也不让进门，说花5元钱代换煤气，还不如买半只烧鸡，才不花那冤枉钱。最终员工只能白跑一趟。

一年过去了，陶晓莺的5万元花了个精光，但几乎没有收益。

“这哪能赚到钱呀？还是趁早收场吧！”

“趁现在亏得不多，散伙吧！”

“活接过不少，但赚不到钱，还净是一些婆婆妈妈的烦心事。”

“晓莺，关门吧，不要太理想化了。”

……

与陶晓莺一起合伙的同学和朋友相继离开。

面对现状与困境，陶晓莺当时心里不可能没有波动。

“世上本没有路，走的人多了也就成了路。”那时，她想到了鲁迅先生的这句至理名言。

“或许是人们还不熟悉这种新的服务理念。”陶晓莺想，“因为不熟悉，所以一时难以接受。”

回过头看，其实陶晓莺当时的判断相当准确，虽然当时人们没有“花钱买服务”的概念，对家政服务行业还很陌生，但随着改革开放的不断深入，家政这一新兴行业已呼之欲出。

虞敏华，生长在杭州，做了多年记者。作为客户，她见证了三替集团的发展历程。她说：“二十几年前，我租住在古荡的一幢旧公房里。那次卫生间管道堵塞，我买了各种疏通工具，却没有任何作用。连续几天，怎么也通不了。卫生间无法正常使用，臭气飘满了整个楼道。我真是焦灼不安，却找不到解决的办法，只能愁眉苦脸地在办公室发呆。同事听说后，告诉我说，在翠苑那里，有个新成立的三替服务公司，专门上门替人疏通管道，可以打电话叫他们来试试。抱着试试看的心态，我拨通了那个电话。对方听了很爽快，说我什么时间有空，他们就什么时间过来。我说，越快越好。对方说，那他们马上就来。在家等了十几分钟，工人来了，二话没说就进了卫生间。5分钟后，管道通了！那一刻，我高兴得想哭。这实在是一件小事，可对于我来说，这实在也是一件难事。”

这不只是虞敏华一个人的体会，更是那个时代中千千万万人的呼声。陶晓莺和她的三替，不仅开了国内家政服务行业的先河，更如星星之火，必将以燎原之势，引起家政服务理念的一场变革。

之所以选择在困境中坚持，还有一个现实原因，陶晓莺刚从文化宫辞职，且给自己断了退路，退无可退，只能勇往直前。

虽然由之前的抱团取暖变成了单打独斗，虽然西湖三替综合服务部门庭冷落，但陶晓莺依然乐观地面对生活和未来。每天早6点多起床，安顿好儿子后，她就骑着自行车赶往文一路上的服务部，早上7点半一定准时开门上班，微笑着面对客户和新的一天。

她这种顽强、乐观而又豁达的品质，或许与家庭有关。

陶晓莺是土生土长的杭州人，从小住在运河边。爷爷曾在运河边的卖鱼桥开商行。父亲叫陶德富，瘦高瘦高的，上知天文，下知地理，还会小提琴、二胡、扬琴、手风琴等乐器，能说一口流利的俄语，毛笔字也写得相当漂亮，人称“陶博士”，一直在江干区委工作。母亲叫毛美根，是大家闺秀，中学毕业，中华人民共和国成立后，一直在信用社工作，有着独立自强的性格。

母亲的温柔美丽，父亲的聪明智慧，让这个家变得知性而严谨。“陶妈妈”的性格特点和处事风格，很大程度来自父母对她的言传身教。对她影响更大的还是父亲。小孩子爱看热闹。每次听到吵闹声，儿时的陶晓莺总是好奇地想要看看。看到她走路时东张西望，父亲总是告诫她，只有小偷才东张西望，走路应该双目正视前方，笔直向前走。做人也一样，要挺直腰杆做人，堂堂正正做人。渐渐地，父亲的这些教诲对她和哥哥产生了潜移默化的影响，不断修正着他们的价值观和行为准则，让他们养成了做事专注、不三心二意的习惯。时至今日，陶晓莺走路仍保持着小时候养成的习惯，这个习惯也影响了她的儿子。

这个知性而严谨的家，也让陶晓莺变得独立与自强。一次，大她三岁的哥哥生病了，外出取牛奶的任务就落到了她身上。那是一个寒冷的冬天，每天一早，不论天晴，还是下雨，她总是冒着寒风，骑着自行车到四五公里外的村里取牛奶。那时她的个儿还不高，屁股够不着坐凳，但她从来不叫苦叫累。她是一个很有主见的姑娘，不论什么事儿，都喜欢自己做主。当被父母批评了之后，她会用自己的方式表达不满，如饭后到河里洗完碗再把碗放到碗柜里时，她会放得很重，发出“砰砰”的声响。父亲这时就会对她说：“脸拉得这么长，谁欠你钱了。”也正是这种独立、自强的个性，为她后来毅然辞职下海埋下了伏笔。

1980年12月，未满18岁的陶晓莺被招录到杭州市江干区江城文化宫工作。看到同事们都出身优越，她暗下决心，要好好学习，积极向上。1984年，不到22岁的她，就当上了文化宫的工会主席。1988年，她成为一名共产党员。入党介绍人叫陈桂芬，她不仅自己是一个非常严谨和自我要求严格的人，对陶晓莺的要求也同样严格。她告诉陶晓莺，入了党，就什么时候都不能忘了自己是一名共产党员，更不能只站在个人角度去考虑问题，必须有大局意识和奉献精神，还要承担更多的社会责任。陶晓莺听了不断地点头。"当时只是明白这个道理，但感受还不是那么深。这么多年走过来，我才深刻理解了入党介绍人陈桂芬对我的嘱咐。"陶晓莺回忆说。

陶晓莺在文化宫勤奋工作之时，改革开放的春风吹遍了祖国大地。1992年3月的一天，文化宫组织党员学习邓小平南方谈话的精神。虽然自从1978年改革开放以来，年轻的陶晓莺已经感受到了时代之变，听到了邓丽君的流行歌曲，看到了新潮的香港电影，她慢慢发觉，原来世界这么宽广精彩，但受计划经济时代的影响，那时人们依然对旱涝保收的"铁饭碗"十分看重。

邓小平南方谈话却动摇了她的思想。"革命是解放生产力，改革也是解放生产力""过去，只讲在社会主义条件下发展生产力，没有讲还要通过改革解放生产力，不完全。应该把解放生产力和发展生产力两个讲全了""抓住时机，发展自己，关键是发展经济。现在，周边一些国家和地区经济发展比我们快，如果我们不发展或发展得太慢，老百姓一比较就有问题了。所以，能发展就不要阻挡，有条件的地方要尽可能搞快点，只要是讲效益，讲质量，搞外向型经济，就没有什么可以担心的。低速度就等于停步，甚至等于后退”……“不发展经济，只能是死路一条”，这是邓小平在南方谈话中发出的振聋发聩的声音。这位慧眼独具的老人把自己的生命和改革开放融为一体。

本来年轻人就有颗不安分的心，邓小平南方谈话更是给了他们底气，陶晓莺也蠢蠢欲动起来。她爱学习，经常抄写格言警句。她还爱看报纸，从高中时，就是《中国青年报》《新民晚报》等报刊的忠实读者。也正是在那段时间，她看到《新民晚报》上写道：“在国外，随着社会的发展、生活水平的提高，服务需求将成就新的产业。”“我也可以创办一个企业呀，只做服务。”陶晓莺心里萌发了这样的念头。

她没有将自己的想法停留在想法上，而是很快付诸行动。

“经理，我想办停薪留职。”陶晓莺找到文化宫经理说。

“为什么？”经理不解地问。

“邓小平南方谈话对我启发很大，我想到社会上闯一闯，证明一下自己。”陶晓莺说。

“其他人可以，但你不行。”经理说。

“为什么？”陶晓莺觉得有些委屈。

“你是我们的工会主席，还是一名共产党员，一直是我们重点培养的对象。”经理说，“你要么上班，要么辞职。”

颇有个性的陶晓莺是铁了心要创业。于是，她斩钉截铁地回答说：“我辞职！”

这一辞职，就使她成了亲戚、朋友和同事的众矢之的。

“晓莺啊，在文化宫多好啊，工作不累，待遇也不差，到医院看病免费，还可以天天免费看电影、打台球，人家想进还进不来呢，别那么冲动好不好。”

“你一没本事，二没资源，做什么服务啊？谁又会稀罕你的服务？”

“别一山望着一山高，要懂得珍惜呀。”

“看把你能的，以后会有苦头吃的，再苦也只能怪你自己，打落牙齿往肚子里咽吧！”

……

虽然有些话不中听，但说话的人都讲得语重心长，都是肺腑之言。

最终，陶晓莺凭着一股敢想敢干、不服输的冲劲，在改革开放的浪潮中激荡青春，乘风破浪，勇往直前。

为什么叫三替呢？

“那时还没有服务的概念，我也不知道具体要做什么服务，只知道大家在生活中遇到了困难，我们去为大家服务。”陶晓莺说，“当时取了几个名字，有一个叫大众，也就是为大众服务的意思。还有一个叫三替，就是替您排忧，替您解难，替您受累。到工商局注册时，工商局的工作人员说，几个名字都差不多，要不就叫三替吧。”

这便是陶晓莺质朴的创业初心！

在陶晓莺创业的“寒冬”，一朵鲜花正悄悄地绽放。

1993年下半年的一天，陶晓莺偶然从朋友那里听说，离三替门店不远的一家省直单位的食堂要对外承包。

“我想承包你们食堂。”陶晓莺微笑着，冒冒失失地“闯”进了那家省直单位相关领导的办公室。

“姑娘，你是怎么知道的呀？”领导问。

“听朋友说的。”陶晓莺回答。

“你能吃得消吗？”领导接着问。

“吃得消，我们公司有八九个人呢，如果人手不够，我还可以招人呀。”陶晓莺说。

“承包可以，我们可是有条件的哟。”

“你们提啥要求，我都答应。”陶晓莺的态度很坚决。

……

那家省直单位的领导们被陶晓莺的执着和闯劲打动了。

于是，处于困境的三替一下子柳暗花明了。

“承包了食堂，我们不仅有了收入，还解决了员工的一日三餐和住宿问题。”陶晓莺回忆道，“这里成了我们一个大本营，不仅让三替活了下来，还点燃了三替发展的星星之火。”

陶晓莺带领大家把食堂的价值发挥到了极致。他们不仅给这家省直单位的干部、职工做饭，还自己炒菜、卖快餐。收入是增加了，但工作量也更大了。每天凌晨2点多，他们蹬着三轮车，去蔬菜批发市场买菜。回到食堂后，他们洗菜的洗菜，配菜的配菜，炒菜的炒菜，煮饭的煮饭。饭菜准备好后，他们又蹬着三轮车，来到约3公里外的广场（后为万向大酒店）卖快餐，即3块钱一份的盒饭。那里毗邻美丽的西子湖畔，旁靠繁华的武林广场，人流量大，生意非常好。“虽然只卖了三年盒饭，却让我们缓过劲来了。”陶晓莺说。

令人佩服的是他们并没有因承包食堂、卖快餐而耽误了主业的经营，相反，正是在这一时期，他们的主业步入了正常发展的轨道。水电维修、疏通下水道、搬家、家电维修等业务，都一步步摸索着朝前走。

渐渐地，三替开始走入杭州的寻常百姓家，甚至风生水起。有意思的是，那时候杭州“110”居然专门在《钱江晚报》头版刊登了说明：“生活中遇到的一些事情，不用拨打110，可以直接拨打三替公司的服务热线。”在当时，社会上还广为流传着这样的说法：“吃饭张生记，搬家找三替。”

看似偶然，实则必然。陶晓莺说，是时代给予了三替发展机遇。但事实上，成功离不开时代变革和行业发展的巨大机遇，更离不开三替全体员工不断创新和持久耕耘的艰辛付出。

当时，下岗工人再就业成为改革开放不断深入后的热点、难点问题。说得好听点，是他们更新了观念；说得不好听点，是他们没有选择，他们是被迫的。于是，一批批水电工、泥木工、司机等下岗职工，纷纷加入三替这个大家庭。他们不仅勤劳朴实，更是各个行业的行家里手。

当然，仅有这些还不足以顺应历史潮流，跟上时代步伐，想与时代一同前行，还必须有先进的、严格的管理理念和服务意识。令人惊讶的是，三替自创建至今，居然一直没有销售部和业务员。他们的业务全部来源于热线电话，来源于老百姓的口口相传。他们始终坚持“上门服务、当面议价、标准收费、特殊免费、做不好不收费”的经营理念，并以“客户的满意”作为唯一的服务标准，将“不断满足客户的需求”作为服务的出发点。

在陶晓莺看来，管理理念和服务意识，说白了就是企业文化的一种体现。“三替的文化理念就是换位思考，将心比心，设身处地，关爱他人，等等。创业早期，有一次，三替的两个搬家师傅在搬家途中听到有人喊‘救命’，发现有小孩溺水。那时已经是12月了，水温很低，但是搬家师傅们还是义无反顾地跳下水，救起了小孩。孩子家属感激地要给搬家师傅红包，但师傅们没有收，说：‘这是我们应该做的。’后来，还是孩子家属给公司打了感谢电话，我们才知道这件事。员工的手机打不通，因为手机在救人的时候进水了。我一直想让员工树立起勇于担当、甘于奉献的社会意识，让他们拥有向上向善的正能量和努力让社会变得更美好的精气神，而这件事是一个非常好的契机。于是，第二天我就在公司召开了表彰大会，以此鼓励更多员工勇担社会责任，回报社会、关爱社会，在力所能及的范围内多行善事。”陶晓莺说。

三替的成功更需要诚信。执着的陶晓莺始终坚信家政市场的前景一定是光明的，她自己为人诚实守信，也是从事服务业最大的优势。为了维持公司的经营，三替不知道接过多少不赚钱的活。一次，一位客户抱着试试看的心态拿来一个手提箱，说这是向同事借的，手柄坏了就得赔一个，而一个行李箱的价格等于他的月工资，所以希望能把断掉的手柄修好。陶晓莺经过多方联系，骑着自行车跑了三家工厂，终于在城东机场路找到了一家愿意维修这个手提箱的工厂，最终好不容易重做了一个手柄，才修好了这个箱子，使其得以正常使用。但是，付出了千辛万苦的努力，公司最后只收取了20元加工费。现在想来，这20元连路费都不够，但陶晓莺却说："虽然这样的业务赚不到钱，但我们赚到了信誉。至今，我们仍牢记赚不到钱的业务也要接，因为它会让我们赚到信誉和形象。"

三替的成功更少不了学习的加持。虽然当时很忙，经济上也不宽裕，甚至一度十分紧张，但陶晓莺一直把学习当成重要的事情看待。当时，杭州有个知识经济俱乐部，尽管她平时工作非常忙碌，但依然要求自己每个月一定抽空去学习一次，学企业管理。她觉得，老师是用一生的智慧给学生讲课，对于学生来说，投入少、收益大。后来，她又去了几所商学院和金融学院学习。现在，她又在加强对中华传统文化的学习。令人称道的是，她除了自己加强学习，还带着三替人一起学习。每次学习回来，她总会与员工们一起分享。"高铁之所以能够飞奔，全靠电能驱动。"陶晓莺说，"我们走出去学习，就是为了加强自我驱动，让公司走得更快更远更稳。"

持之以恒的各种方式的学习，让三替人收获了诸多荣誉。他们荣获了浙江省"人文浙商　书香名企"演讲比赛第一名，在"放歌天堂"杭州市外来创业者（职工）声乐大赛中获优胜奖，在浙江省精神文明建设"诚信与文明"论坛上捧回了优秀奖，三替还成了全国民营企业思想政治工作先进单位。

三替集团留存着一张老照片，照片里的主角是一台破旧的老式货车，车牌号是"浙A10056"。

这辆搬家车，展现了三替创建初期时众人的艰辛与奋进。

让时光的镜头倒回到1993年底吧。

“陶经理，刚才又有客户打来电话，问三替能不能搬家。”一天，接线员又跟陶晓莺说起这事。

接线员的反馈，让陶晓莺陷入了沉思。

“要不干脆成立一家搬家公司？”

“可是专门成立一家公司，业务够不够呢？”

“员工不缺，但如果买了车还要养个司机，没有业务怎么办？”

……

她有困惑，但转眼一想，只要有需求，就肯定会有市场，何不试一试呢？

于是，三替搬家公司成立了。

业务量不稳定，他们就先选择了租车；没有技巧和经验，他们就用热情和诚信赢得客户。

看着业务越来越多，一年后，陶晓莺才购买了第一辆搬家用的货车。紧接着，又买了3辆、5辆……

又一次，在为客户提供搬家服务时，突然下起了大雨，客户随口说了一句：“不是说‘有困难找三替，找三替找放心’吗？像这样的下雨天，你们怎么能叫我们搬家也放心呢……”

这个话传到陶晓莺耳里后，再一次让她陷入了思考。

“要成为搬家行业的龙头企业，只有好的管理和诚信的品质是不够的，还应该有先进的设备和工艺，这样才能真正让客户放心。”她想，“如果客户不放心，三替名不符实，就违背了创建公司的初衷——‘有困难找三替，找三替找放心’。”

于是，她就购买了厢体货车。

1辆、5辆、10辆、50辆……如今，三替搬家公司已经成为浙江省最大规模的搬家公司，也是浙江省唯一一家一级搬家企业，荣获“杭州市模范集体”的荣誉，成为全国工人先锋号以及国家搬家标准制定单位，还是浙江省唯一一家拥有自己专属汽车维修工厂的搬家公司。

紧随其后，三替水电维修公司、家电维修公司、家政公司、物业公司、装饰工程公司、园林园艺公司、实业公司等如雨后春笋般破土而出。短短十年间，三替由最初的三替综合服务部发展成了拥有18大类100余项服务的多元化服务集团。三替的第一个十年是经营拓展的十年，一直走在不断满足人民对美好生活向往的路上。

更可贵的是，陶晓莺很早就意识到工匠精神的重要性，并开始将工匠精神植入三替的方方面面。开办三替职业技能培训学校，就是典型代表之举。

其实，从1994年开始，陶晓莺就专门开设了“800”免费电话，想利用公司的资源和优势，为下岗失业失土人员搭建起重新就业的平台，让他们重新找回自尊、找回自我，使他们拥有一片人生的新天地……但后来她意识到，光免费介绍工作还不足为他们提供持续的帮助，还应该让他们有一技之长，拥有专业技能证书，这样他们才能够真正走向社会和市场。

于是，她想到了办一所职业技能培训学校。

“我们打算成立一所职业技能培训学校。”2001年的一天，陶晓莺向相关部门的领导报告了自己的想法。

“为什么想着办职业技能培训学校？”领导问。

“我国的家政业起步时间还不长，很多人对这个行业的理解仍仅仅停留在找个人来做家务上。而现在很多从事这个行业的人自己也不了解该怎样去做才能做好，大部分人只是凭着自己以前在家干家务活的经验来工作。他们没有标准可遵循，因此往往会与客户产生很多矛盾。另外，从事这一行的这个群体是没有年龄和技能优势的，我想把他们打造成一群有技能的人，让更多从这所学校走出去的人，拥有一份足以养家糊口的工作。”陶晓莺说，“为什么菲佣很受欢迎？是因为她们具有一定的职业素养，很多菲佣其实都是受过高等教育的，所以她们不但收入不错，而且还受人尊重。”

“这所培训学校是以营利为目的，还是公益性质的呢？”领导问。

“我想做成公益性质的，让学员系统地学习熨烫衣服、插花、做饭等家政服务内容。如果家政服务培训学员结业后愿意留在三替工作，他们不用掏学费，假如从事保洁师工作，公司还能给他们发一些生活补贴。还有，对下岗失业人员一律不收学费。”陶晓莺说，“除了这两种类型，其他人如果参加了培训，但不选择在三替工作，还是要适当交些学费的。”

“这不是贴钱给他人做‘嫁衣’吗？”领导问。

“施与受相比，我认为施比受更幸福。每个人都有遇到困难的时候，也都有需要帮助的时候，能为需要帮助的人提供帮助是我的责任和荣幸。我觉得不算亏。”陶晓莺回答。

“想法是不错，我们应该大力支持，可是你有校舍吗？有师资吗？你能达到国家职业技能鉴定的标准吗？”领导连连发问。

“暂时还没有，但我们可以努力创造条件。”陶晓莺说。

……

经过一番艰辛的努力，三替职业技能培训学校于2002年正式成立。培训学校的发展也经历了从小到大、由弱到强，先后开设了职业道德、法律常识、服务理论、服务技能等课程，设置了空调修理、水电、家电维修、花木园艺、物业管理、家政服务、保姆、管家等培训项目，员工从中可以学习更多技能，系统化的教学模式使得三替服务的领先不单体现在理念上、文化上，更体现在技术上。如今，三替职业技能培训学校也是浙江省唯一一所提供住宿且作为国家职业技能鉴定所的学校，并已成为浙江省人社厅确定的家政行业的培训教育基地、中国社会组织评估等级最高级别的培训机构、全国巾帼家政培训示范基地。学员们通过三替职业技能培训学校的培训后，荣获了首届全国家政职业大赛团体优秀奖。这所学校，让成千上万人实现了再就业的梦想，也为三替赢得了全省再就业先进企业的荣誉。

“现实和事实告诉我们，家政行业一定要培养高素质的从业者，这里的‘高素质’，不是指要有多少文化、受过多高教育，而是要有职业道德、职业技能、职业文化、职业操守……”陶晓莺说，“比如，你会做月嫂，就要把月嫂的服务做到极致；若只会照料老人，就得把照顾老人的各项技能学精学透，甚至包括掌握一定的医学常识。因为时代变了，客户的要求也越来越高，只有真正做到‘专、精、深’，才能给客户带来幸福感，这也就是我们倡导的工匠精神。比如，“保姆服务100忌”中就有不该听的不听、不该问的不问、不该看的不看、不该说的不说……服务业是提供一种特殊的产品，如果产品不好，客户就不会满意。高端客户请的家政人员要与他们的身份或身价相匹配。这个匹配，说的不是穿着、相貌，而是言谈举止、为人处事及综合素养都要得体。”

工匠精神、管道专家、巾帼标兵、大师工作室……从中我们看到了一个传统而又现代的三替，看到了三替的未来，也看到了城市中的希望与温暖。

搬出一个新生活

当人们喜迁新居或者购置大件物品时，经常会需要一个特殊工种——搬运工。

作为一个平常得不能再平常的职业，搬运工在人们的工作、生活中其实非常重要。工人们用双肩挑起重担，用自己的汗水和苦累为人们带去轻松和方便。

“吃饭张生记，搬家找三替。”20多年前，杭州流传着这样一句话。在杭州，没有人不知道三替公司，也没有人不知道三替搬运。

三替的搬运服务到底怎么样？

2020年5月，杭州的叶先生要搬新家了。之前，他听很多人说起过三替的服务，大家都说好。于是，叶先生打算体验一下。

5月7日，叶先生在手机上下了单，预约了第二天下午1点半的搬家服务。

接下叶先生订单的是老叶师傅班组。从1998年起，老叶就在三替公司当搬运工，经常挂在嘴边的是“我不怕吃苦，就怕客户不满意”。在三替“老带新”的管理模式下，这个班组里还有两名年轻的搬运师傅。

5月8日，按照工作安排，老叶师傅班组完成上午的搬家任务后，便联系上了叶先生，确认搬家地点和搬家时间。

可是，因为物品实在太多，叶先生还有一些物品没有整理好。

得知这一情况，班组里有人想将搬家时间推迟到下午2点半之后。经过讨论，班组成员们一致决定还是按照预定的时间抵达。这样一来，大家还可以帮着叶先生一起打包物品，尽快帮叶先生搬完家。

来到叶先生家后，大家发现这是一个老式小区，没有安装电梯，而叶先生住在七楼。

班组成员们先帮叶先生把物品一一整理打包，又一致决定利用简便的背包带搬运物品，不再增加购买纸板箱的成本。这样，三个人相互合作，仅用一个多小时就完成了搬家任务，而且整个搬运过程中没有造成任何物品损坏或遗失。

快速且高质量的服务，让首次体验三替搬家服务的叶先生喜出望外。他不仅用手机在服务反馈一项打了五星好评，还将这次特别的体验配图发布到了微信朋友圈——“三替搬家果然名不虚传”。

像叶先生这样慕名而来的顾客，三替的搬家师傅们遇到过不少。

“帮人搬家也是一个暖心的过程，顾客有的会和我们说声‘谢谢’，有的会给我们端上一杯水，还有的会与我们聊聊家常。这份工作让人感到很快乐。”老叶师傅说，正是客户的满意与真诚的感谢和认可让搬家这份工作变得更有意义。正是在搬家师傅们这样的心态下，三替搬家才搬出了好品质，搬出了好口碑，成为人们交口称赞的选择。

与老叶师傅相比，方良言要早几年来到三替。

1993年，24岁的杭州人方良言离开收入并不稳定的杭州电风扇厂，经当时在三替工作的朋友介绍来到了三替。30年的辛勤付出后，方良言现在已成为三替搬家公司城西分公司负责人。

说起搬家，方良言直言：“最麻烦的就是拆卸家具，必须小心翼翼地把拆卸下来的螺丝、螺帽包好，在各块木板上标上编号。少了一颗就装不上了，一定要仔细。”

“一般来说，都是一个组一起工作。一个司机，配三个工人。工人弓着背往楼下搬运，很多时候虽然有电梯，但是把物品从室内转移到电梯里，再搬上货车，也颇费周折。每个搬运工的双手都紧紧攥着捆绑的布条，双臂青筋暴凸，一趟下来，个个满头大汗。”

“有时难免会遇上一些难搬的物品，比如钢琴。一架钢琴一般重达200多公斤，新手根本吃不消。”方良言说，搬钢琴是一项技术活，需要格外小心。在进电梯或楼层高度不够时要猫着腰，必须做到背、腰和腿协调一致。钢琴两头轻重不一样，搬的时候还要注意平衡，每一步都考验着搬运工的体力和能力。

可以说，搬运，不光是体力活，更是技术活。

2019年3月，方良言接到接线员发来的订单信息——重达1000斤的设备进不了电梯，不能吊装，需要搬上15楼。

接到订单后，方良言立即带着八个搬运师傅奔赴客户家。

原来，客户王先生已经联系了几家搬运公司，但一提到设备的重量，就都遭到了搬运公司的拒绝。这一次，他抱着试一试的心态拨通了三替集团搬家公司的服务热线，没想到对方答应了下来。

来到现场，方良言发现，搬运环境很不好——1楼的楼梯只有1.1米宽，而机器设备就有1.15米宽，根本搬不进去。

方良言与王先生商定，先把外包装除去，再抬上去。

可是，去除了外包装的设备仍重达1000斤。搬运师傅只得更加小心谨慎，以免发生剐蹭。由于楼梯过窄，设备左右根本站不了人，只得改为前后各三人抬。另外两人在后面推，前三位师傅抬着设备倒退着挪上了楼梯。

从下午1点到5点，八个搬运师傅抬一层歇一会儿，终于将设备抬上了15楼。上楼后，师傅们已经耗尽了所有力气，就地瘫坐着，汗水浸湿了衣服。

方良言说，之所以敢接下这一单，是因为三替搬家公司以前有过搬运1200斤重物的经验。更重要的是，从2017年开始，三替集团组织全员学习传统文化，教导大家用一颗良知之心、一颗利他之心、一颗正心奉道的心，去服务客户、服务社会。三替的核心价值观是“爱心、诚信、满意、创新”，三替唯一的服务标准是客户满意。正因为具备了这样的企业文化，才会打造出今日的三替家人和三替团队。

服务结束后，客户王先生把现场搬运的视频转发到了朋友圈，并在朋友圈配发文字感叹：

> 这么重的设备，看着腿都软，他们真的是在用生命工作啊！一台设备近1000斤，搬不进电梯，不能吊装，只能靠人力搬上15楼。找了好几拨搬运工人，都摇头拒绝，终于来了一群靠谱的工人。向三替搬家师傅，这群用生命在工作的人，致敬！三替精神：凡是求其上，服务追求尽善尽美！三替的文化，其实是做到的文化，是无数可爱的面孔淌下的泪水与汗水的文化，这是最伟大的财富！

三替搬家扛起了他人无法承受之重，受到了客户的称赞。但是，有时也会遇到不讲理或者刁难的客户。

方良言说："给客户搬家，可能会出于种种原因而迟到，客户可能会不理解，并且会责怪他们不讲信用、不守时。通常我们都是这样处理——提前给客户打电话，告知可能会迟到，并耐心解释原因；最后给出大致到达的时间。迟到的原因有如下几种：前面一家的东西太多，需要装两车，或者遇到路上严重堵车，等等。但是，无论哪种原因导致的迟到，不是迟到了就可以少搬的，师傅也会采取适当的方式给予客户一定的补偿，以此向客户表示公司的心意和歉意。所以，客户自然也就理解了，事情也就变得简单了，但有时也有例外。"

有一次，三替的搬家工人与客户在搬家前谈好了服务价格为

3680元，不含每卷300元的保护膜。但是，搬完付钱时，客户赖账了，称保护膜费用应由公司承担，不可以另外收费。后来，经过与客户的真诚沟通，客户终于觉得不好意思，答应付钱。

有一次搬家时，客户发现一块价值60万元的手表丢了，立即让全部工人们停下手中的活，称如果找不到这块手表，就要报警。工人们说，大家都在，就一起找一下吧，如果实在找不到了，再报警。征得客户同意后，大家一起把客户家里的物品一件件拆包寻找。找了大概三个小时，在丢弃的旧垃圾桶里的小包中找到了手表。客户很激动，连忙致歉。

还有一次，搬家工人们清点物品时，发现客户的东西太多，就告诉客户："这么多东西一车肯定装不下，我们先按照你的要求装车。"装了满满两车后，家中还有很多物品，等到师傅们搬完第三车时，已经晚上11点了。结账付钱时，客户只愿意给一车的费用，并表示自己搬过来时只有一车的东西。无论师傅怎么解释，客户也不愿意接受。最后实在没有办法，师傅们就给当时的搬家负责人打电话，结果电话接通后，客户张口就骂，并威胁说自己有心脏病，根本听不进任何解释。最后考虑到现场情况，工人们向客户妥协了，只收取了一车的费用。

"搬家这个行业会遇到形形色色的客户，但这时候，公司都会告诉员工，千错万错，客户没错，和客户争吵永远都不会赢。只要服务好每一个客户，就会有做不完的客户。"方良言说，遇到特别刁难人的客户时，就建议工人们换位思考，把客户当成自己的亲戚去服务，这样就能体会客户的心情了。

2017年9月的一天，三替公司收到一封特别的感谢信。这封感谢信来自一位外籍业主。

三替公司领导：

你们好！

我是新加坡公民陈小英，在滨江的“杭州印”买了一套酒店式公寓。

今天下午，我临时接到通知，要我到“杭州印”搬运一张床和两张双人沙发。想到杭州城里有一句口号——“有困难，找三替”，我立马就给三替公司打电话求助，请客服人员派车给我搬一趟。三替公司的服务小姐仔细问清了我的要求，当即告诉我，马上会查询是否在滨江区有即将完成任务的搬家车辆，并请我等她的电话回复。不到5分钟，她就告诉我说已调度好车辆，下午4点到4点半会到“杭州印”现场搬运。没过几分钟，负责搬家具的师傅就主动跟我联系上了，随后搬家车和师傅们按约定的时间准时到达。因我先前告知他们是1.5米的床，到了现场才知道实际床的尺寸是1.8米，而厢式小货车一次只能容纳下一张床。看到这一情况后，师傅们主动提出：“没关系，我们再给你跑一趟。”

在搬运过程中，床板因液压升降会自动打开，进不了酒店的货运电梯。搬运工王师傅灵机一动，马上解下了自己的鞋带，捆住了液压升降的床板，并顺利地将1.8米的大床通过地下一层的货运通道搬上了小货车。当第一车送到目的地后，他们当即返回去装第二车，等第二车沙发送到目的地时，已是晚上7点半了，师傅们连水也没喝一口就走了。此时外面的天已经完全黑了，但我还是仔细地记下了三替公司这辆小货车的车牌号——浙A2T035。

我坚信，三替公司在陶晓莺董事长的带领下，本着这种服务精神，一定会越办越好，越来越兴旺发达！

真诚感谢！

陈小英

2017年9月

从信中可以体会到客户发自肺腑的感谢，也可以直接感受到三替公司搬家服务的贴心、用心、真心。

在杭州，三替搬家不光服务于广大人民群众，还服务于行政机关和企事业单位。

2017年12月，三替搬家公司收到了一封来自杭州市机关事务管理局的表扬信。

三替集团有限公司：

自2016年3月初开始，经过5个月连续工作，贵公司圆满完成了市级机关单位搬迁工作。

本次搬迁，贵公司高度重视并积极响应，在搬迁前和搬迁后做了大量组织与准备工作。为了克服任务重、时间长、标准高、要求严等诸多难题，贵公司派出专业搬迁团队，加班加点，放弃节假日休息时间、服从任务安排、遵守物业管理制度，最终保证了所有搬迁任务的按时完成，保证了人员和车辆安全的零事故。

本次作业中计搬迁市级机关各单位37家，装载物品车数1050车，在如此高强度搬迁的过程中，贵公司员工充分发挥了不怕吃苦、甘于奉献的精神，展示了贵公司的团队协作能力与优良工作态度，实现了高效搬迁、有序搬迁与安全搬迁，为此，在现场多次得到了杭州市委书记赵一德、杭州市政协主席叶明等有关市领导的高度评价和肯定。在此，对贵公司为市级机关各单位提供的优质搬迁服务提出表扬！希望在今后的工作中再接再厉，为杭州家政服务业作出更大贡献！

杭州市机关事务管理局

2017年11月30日

2019年9月，三替搬家公司接到了浙江中医药大学搬迁的订单。

为了避免出现调度不合理、货物积压的情况，搬迁的前一天晚上，方良言带领搬迁团队连夜复盘了所有数据，按照一个班组对应若干个寝室以及卸载点的楼号进行统计。由于已有的数据难免存在前后不一致与内容缺失的情况，大家逐条进行核对，确保没有一个学生的包裹被落下。在一次次大型搬迁项目中，搬家师傅们积累了经验，摸索出一套高效简洁的流程。这次浙江中医药大学的搬迁，团队更是结合实际情况，战略性地放弃了团体协作的方式，转而采用了员工单干的形式。

第二天，现场调度井然有序。分配人员、卸货、清点人数、抓阄、封条，一套流程下来，每个人都在自己的岗位上井井有条地工作着。

短短三天，近2700名学生的1万多个包裹，由搬家师傅们一个一个送到了指定位置，赢得了浙江中医药大学搬迁现场的老师与学生们的交口称赞。

2021年7月，浙江工业大学需要进行暑期大型搬迁，涉及屏峰、莫干山、朝晖三个校区。考虑到时间紧、任务重，浙江工业大学首选三替集团搬家公司承接这一任务。

原定安排搬迁时间是7月23日至24日，后因台风“烟花”的影响，所有搬迁计划临时调整，提前到22日。搬迁方案几易其稿，实施细则多达75项，涉及学校的15个部门共70余人，对搬迁现场的工作安排、车辆调度、人员分工等都提出了很高的要求。

22日凌晨，58辆三替搬家车齐聚浙江工业大学。工人们披星戴月，从清晨4点迎接第一缕晨曦至夜幕降临，工作了长达16个小时，往返于三个校区间，搬迁单程的最长距离达60公里。

7153名学生、5.7万件行李、189位搬家师傅、509趟车次、搬迁总路程26750公里……三替搬家公司攻坚克难，最终圆满完成了浙江工业大学的搬迁项目。

浙江工业大学公管处主任丁宏说：“浙江工业大学每年都有大批量的学生搬迁工作，90%以上的搬迁服务都是由三替搬家公司提供的。尽管搬迁时间临时调整了，但此次三替搬家公司安排了58辆货车，现场非常震撼，这说明了三替可以做到随叫随到，能满足我们的所有需求……”

浙江工业大学朝晖校区公寓主管黄学东夸赞道："三替搬家公司的组织协调和配合都非常到位、井井有条，充分展现了三替集团的服务理念，即把客户的事情当成自己的事情。师傅们连学生的行李也积极帮忙分担，展现了尽心尽力尽职的敬业精神。我真诚地为三替师傅们的工作态度和百折不挠的精神点赞。"

搬家是一件看似微不足道的小事，但三替人坚持不懈地将这一件小事做到极致。比如，在距离客户家大门80厘米左右的位置站定后，轻轻敲两下门——离得近了，怕撞到客户；敲门时力气大了，怕惊扰客户。

方良言说："从敲门开始，三替就有一套标准化的服务规范，搬家看起来很简单，其中却有不少细节要讲究。"

在三替近30年的工作中，方良言已树立起了"千错万错客户没错""客户之事无小事"的观念，明白了只要把别人的事当成自己的事，就没有干不好的事。

"服务好每一个客户，就会有做不完的单子"，"与客户争吵永远都不会赢"，"凡事都要走正道，走正道才能有正气、显大气"，三替集团就是这样教导和要求每一个员工珍惜客户、尊重客户、感谢客户，用诚意、善意、敬意服务好客户，把温暖带给千家万户。尽管三替人所做的事是渺小的，但他们觉得值得且有意义，因为政府肯定他们、社会需要他们。他们为能满足人们对美好生活的向往而倍感自豪。

三替公司是国家最早的搬家行业标准制定单位，制定了以服务提供标准为核心、通用基础标准为辅助的56项服务保障标准和445项服务提供标准。公司不仅对搬运工人进行全员培训、考核，还通过回访监督员工在服务过程中是否严格按照标准进行操作。

每次搬运前，工人要对特殊物品搬迁流程进行再次规范。不仅需对未包装的显示屏和电视机等电器进行插电检查，对客户已经打包、完整封箱的电器，也要拆包进行插电检查，确认物品完好。

时间久了，电视机、显示屏在搬迁之前需要拆包、插电检查这一条标准，都深深印在了师傅们的脑海里，成为他们搬迁之前必须完成的流程之一。

30年里，三替集团致力于为单位及家庭搬家提供系统解决方案，以“专业、高效、安全、创新”为目标，以“依托新技术、新材料为中高端家庭及事业单位客户提供专业、高效的搬迁解决方案”为使命，开发标准化、制式化的包装体系以适应不同的搬迁物品，引入和开发机械化、智能化的搬迁设备，进一步优化成本结构，力争不断地为客户提供专业、安全、高效和创新的单位及家庭搬迁解决方案。目前，三替已成为拥有50余名管理人员、300余名专业搬家与空调拆装等服务人员、100余辆车型齐全的车辆的大型搬家公司，常年合作单位多达100余家。

近年来，集团已成功完成第19届亚运会组委会、杭州市人民政府、杭州笕桥机场、浙江省自然博物馆、阿里巴巴集团、浙江大学、中国农业银行浙江分行、华为、网易等上市公司、行政单位和大型企事业单位的搬迁任务，积累了物品拆卸、搬运装货、高端的运输维修、安装摆放等全流程服务经验，在搬迁中的组织管理、点到点搬迁、包装维护等方面拥有过硬的管理协调能力和专业技术能力，是浙江省唯一的一级搬家企业，荣获全国内贸行业质量信得过班组、浙江省诚信示范企业、杭州市模范集体等多项荣誉。

凭借优质的服务，三替集团不仅为企事业单位和千万家庭解决了众多困难，更好地促进了企业发展，也为服务对象带去了更多便利，使他们更好地享受家庭生活的美好与幸福。

……

那些穿着三替制服的搬运工人，虽从不同的地方来到杭州工作，但当他们朝你微笑时，眼神清澈，笑容明亮又舒展。

他们会问：“物品整理好了吗？慢慢来，别着急。好了我们就开始搬。”

他们开着车穿梭于城市的大街小巷，为你流汗，替你受累，为你搬出一个新的未来，搬出一个新的生活。

尘埃深处

不是爱打扫，是爱生活
爱窗外开了粉色绒花的合欢树
爱透明玻璃杯中淡绿色茶汤升起的烟雾
爱躲在厨房发明晚上的特色小食
爱藏在床底玩捉迷藏的孩子
爱晚饭时客厅中他的笑脸
家中的每一处，包容我的每一面

这是三替集团网站“清洁保养”业务界面的一段话。它诠释着一位位三替保洁人付出辛勤劳动，给客户带去温馨。一幅幅诗情画意的场景，让生活变得阳光而富有情趣。

三替集团自上而下始终坚持“客户满意是唯一的服务标准”，始终将客户利益放在第一位，时时不忘利他，强调细节决定成败。

2021年7月20日，三替公司收到客户手写的一封表扬信，信中这样写道——

三替公司领导：

今天我想表扬一下到我家的保洁员杨通玲。这几年来，她一直勤勤恳恳，任劳任怨，干活认真利落，从不计较得失。

特别是我家先生生病后，我们有什么重活儿、难事，她知道了都会抢着帮我们做。

今天气温特别高，她赶到家时已是汗流浃背。听说我买了一袋米要搬，她二话不说就给我搬了回来。平时还帮我拿快递、配药等。

她搞卫生更是不用说了，很细心、很干净。她擦的玻璃太透亮，竟让我们小区保安半夜打电话提醒我别忘关窗户。

总之，我对你们公司的员工杨通玲非常满意，并十分感谢她对我们的帮助，也感谢你们公司培养了这些好员工。

看到这封信，杨通玲很感动，也很意外。在她看来，这些都是作为一名三替人应该做的事，也是特别小的事，小到连她自己都已经忘了，没想到客户竟然因为这些事手写了一封表扬信。

可是，谁又能想到，曾经的杨通玲自卑、胆小，害怕与人说话，小时候在路上碰到成年人或老师，都要绕道走，不敢面对，更不敢打招呼。

结婚后，杨通玲没有一技之长，在家里得不到认可。夫妻关系也不好，她与老公交流少，平时经常吵吵闹闹，她遇到家庭问题也不知道该怎么办，一委屈就哭。杨通玲经常想，孩子都这么大了，她就这样愁眉苦脸地过一辈子吧。

2014年，杨通玲随老公从老家贵州省黔东南州来到了杭州。没什么技能，只好经人介绍到一个客户家做钟点工。工作一段时间后，她听客户说，三替的保洁员搞卫生又快又好、工资又高。

杨通玲想，如果自己也能去那样的大公司做，不是也能变得更好、能拿更多工资吗？有了这个想法后，她从客户那里要了一个电话，到三替公司应聘。

应聘后，公司通知杨通玲要接受一段时间的培训，培训之后还要通过考核才能上岗。她想，自己做钟点工和到客户家里搞卫生，干的活都差不多嘛。培训就培训，考核就考核，怕什么。

"培训的时候，以为自己以前搞卫生还可以。结果，擦玻璃都被培训老师指出来说不干净，让我一遍一遍地练。"杨通玲说，她自己觉得已经练得很好了，培训老师还是不满意，说这样怎么能得到客户的认可。

杨通玲本来就有一点自卑，以为是培训老师故意看不起她，很委屈，还没有到考试的时候，就自己哭了好几次。

培训老师看在眼里，便一边鼓励她，一边一遍遍地教她。老师的要求十分严格，差不多也不行，得清理得很干净才过关。这时候，杨通玲才觉得搞卫生和以前想的不一样，想做好也不是那么简单的。

一系列的培训和考核之后，杨通玲开始到客户家服务了。

刚开始到客户家服务时，她很害怕，觉得还有很多技能没学到，所以很不自信。服务时，客户指出了问题，她就觉得自己做得不好，怕怎么做也得不到客户的认可。但是，她还是坚持了下来。通过学习她改变了思维模式，遇事坚持反求诸己，学会了从自己身上找原因，想着要把客户装在心里，绝不能被客户投诉。心里这样想，她脸上就容易出现很紧张的神情。她慢慢调整心态，后来客户也认可她了。

三替的企业文化注重对事不对人，以结果为导向，教导员工“世上无难事，只怕有心人”，世界上最怕的就是“认真”二字。通过企业文化的浸染，三替人成了一个阳光自信的群体，坚信“信心是成功的一半，只有想不到，没有做不到，只要想得到，一定做得到。”经历了三替职业技能、行为规范、职业道德、服务理念等一系列培训后，杨通玲像换了一个人似的，重获新生。

有一次，杨通玲在杭州市江干区景芳二区的客户家服务。

她平时服务都很专注，不放过任何一个角落，不管是面上的还是隐藏的角角落落，都会认真地为客户打扫干净，无论客户是不是在家，她都认真如一。

这一次，她为客户打扫卫生后，客户非常满意，并在评论平台上写了好评——“这是个十分细心又热情的阿姨。我说灶台随便弄一下就好，她说不能随便弄，为我擦得锃亮。她连被子也叠好了，还仔仔细细地刷了浴室，提供的服务真的是远远高出预期！”

杨通玲说：“这次服务能得到客户的认可，我比中了大奖都要开心。搞卫生可以有快有慢，但是重点的地方不能太快。怎样才能让客户更满意？客户关注的重点在哪里？要弄清楚这些，服务过程中的沟通交流也很重要。有时候客户催得很急，但是我们做事可以快，心不能急，急了就乱了。”

还有一次，杨通玲和同事一起去给客户做保洁。服务结束后，客户非常满意，还写了表扬信。

尊敬的三替公司：

今特去信表扬杨通玲、孙云莉两位阿姨。她们今天不仅提前20分钟就到我家做保洁，而且身着统一的职业装，仪表整洁，说话亲切和气，干活干净利落，十分仔细。每个细小的角落也不放过，都打扫得干干净净，不留一丝灰尘。

最让我们感动的是，她们把地板擦干净后，还搬了把椅子让我们坐下，然后脱下我们的鞋子，把鞋底擦干净后，再给我们穿上，告诉我们这样才不会二次污染。她们真是做到了事无巨细，真正体现了贵公司的星级服务是货真价实、物超所值的。她们的服务还十分规范：提前一天电话确认服务时间，进门首先自我介绍，细心听取我们的要求，还自带开水、清洁的室内鞋。整个服务过程中，我们多次催促她们稍微休息一会儿，可她们一刻也不停，把我家打扫得非常干净。

我们对这样的服务十分满意，特此表扬。以后，我们认准了“三替”这块响当当的牌子，有什么需要就找三替了。

杨通玲想，自己只不过是按照公司的标准，一步一步提供服务。如果换了其他同事去服务，也是一样的。

类似这样的客户表扬越来越多，杨通玲也越来越自信，越来越有干劲儿。

这些年来，她总结出了一点——搞卫生看起来谁都会，但是要把客户装在心里，心里要想着怎样才能为客户排忧解难、不让客户受累，这样才能干得仔细，才能达到客户的要求。

杨通玲说：“做保洁，做的都是小事，不是什么惊天动地的事，但是重复做简单的事，要做到最好，客户才会对我们的服务满意，这就是我们能用双手创造的价值。”

有一次，另外一名同事迟到了几分钟，杨通玲看出了客户对此好像不是特别满意。为了让客户真正满意，感受到三替的服务质量，杨通玲在已达到自己的服务时长后，仍继续工作了一个多小时，直到客户满意为止，并且没有向客户收取额外的费用。

目前，杨通玲所有的服务档期都已经被星级包年客户排满，其中，就有2014年推荐她到三替应聘的那家客户。

“那位客户后来见到我时，说我像变了一个人，看起来很阳光、很自信，因为我现在脸上始终都带着微笑。”杨通玲说，在三替集团工作、成长的这些年，她不仅提升了专业技能，得到了更多客户的认可，还丰富了内心。

“我真的很幸运，公司还送我们去学习。”2018年，三替公司安排杨通玲进行了一周的集中学习。回忆起这次学习，杨通玲幸福满满，“我小学都没毕业，也没读过什么书。公司愿意花钱培养我们，我就更要好好学了。”

除了专业技能，三替还让她学到了传统文化，使她明白了人与人之间最美好的语言就是爱、关心和帮助。“存善念，说好话，做好事”等中华优秀传统文化中的质朴道理，一点一滴注入她的内心，让她成为一个更柔软也更温暖的人。

杨通玲每天早上都读书，读《了凡四训》《道德经》《孙子兵法》等。结合她的服务经历，她觉得自己能学到的更多了。通过学习，她整个人都变得开朗了，不和客户计较，也不和同事计较。

每天她还带着同事一起学习。“也许有人会说，我们就是做服务的，为什么还要读书？我觉得，我们很有必要读书，因为读书能改变我们的心态，让我们更了解客户，更好地服务客户，也更好地生活，变成更好的自己。”

2020年4月和9月，杨通玲先后推荐她的两个妹妹进入三替集团从事保洁工作。2021年，她又推荐妹夫进入三替集团从事搬家工作。

“我们三姐妹和我妹夫，在三替这个大家庭团聚了。他们在工作中遇到难题时，会来找我商量，我的子女以我为骄傲，我的老公以我为骄傲，我的姐妹也以我为骄傲。”

“我从来没想到，有一天我能不再愁眉苦脸地过日子，还能变得这么阳光自信。我的家人很信任我，我的老公跟我的关系也变好了。除了每天读书，我还在空闲时间学了吉他，坚持练书法和绘画。我很认真地学，老师也很耐心地教我。我觉得现在的生活很丰富，有这么多爱好和这么多喜欢做的事，还曾帮助过这么多人。这样想想，我退休后的老年生活也一定会很幸福的。”杨通玲说。

与杨通玲一样，保洁员肖细华来到三替后，人生也发生了改变。

2009年，来自湖北省黄冈市的农民肖细华，通过一个老乡介绍，进入了三替集团。

“以前的我，脾气比较暴躁，属于那种比较自我、霸道的类型，经常大吼大叫，打骂孩子。”

肖细华说，那时候，自己碰到问题，都是先在别人身上找原因，从来不反省自己。后来，自己到了三替，接触到了传统文化，有了许多收获和改变。现在碰到问题，她首先会在自己身上找原因，因为改变自己比改变别人简单多了。改变了自己之后，她发现家庭关系变得更和谐了，孩子也听话了。在工作中遇到问题，她也会先自己想办法解决，尽量不给客户添麻烦。即使被客户误解了，她也不急于争辩，而是先想办法帮客户解决问题。

肖细华用她的亲身经历证明，三替集团开展传统文化学习对员工是非常有益的。

有一次，一位客户对肖细华说，她父母居住的二楼的卫生间总是有异味，是不是因为肖细华没有打扫干净卫生。

肖细华听到客户的反馈后，开始思考异味的来源到底是什么。经过不断探查，她发现异味的源头很可能是挂在墙上的几块毛巾。

原来，这位客户的父亲已经70多岁了，上厕所的时候，小便会洒落在地上。老人常直接拿着毛巾擦去地板上的尿渍，随后将没有清洗的毛巾直接晾挂在墙上。因此，卫生间总是会有异味。

后来，肖细华每次去服务的时候，都把这几块毛巾清洗干净，再挂回原位。异味的问题终于改善了很多。后来，客户对肖细华说，卫生间的异味减少了很多。那时候，肖细华才告诉客户问题出在毛巾上。这时，客户发现错怪了肖细华，连连跟她说抱歉和感谢。而肖细华微笑着说没关系，这些都是她应该做的。从此以后，她跟客户之间的黏性更强了，客户也更信任她了。

在三替集团的价值观里，摆在第一条的就是“诚信”。肖细华说：“我们一直受公司文化的熏陶，也都把‘诚信’看得特别重。”

2019年，肖细华在一个老小区的客户家服务，打扫床底时发现了一个金手镯，上面沾了很厚的一层灰。肖细华二话没说，捡起来把它擦干净，然后放在床头柜上，接着继续工作。

服务完成，准备离开客户家时，她突然想起了金手镯，连忙告诉客户。客户听到后非常惊讶：“这是我丢了很久的金手镯，谢谢你帮我找到了。但是，你为什么不把它偷偷拿走呢？反正我也不会知道。”

肖细华毫不犹豫地回答道：“因为我是三替人！不是我的，我绝对不能拿。”

客户听完肖细华的回答，对她竖起了大拇指，拿起手机就在网络平台上给了她一个五星好评。从此，这个客户也成了三替的忠实客户。

有人说，现代社会人与人之间变得越来越陌生、越来越冷漠。但是，在肖细华看来，并不尽然。

2017年的一天，公司调度给她一个订单，客户家住翡翠城五常小区，住房实际面积比较大，而当时公司提供的保洁服务还是三小时起步，客户所购买的保洁服务时长，无法完成这么大面积的家庭保洁。但是，肖细华没有退缩，在为这位客户服务的过程中，她始终面带微笑，按照公司培训的标准作业流程，结合客户的个性化要求进行保洁服务，全程没有一句抱怨。服务结束后，客户立即下了她的周期套餐订单。

就这样，从一个散单到周期单再到包年单，肖细华已经在这个客户家里做了四年多。

其间，客户对待肖细华就像对家人一样信任。2020年，客户要搬到紫金西苑的女儿家小住一段时间，主动提出把家里的电子密码告诉肖细华，以便她不在家时，肖细华可以按照既定时间上门服务。

这时，肖细华连忙告诉客户，公司原则上是不允许员工单独入户的。但是，客户说了一句让人感动的话："肖肖，这么多年你是怎样的人，我还会不知道吗？你总是为我们考虑，那么乐观善良，我相信你，相信三替！"

肖细华凭着这份对客户的"真心"，换来了客户对她的"真心"，收获了客户百分之百的信任。就这样，客户把她家小区的门禁卡还有家门的电子密码都交给了肖细华，方便她上门服务。

"不要小看保洁工作。有时候也会遇到难题，但是公司领导一直鼓励我们要有创新精神，碰到难题要迎上去，不要躲。"肖细华回忆，有一次，她到一位客户家服务时，就碰到了一个难题。客户对她说，他家的玻璃有点难擦，之前他请过其他家政公司的阿姨来擦，每次在擦到那几块无法推拉的固定玻璃时，那些保洁员都要让客户帮忙拉玻璃器的绳子，有时候还需要客户帮忙递玻璃器。所以，这次他认为肖细华肯定也需要帮助才能完成。

"是不是需要帮忙拉绳子和递工具？"客户问肖细华。

肖细华观察了一下玻璃窗的实际情况后，笑着说："谢谢您，我可以自己完成的，我是三替的金牌星级保洁师！"

话刚说完，肖细华就开始动手工作，首先用梯子将有把手一面的玻璃夹住，再将有绳子一面的玻璃器用拖把柄递过去。这样就快速完成了几块固定玻璃的精细擦窗。

客户看了赞不绝口："三替果然就是不一样，三替的金牌保洁师真是了不起！"

2021年5月，肖细华在一位80多岁老人的家里服务。刚进门，老人就将她带到淋浴房，说："这个下水道有很强烈的异味，你有没有办法？"

肖细华仔细观察了淋浴房，发现下水道的盖子没有盖。通过与老人沟通，她了解到盖子盖上后下水会变得很慢。于是，她想了一个办法，用塑料袋将下水道口的盖子包上，并对老人说："洗澡的时候把那个塑料袋拿掉，洗好后，就再把这个塑料袋套上，这样就不会有异味了。"

第二周，肖细华再到客户家服务时，老人高兴地告诉肖细华，现在真的没有异味了。

虽然只是运用了一个小小的生活窍门，却在第一次上门服务的时候，就帮客户解决了一个困扰她许久的问题。肖细华的这次服务，得到了客户的认可。

半年后，老人突然对肖细华说："小肖啊，你的服务太好了。公司能培养出你这样优秀的阿姨，我真的很感动，我一定要给你们公司送一面锦旗！"

老人说到做到。2021年10月的一天，三替集团迎来了这位慈眉善目的耄耋长者。她虽然步履蹒跚，却坚持亲自上门为三替保洁公司送上锦旗，诚挚表达对三替保洁师肖细华的感谢之情，锦旗上闪耀着12个字——"以客户为中心，以服务树信誉"。

送锦旗时，老人还问起肖细华是不是共产党员，因为她在肖细华身上看到了党员的品质。从开始到现在，肖细华每一次到她家服务都那么认真负责。老人感叹，三替集团对员工的标准化、专业化培养真是了不起。

“其实我觉得自己没做什么，只是一直记得陶总常说的一句话，一定要老实、听话、真干。所以，我们每次服务的时候，都不敢马虎。”肖细华得知了老人送来锦旗的事后非常感动，“我一定要更好地为客户服务，这样才对得起这位老妈妈对我的信任啊！”

三替保洁公司对保洁员的管理实施星级积分制，而且有星级等级评级。肖细华目前已经成长为一名四星级的保洁师，有十几家固定的星级客户，每个月的订单都排得满满的。

她感到非常自豪，同时也感到肩上的责任更重了：“客户这么信任我们，购买了星级服务，我一定要让我的客户觉得每一分钱都花得值，所以更要加倍努力提升自己的服务技能，更好地服务每一位客户。”

肖细华说，在三替集团工作，收获的不仅是生活上的物质保障，还在精神层面受到了很大的鼓舞，收获了许多感动。她感恩公司，因为三替集团不仅给了她一份工作，更重要的是，让她找到了自尊、自信和自强，让她不断地学习和成长，也让她的生命焕然一新。

“在三替，我学到了‘爱出者爱返’和吸引力法则——你是怎么样的，世界就怎样回馈你。生活本身就是一面镜子，反射的一切都是我们自己的言行。类似这种大道理，我加入三替前从没听说过，也听不懂。而现在我懂得了说老实话、办老实事、做老实人不吃亏，发脾气是本能，不发脾气是本事。三替的企业文化和它让我们学到的传统文化使我改变了几十年的固有认知，成就了不一样的自己。”说起三替，肖细华总是充满了感恩。

如今，肖细华在杭州买了房子，她的爱人在建筑工地上班，工作稳定，生活幸福。她笑着说：“我要干到做不动时再离开三替。”

在三替集团，还有许多这样的保洁员，在为客户带去美好生活的同时，也改变了自己的人生。她们来自不同地方，因不同的机缘和人生际遇，进入三替集团这个温暖的大家庭。她们克服自卑，战胜自我，用心服务，赢得了客户的赞誉。她们用一个拖把、一块抹布，为客户承担了脏累，也创造了属于自己的美丽人生。

更清新的风

一到夏天，与制冷相关的家用电器故障就会增多。同时，家电维修行业鱼龙混杂，维修质量参差不齐。而维修服务的好坏，直接影响到消费者的切身利益。

几年前，浙江卫视钱江频道民生栏目《九点半》播放了一期关于冰箱维修的节目。

一台售价低于1000元、购买了两年的小型冰箱，出现了冷冻室、冷藏室结冰结霜的问题。节目组采用特殊的方式拍摄，测试几位维修师傅的服务水平，看看他们会提出怎样的维修意见。

第一位维修工看了后，指出冰箱结霜是缺少氟利昂，需添加氟利昂才能解决问题。

第二位维修工并没有检测冰箱后部，只是打开冰箱看了两眼，询问了两句，马上给出维修方案——更换控制器。

第三位维修工来了后，直接提出要更换冰箱的压缩机。除了更换压缩机外，他还建议再加一点氟利昂，称这样制冷效果才更好。

为了判断维修质量，节目组聘请了具有20多年家电维修经验、来自三替集团的吴师傅进行检测。

吴师傅经过检测后表示，这台冰箱并没有问题，解决结霜的问题，只需要把温度控制器从“7”转到“3”就可以了。吴师傅说，但凡维修工都知道，只要动动温度控制器的按钮，就能解决冰箱调温的问题。如果用户不会用，即使花了钱把温度器换了，也没法解决结霜的问题。所以，这台冰箱的问题不在于温度器，而在于使用方法。

不少观众观看后大吃一惊!

就这么一台因为使用不当而产生结霜现象的冰箱，其实际问题简单明了，却被三位维修工诊断出三种问题，而且一个比一个夸张。

如果不是吴师傅一一揭穿，普通消费者根本就不明白家电维修中的这些猫腻。

这位受“诚信、爱心、满意、创新”企业文化熏陶的吴师傅名叫吴宝胜，就职于三替家电维修公司城西分公司。

1968年出生的他是杭州本地人。1996年工厂倒闭后，有着家电维修经验的吴宝胜通过报纸上的招聘广告，来到了三替应聘，从事专业电器维修工作。

吴宝胜入职三替时，三替维修公司刚刚成立一年多。20多年来，吴宝胜与三替集团一同成长，经过不断培训和学习，从只能维修空调、冰箱出现的常规问题，到掌握了变频、直流、交流及中央空调和冰箱的维修技能。

每到夏天，吴师傅就非常忙碌，几乎每天都要骑着电瓶车到小区或单位清洗、维修空调。至今，他仍在三替集团保持着维修、清洗空调最高纪录：一天服务16家。在他随身的“百宝箱”里，除了空调维修工具，往往还会有藿香正气水等防暑药品，有备无患。

作为一名维修人员，他没有固定的办公室，所有的工作都是在客户家中完成，因此对吴宝胜来说只有两种状态——正在维修和去维修的路上。

吴宝胜说，随着人们生活水平的提高，家用电器也越来越多。可是，很多家庭并未采用正确的电器使用方法，经常因操作不当或者电器超负荷运转，使家电出现这样或那样的毛病。

刚到单位，吴宝胜就接到公司客服的电话，有一个订单需要他去处理。挂掉电话后，他自言自语：“这个小活儿，10分钟就能搞定。”

仔细一问，原来是上门给空调做保养。“我们既是‘维修工’，也是‘维护工’。”吴宝胜笑着说。尤其是到了快要入冬或入夏的时候，清洗空调的单子就多了起来，因此他们早早进入“备战状态”。

有一次，公司接到武林巷一家公司空调系统全面清洗的活，还有零零散散几个家庭清洗的单子。这项“新增”的服务让公司的业务量提高了不少。其实，三替集团早就有这项服务，但需求的人不多，以前一般是单位找他们做，现在很多家庭用户也有了这项需求。

一大早，吴宝胜就开着车来到客户家所在的小区。等电梯时，吴宝胜拿出两双鞋套，其中一双是备用的——三替有一系列标准化的规范作业流程，同时在发展中不断迭代、完善。

在路上，他已经和客户电话联系过，了解到只需要到户进行空调清洁，因此上门后，吴宝胜只做了简单沟通，就忙开了。

他拆卸设备的动作相当熟练。手上的动作并不多，轻轻一掰一扣，空调就打开了，前后不过几秒钟。

客户一直站在边上看着，看到吴宝胜手脚麻利，放心地点了点头。

“通风很干净，最近应该做过清洁吧？”

得到客户肯定的回答后，吴宝胜接着说：“现在还很干净，像这种情况，一般一年内不需要再做大清洗。我就不做整机的清洁了，您稍等，10分钟就好。”

吴宝胜一边说，一边小心翼翼地将取下的过滤网放在垫好的包装纸上。他的动作很轻，这样可以防止上面的灰尘飞到空中。用水洗干净之后，他又喷洒了消毒水，目的是杀菌。

刚洗过的过滤网，湿漉漉地滴着水，吴宝胜一手托住，另一只手缓缓地轻轻擦拭，同时叮嘱客户：“这东西很柔，不能硬来。你平时要自己拆洗的话，千万要注意。”

由于从原本的整机保养变成了单项清洁，费用也从80元减少到了30元。

客户对这个结果很满意，拿出50元，说：“不用找了，算检查和咨询费了，还省了30元呢。”

“账可不是您这么算的，服务一项是一项，多的钱，公司有规定，我不能收。”吴宝胜微笑着拒绝，“您对我的服务满意，就是我最大的收获。下次有问题还来找我们公司就行了。”

说完，趁客户在维修单上签字的时间，吴宝胜把工具整理完毕，还特意把工作中踩踏过的凳子擦拭干净，才与客户道别。整个过程不到10分钟。

吴宝胜说，有时通过电话描述就能大致判断问题所在，需要花费多长时间，他心里早已有数。这样，他就可以几乎与每一个客户约定准确的上门时间，不让客户多等，同时也能规划自己一天的行程，争取不走回头路、不停顿，这让他的工作更加规律、有计划，也更加高效。

还有一次，吴宝胜在文三路附近的一家单位清洗空调。这个单位的空调几乎涵盖了市场上所有空调类别——中央空调、空调挂机和柜机。

公司前台旁边有个顾客休息室，天花板上有一台嵌入式空调，吴宝胜架着人字梯上去，一打开天花机外罩，外罩过滤网上黑乎乎一片，全是积尘。灰尘扑簌簌地抖落下来，呛得他很难受。前台小姐脸上有些尴尬：“不好意思，我给你们倒点水。这个空调两年多没清洗了。”

吴宝胜把外罩过滤网拿下来，先用自来水清洗一遍，然后用室内空调专业清洗剂清洗。只见清洗剂瓶喷出来的白色泡沫，不到1分钟，全变黑了。

他指着过滤网说，一看就是被人洗坏了。过滤网不能用刷子刷，不然上面的网眼会变大，这样就无法阻挡空气中的细颗粒物了。清洗好的过滤网也不能在太阳光下暴晒，这样会导致过滤网变形，密封性变差，无法吸附空气中的灰尘和细颗粒物等。

过滤网清洗完，吴宝胜又将嵌入式空调内外壳和里面的风轮、蒸发器等喷上清洗剂，接着用半湿的毛巾擦干。这样，一台嵌入式空调就清洗完成了。

“家用的空调挂机内机，除了洗过滤网，还要清洗蒸发器。我们把过滤网拿下来后，里面会露出一层一层的铁片，这时候不需要用毛巾擦，直接用清洗剂喷上白色泡沫即可。白色泡沫一两分钟后会变成液体，通过内机出水口流出去。”

吴宝胜说，清洗空调除了洗内机，还要洗外机。外机清洗主要是针对冷凝器的散热系统，这个散热系统就在外机背面。专业清洗外机用的是另一种清洁剂，将清洁剂喷在冷凝器的散热系统上，吸附在上面的灰尘会自动脱落。

“经常清洗空调还有很多好处，比如省电。”吴宝胜说，灰尘及污垢堆积，会造成空调冷热交换率降低，制冷、制热效果变差，增加耗电量。不清洗空调，灰尘还会导致空调内气流不畅，使得噪声增大。当空调散热片上污垢堆积时，排气管的温度会大大升高，压缩机冷冻油基本失去润滑作用，导致压缩机增加磨损，减弱制冷效果，缩短空调使用寿命。

除了清洗，吴宝胜更多的工作是维修。但维修的时间、地点、客户的情况，一切在出发前都是未知数，节假日中的维修往往令他记忆深刻。

2008年春节，农历大年三十的下午，正是杭州冬天最冷的时候，公司接到客户打来的报修电话，家里冰箱坏了，急需维修，地点是在杭州市上城区白马寺巷。

接到公司的派单，吴宝胜想，反正是冬天嘛，冰箱推迟一天再维修也没关系。想着与家人吃年夜饭，吴宝胜便与客户沟通可否推迟一天再去。

“不行，必须马上修。”

“为什么？”

“我的冰箱不存放食品，而是用来存放药品，温度不能高于零下10摄氏度。”

电话中，客户很焦急，无论如何都要吴宝胜马上赶过去维修。

见客户很着急，顾不上年夜饭，吴宝胜骑着车就过去了。

来到客户家，吴宝胜发现，客户是一个70多岁的老太太，一个人在家。从简陋的家具和家电可以看出，老人的家庭条件并不好。

老太太说，因为她有病，需要吃这个药，而这种药品一定要冷冻存放。今天冰箱坏了，她很着急，但又找不到人来修，于是请社区工作人员帮忙。

没等老人说完，吴宝胜就开始检查冰箱。

经过检查，吴宝胜发现是冰箱的温控器坏了，但他随身没有带供替换的配件。他连忙回家，找了一个新的温控器，然后又赶到老太太家。

更换温控器后，冰箱的制冷功能终于恢复了。

老太太一个劲地说着“感谢”，但吴宝胜收拾完工具就打算离开。

“钱还没付给你呢。”老太太蹒跚地追到门口。

“不用了。”

吴宝胜边走边向老太太解释："您现在的情况，符合我们公司减免费用政策，您不用付钱，我回公司报备一下就好了。"

"这怎么好意思啊，大过年的。"老太太不好意思地说。

吴宝胜说了几句祝贺新年吉祥的话，转身就下了楼。

"我要和社区的同志说说，一定要谢谢你们公司。"老太太还在楼上道着"感谢"。

从小区出来，吴宝胜骑着车就往家赶，家人还等着他吃年夜饭呢。

有时候，维修也会遇上出乎意料的情况。

2017年夏的一天，正值39摄氏度的高温。公司安排给吴宝胜一个订单，工作内容是维修空调，地点在西湖区文二新村。

接到派单，吴宝胜骑着自行车就出发了。

可是，一到客户家，他就愣住了——客户家里充满了悲伤的气氛，需要维修的空调正安装在灵堂中。

原来，事先客户并没有说明真实情况。去了之后，吴宝胜才得知客户家有一位老人刚刚去世。而且，空调就位于遗体安放处的正上方。

吴宝胜毫无心理准备，有点意外。

"师傅，你有没有什么顾忌或者忌讳之类？"逝者家人察觉到吴宝胜心里有点犹豫，连忙问，"你害不害怕？"

"没关系，既然我都来了，就试试看吧。"吴宝胜第一次遇到这种情况，但不修的话，这么热的天，客户全家怎么受得了。

吴宝胜告诉自己，不能退缩。他走上前，按照当地的规矩，毕恭毕敬地给逝者上了三炷香，然后就开始检修空调内机。

检查了一会儿，吴宝胜发现，室内机里无电源，所以空调没有反应，导致无法制冷。没办法，必须要拆机，也就是拆开内机的机壳。但是，空调正好安在死者的正上方。

吴宝胜只好对客户说："为了检修，我可能要用凳子爬上去，这样是不是对老人很不尊重？"

"不要紧的，你修吧。"老人的家人很理解。

吴宝胜搭着凳子，小心翼翼地站上去，而脚下，就是死者的头部。

此刻，他已顾不上那么多，只全神贯注地检修着空调。

吴宝胜打开空调内机的机壳检查，发现空调的电源保险丝坏了。更换保险丝后，空调恢复了正常制冷。

空调修好了，客户很感动，悲伤的脸上终于有了一丝微笑，连忙说着感谢的话。吴宝胜心里也踏实多了。

考虑到客户家这种情况，临走时，吴宝胜没有收客户的钱。回到公司，领导知道这件事后，对吴宝胜的做法也很认可。

回想这件事，吴宝胜觉得自己的那份勇气与三替多年来的教导密不可分。在企业文化的浸染和传统文化的学习中，他将种瓜得瓜、种豆得豆的道理深深地埋在了心间，把传递温情、关怀他人当作了理所应当的分内事。

2018年夏天，也是最热的时候，吴宝胜来到西湖区府苑新村的一位客户家维修空调。

到了客户家，吴宝胜才知道，空调安装在精神病人的房间里。

由于空调无法制冷，房间里像蒸笼一样，十分闷热，让人一分钟都待不下去。

见到吴宝胜，房间里那位30多岁的精神病患者露出凶狠的目光，大吼大叫。她虽然被绑在床上，但挣扎得非常厉害，把床摇晃得很凶，感觉随时都可能挣脱绳子。

上次是在死者的灵堂，这次是在精神病人的房间，这异常的一静一动，吴宝胜都毫无准备。

这时候，吴宝胜心里其实也有担忧，还有一丝害怕。如果病人挣脱了绳子，攻击他的话，后果不堪设想。但是，吴宝胜没有退缩。他想，自己作为三替公司的员工，遇到这种情况，不能放弃，不能遇到一点困难就不做了。

吴宝胜没有理会病人的狂躁，平静了一下自己的心绪，轻轻地走到空调前。这是一台非常老旧的空调，吴宝胜拆开过滤网，见里面十分脏，于是先清洗了过滤网，然后继续检查。很快，吴宝胜发现是空调的接收器坏了。更换接收器后，空调就可以正常使用了。

客户连忙道谢。原来，他们已经两次找了其他公司，但是维修工人到后，一看空调安在精神病人的房间就退缩了，不敢修。于是，客户只好向社区求助，社区便给三替打了电话。

吴宝胜考虑到客户家的经济状况不是很好，临走时没有收取费用。

“我们会尽最大努力去回报社会，让大家感受到社会的温暖。”吴宝胜说，公司也是一直这样要求大家的。这么多年来，三替为客户减免维修费用的例子有很多，这也是三替主动承担的一份社会责任。

随着网络的普及，信息的获取越来越方便，维修技巧的入门学习越来越简单，维修从业者数量快速增长。为了抢生意，大家开始打起了价格战，维修行业乱象纷生，一些活少、“吃不饱”的小团体在生存压力下，开始剑走偏锋——乱收费、乱要价。

媒体上也常见这样的报道——换个螺丝就能解决的摆页故障却直接换摆页，焊一下就可以继续使用的接触不良的连线路板被一起换掉……维修市场上“小毛病开大处方”的现象屡见不鲜。更突出的是加氟利昂，开始说费用是30元，加好了告诉你是1个压30元，然后告诉你加到了10个压，要收300元，加都加进去了，除了吃哑巴亏，客户难道还能放掉不成？而实际上，空调在4.5个至6个压力时就能正常工作，一般只需加到5个压……类似的行业“潜规则”越来越多。

吴宝胜说，以前看见别人用“野路子”赚钱，自己也曾动心过。当初，他刚进公司时，公司规定必须按规章做事，这不行那不让的，自己心里也犯嘀咕：有钱都不赚？后来，干久了便想明白了，每一次上门都是给自己树口碑的过程，短时间虽看不出来，但日久见人心，你做得好、不乱来，大家就会记得你的好，回头客自然就多起来了。

“虽然维修不是生产产品，但是维修服务也是一种产品，这个产品出去了，是合格，还是不合格？这个成品要不要返修？一旦返修，那么这个成品是不是报废了呢？报废是不是浪费了资源？这些都要想到。资源浪费可能不在我身上，但是对公司就有影响了。你一次不成功，这个产品只能当垃圾处理了，客户肯定会这样想。”

随着社会的发展，各种家用电器不断涌现，各种新技术也随之层出不穷。

“有一次，我遇到一个客户，家里安装了宠物空调，我一听吓了一跳。我之前真是没听说过，也没见过。我就专门到网上去找，了解他这个空调的构造。原来，它跟冰箱一样，有个柜子。这个柜子上面是吹风的，原理跟冰箱一样，里面是恒温、恒湿的。”说起这个新奇的宠物空调，吴宝胜记忆犹新。

遇到解决不了的难题时，相互求助也是解决问题、提升工作效率的一大法宝。吴宝胜介绍说，公司有一个交流学习的平台，大家在上面分享平时遇到的问题，有处理不了的就一起帮忙出主意。

正说着，一个工友打来电话，求助如何解决一个电器的信号故障，而这个故障吴宝胜恰巧在前几天刚好遇到，还查过资料，于是他把检查要点在电话里向工友简单地做了说明。没两分钟，对方再次打来电话：“问题搞定！”

为了提高大家的维修水平，公司维修班还特别设有技术研讨会，组织大家不定期分享经验。吴宝胜说，每个产品都有自己规范的维修流程，只要照着做，就能解决绝大多数问题，但把A的规范用在B上，有时不但解决不了问题，反而会更麻烦。但五花八门的各种电器设备不可能每个人都样样精通，所以，大家通过相互学习，互通有无，共同进步。

“不怕教会徒弟，饿死师傅？”

“怕啥！大家技术上去了，用户才会更加信任，才会选择我们，这样每个人的订单也就多起来了。活干得多，自然就挣得多；没活干，大家都吃亏。”

这些年，三替集团不断引进新设施、新设备。空调维修事业部也从只有两个人发展到现在的60多人。一流的维修设施、一流的员工素质、一流的培训管理，才有一流的服务品质。2021年11月，三替集团荣获杭州市西湖区人力资源和社会保障局颁发的“维修电工大师工作室”荣誉。

作为杭州著名的维修服务平台，三替一直致力于为广大居民提供家居维修服务，涵盖家电维修、家电拆装等许多领域。由于业务能力出众，三替的维修事业部还常受邀担任物业公司与业主之间相关纠纷的评判。

“有困难找三替，找三替找放心”，已成为杭州老百姓的口头禅。

“从进入三替到现在，自己从来没有想过换一个地方工作。这儿氛围好，团结向上，领导对员工很好，员工之间也互帮互助。”吴宝胜说，自己已是50多岁的人了，三替集团是他工作时间最长的单位。他要在这里一直干下去，直到退休。

管道『医生』

中医有一个理论叫“通则不痛，痛则不通”，大致意思是说，气血不畅通的话，人就会出现疼痛的情况。

我们生活的城市，布满了纵横交错的网络。一条条管线，一根根管道，错综复杂，变化多端，与人们息息相关。它们的畅通能为我们的生活带来便捷，倘若任何一个小小的环节受阻，烦恼便随之而来。

“喂，是三替公司吗？我家下水道堵住了，麻烦帮我找一下你们疏通班的汲师傅来疏通吧。”

在三替集团，客服人员常常接到用户这样直接“点单”的电话。

刚开始时，客服人员很纳闷：公司共有100多名维修师傅，出单时身上只佩戴了工号牌，而没有写明姓名。用户怎么会知道汲师傅？汲师傅为什么这样“出名”？

后来，听客户说，因为他们十分信任汲师傅的服务，汲师傅多次上门以后，在客户一而再再而三的询问下，他们才知道了汲师傅的真名。

汲师傅叫汲长洋。

1992年，会一点水电修理手艺的汲长洋跟着亲戚，搭上了运送苹果的车，从老家山东临沂来到了杭州。那一年，他才18岁。

第一次来到杭州，汲长洋就对这座城市产生了好感，决定留下来找一份工作。那时，三替公司刚刚成立，西湖三替综合服务部的牌子就挂在位于翠苑一区的11路公交车终点站旁。

汲长洋从11路公交车上下来，看到了三替公司的招聘广告。没顾得上好好吃一顿饭，他就走进了三替公司应聘。没想到，这一干就是30年。

“刚开始来的时候，就十来个工人，我们什么工作都做。维修、疏通、搬家，反正就是哪里有需求，我们就去哪里做。我们不分什么彼此，也不分什么部门，只要有事就干，只要把事情做好了，大家就很开心，这里简直就和一个家一样。”

随着业务量增大，公司不断发展，汲长洋开始专注于管道疏通。为了能成为这一行的佼佼者，汲长洋总是最早一个到岗，最后一个下班。碰到疑难问题时，他及时向老员工请教，晚上静下心来反复琢磨问题出在哪里，还常常利用业余时间查阅相关资料。

初来乍到，汲长洋并不熟悉杭州的道路。为了帮客户疏通下水道，他只好骑着自行车、背着工具、拿着地图，挨家挨户地找地址。

“这个工作每天都要和淤泥、污水、垃圾甚至粪便过招，绝对是一项苦、脏、累俱全的活儿。除了又脏又苦，工作时间更是不稳定。长假和春节，往往是管道疏通工人们最忙的时候。”汲长洋说，在杭州工作的30年里，超过半数的春节长假，他都是在值班中度过的。

汲长洋记得，某一个大年三十的下午，正在下大雪，他在公司值班。

下午5点，杭州市拱墅区体育场路浙报宿舍，一个家住三楼的客户打来电话，称家里的下水道堵塞，已经“水漫金山”，年夜饭也没办法做了，找了其他几家疏通公司，对方都不营业。

对客户来说，小堵塞就是大事情，更何况还是大年三十。

挂断电话，汲长洋二话没说，背起70斤重的管道疏通机器，骑着自行车就出发了。

50分钟后，他来到了客户家。

汲长洋一看，由于下水道堵塞，楼上的污水不断往下排，污水已经溢出水池。如果不及时解决，楼上的污水会越排越多，后果将十分严重。

汲长洋拿出照明灯，趴在窨井口仔细检查。他发现，污水主管道堵住了，导致水槽里的水不断溢出。汲长洋决定，把手伸下去摸管道口，等上面疏通完了，再疏通下面。

大约两个小时后，下水管道终于通了。可汲长洋戴着手套的手也冻得通红，污水溅了他一身，全身还冒着热气。

这时候已经是晚上8点半了。

客户是个老太太，下水道疏通之后她特别开心，拿着各种各样好吃的要送汲长洋："小伙子，你们大年三十还坚守在岗位上，真的很让人感动，多亏有你们，我们全家人才能顺心地过年。三替的服务真的为我们带来了便利，解了燃眉之急，你们做到了很多别人都做不到的事情啊！"听着这些话，汲长洋为自己的这份工作感到无比的自豪和骄傲。

临走时，汲长洋还耐心地把管道保养小窍门告诉给老人："发现洗菜池下水流动缓慢时，可以倒点洗洁精，再用热水冲两三次即可，而油垢及垃圾要及时随手取出，不要冲下去，这样就不容易堵塞了。"这样一来，他们家的管道在春节期间基本不会出问题，汲长洋也就放心了。

汲长洋开心地离开了客户家。可是，当他骑上自行车准备回自己的出租屋时，自行车的链条却断了。

这时已经晚上9点了，上哪儿去找修自行车的店铺呢？

汲长洋在自己的工具包里找出简单的工具，稍微修理了一下。可一边踩自行车还是一边掉链条。没办法，他只好推着自行车往家里赶。

夜色中，雪不停地下。汲长洋回到家已是凌晨0点30分了，那年的除夕就这样过去了。

想起当时的情景，汲长洋心情有些复杂："没能陪家人度过除夕，心里总觉得对不住他们。但是，得到了客户的认可，自己也是幸福的。"

有幸福就有苦涩。

一次，汲长洋接到莫干山路上的一个临时单子——一个大型娱乐场所需要疏通管道。

去了以后，汲长洋他们与对方说好了价格。管道疏通以后，他们还把卫生搞得干干净净的。可是，最后结账时，对方开口第一句话就说："滚，有多远滚多远！"面对这种态度恶劣的客户，汲长洋没有任何心理准备。听到这句话，他既震惊，又气愤。

但是，汲长洋想："我们三替是一个有品牌的公司，是一家讲诚信的单位，我们不能跟他们吵，哪怕再难听的话，我们也绝不能还口。"

汲长洋看了看那个客户，对方比自己年龄还小。于是，他静下心来，心平气和地向对方解释："兄弟，如果你没有钱，不要紧，这个费用我个人帮你出。反正这个钱我要交到公司的，因为我的工作已经完成了，对吧？费用必须交给公司，如果我每天完成工作不收钱的话，我的工资也没有了，对吧？"

这样苦口婆心地反复解释后，对方也被汲长洋的真诚打动了，答应把事先约定的钱付给汲长洋。

汲长洋说，客户态度不好这样的情况会偶尔遇到，但是三替所有工人没有一个跟客户发生过争吵。到目前为止，三替的客户服务满意度是100%，所以称得上是一家口碑企业。三替一直坚持这样的服务流程：上门服务、当面议价、标准收费、做不好不收费、特殊免费。三替始终坚定地认为，没有给客户带来价值的服务不能收费，客户是不可能100%满意的，但一定要服务到客户满意为止。

事实上，刚开始时，很多杭州本地人对这个工种很不理解。

"因为疏通管道的活是非常脏的。比如说卫生间，当二楼粪便溢出来以后，那真的是看都不能看，又脏又难闻。"汲长洋说，既然选择了这份工作，就要义无反顾地把它做好，无论多脏，也要把每个客户服务好。服务好了以后，就能感觉到客户对自己的工作是认可的。

刚开始时，有些客户不理解，还劝他改行：“像你这么年纪轻轻的，不一定就干这么脏的活，你可以选择其他行业啊。”笑话的、讽刺的，说什么的都有，但汲长洋说，自己是凭力气赚钱，没偷没抢，这是非常正常的一份工作。

“其实我心里感觉这份工作是非常崇高的，也没一点自卑感。为啥呢？”汲长洋说，“毕竟感谢我们的人更多，当我们的服务完成以后，可以说95%以上的人都会对我们报以微笑。对我们而言，有客户的一个微笑就够了，我们就知足了。因为客户的微笑是对我们的认可，得到了认可，感觉付出的一切都值了，实现了另一种人生价值。”

随着三替在杭州的名气不断扩大，假冒的三替也出现了。

汲长洋说，有的客户不知道应该通过什么途径找疏通下水道的公司，就在网上找。或者，干脆就打牛皮癣广告上的电话，看到有“三替”两个字，就拨电话过去。

对方说可以疏通，然后就安排人过来。一阵鼓捣以后，下水管道表面上看是通了，实际上是假象，而且费用还不便宜。过了没多久，下水道又堵住了。这下好了，客户不满意，一个投诉电话直接打给媒体。

结果，记者一联系电话确认，那是假冒的三替公司。客户也感到委屈，因为他只知道“三替”两个字，不知道这是假冒的。

遇到这种情况，汲长洋他们也很无奈，只好上门去看看管道到底出了什么问题。

“有时候是很简单的小问题，比如不小心钢丝球掉下去了，把管道堵住了。假公司就用水一冲，让你看看，水下去了，其实没有解决根本问题。如果客户再打电话，假公司就不会派人来了。”汲长洋说，“但是，我们三替的师傅去了后，运用设备疏通，当着客户的面把堵塞物取出。客户感觉到三替确实不一样，非常满意。”

虽然从事的工作又苦又累又脏，但汲长洋相信，只要把简单的事情做好了就成了不简单，把容易的事情做好了也就成了不容易。不但自己感到自豪、光荣和欣慰，而且政府肯定他们，社会需要他们，老百姓离不开他们。

在工作中肯吃苦耐劳的汲长洋，在生活中还是个热心人、贴心人。

在服务当中碰到一些孤寡老人、特困户、残疾人、烈军属及困难家庭，他总把情况反映给公司，请公司根据具体情况给予减少或者免除费用，把三替“替您排忧，替您解难，替您受累”的服务宗旨和公司“为孤寡老人、特困户免费服务”的措施认真落到实处，让这些特殊群体感受到三替带去的那份温暖。

2020年1月，新冠肺炎疫情突然袭来。汲长洋和他的同事们没有退缩，以三替人的精神品格和职业操守给大家带来了疫情中的温暖。

2月19日复工以后，汲长洋和同事们平均每天都要从早上8点一直忙到晚上9点半。

“那段时间的工作量是平时的一倍。疫情防控期间，杭州城大部分的居民都宅在家里不出门，居民楼里下水道堵塞的问题接踵而来。”汲长洋说，他们每天接到的报修电话简直像潮水一样涌来，根本忙不过来。由于工作时间紧，大部分时间只能自带一些干粮，在路上就把午饭给解决了。

工作时间长还不算，汲长洋和同事们还要每天与各类淤泥、污水、垃圾甚至粪便“过招”。但是，在疫情防护的关键时刻，面对这些苦、脏、累俱全的活儿，公司员工没有一个打退堂鼓的，反而比平时上班更早、下班更晚。

“单位给我们准备了防护服、防护镜、手套等各种防护物资。既然选择了这一份工作，在关键的时候，我们总要尽自己所能去帮助客户解决各种问题。”汲长洋说。

试想，家里的厕所漏了，请个师傅来维修，折腾了半天还没找到毛病，却要把卫生间的台盆、抽水马桶甚至瓷砖一样样打开来检查。遇见这样的情况，你说烦心不烦心？

在杭州，没有人不知道三替。

三替的企业文化内核就是“替您排忧，替您解难，替您受累”及“诚信、爱心、满意、创新”。在突如其来的疫情面前，三替人勇担社会责任，将心比心、设身处地、换位思考，尽最大努力为客户排忧解难。

三替的员工非常专业。尽管只是服务行业，入行门槛不高，但专业不专业，差距还是比较大的。

“我们三替的师傅基本上能够在最短的时间里查出毛病所在。他们会替你着想，尽量不撬动任何固定的东西，要做到这一点，除了技术和设备，更重要的是尽心尽力。”

三替的管道师傅有句口头禅——“能吃药不打针，能打针不开刀”。

也就是说，如果管道能疏通的话，就不去破坏。只有实在没办法的时候，才去破管“动手术”。

汲长洋总能用各种精湛的技术加上足够的耐心，去解决疏通过程中所发现的管道故障问题。

疏通管道30年，他已摸索出一套简便操作法：首先，要弄清管道走向。碰到管道三通时，把疏通条放置到底部，打开疏通机开关，顺时针转动，就会很容易疏通到堵塞的位置。遇到管道四通时，把疏通条放到管道底部，打开疏通机开关，逆时针转动，就会很容易疏通到堵塞的位置。

不仅如此，汲长洋还用铁丝自制一些简单的小工具。因为现在下水管道都是PPC材料，没有经验的师傅经常会打破管道，疏通条头部不能太尖锐，否则很容易把管道打破。

但是，有时候也不得不“动手术”。比如，在老小区里，有些小朋友很调皮，到房顶上玩耍，把木头或者砖块扔进小区的出气孔。而这个管道是一直通到房顶上去的，东西扔进去以后就掉到一楼去了。然后，二楼就会出现“水漫金山”那种情形了。这时候疏通是没用的，必须把管道挖出来，剖开管道，取出里面的异物才可以彻底解决问题。

对于二楼住户马桶冒泡现象的处理，汲长洋也有专门的见解。

二楼的下水管道为啥特别容易堵?

“一般来说，下水管道必须有一定的坡度，但房子比较老，其间可能维修改造过多次，情况就变得复杂。特别是老小区，楼房设计时，一般二楼及以上的房子，用的都是一根管道，而一楼的房子，由于离窨井太近，为防止泛味，都是用单独的管道。长年累月下来，下水管如果堵住了，那么溢水遭殃的，大概率会是二楼。”汲长洋说。

如何防止下水管道堵塞？汲长洋说：“不能懒。厨房洗碗槽一定要带滤网，把固体垃圾滤下来扔掉。现在流行的垃圾处理器，粉碎出来的垃圾比较浓稠，其实也不适合直排进下水管道里。卫生间的地漏，一定不能偷懒把滤网拿掉，这样会让头发直接流进下水道里，应及时清理。”

汲长洋精湛的“管道医术”，可不是一朝一夕获得的。

他记得，最开始是用橡皮鞋、拖把、铁丝这些原始的工具，但工作效率不高，工具也不好使用。那时候没有网络，他只好通过各种途径去了解和查阅有关疏通管道的资料，逐步地总结出了半机械化操作方法——一个人按手枪段，一个人扶着。后来，公司又想办法派人到北上广那些大城市去学习考察，并在北京找到了一种管道疏通设备。买回来以后，对于汲长洋等人而言那真的是新事物，不会用就自学摸索，他和同事拿着机器，两个人边做边学，慢慢积累经验。

工作中，同事遇到无法解决的问题，喜欢和汲长洋一起研究。

汲长洋说，大家明白，疏通管道其实是一项专业技术性较强的工种，光靠蛮干是不行的。自己凭借平时积累下来的各种经验外加一些书本的知识，做到了融会贯通，总结出许多宝贵的经验，并一一记录下来。同时，他还毫无保留地与大家分享，使疏通班组共同更好地帮助客户解决各种管道方面的疑难杂症。

现在，汲长洋已经是三替公司管道疏通事业部城西班的组长了。班组有30多个人，他始终要求班组成员以顾客满意为出发点和终点，把顾客的赞许当成最高奖励，经常组织开展“我还能为顾客多做些什么”“技术开发奖”等新点子活动。每天开晨间讨论会，由他带头讨论一些实际工作中碰到的疑难问题，并写成案例与广大员工一起分享，起到“传帮带”作用。多年来，汲长洋的培训让全国各地近100人学会了管道疏通技能，其中，汪全德、李先贵、朱振富、韩文武等众多管道维修人员都成了管道工程的专家。他带领的班组早在2000年就获得了国内贸易部颁发的先进班组奖。

从1992年来到杭州，30年里，汲长洋的足迹已遍及杭州的大街小巷，帮助杭州近10万户家庭完成了管道疏通及改造。他用精益求精的高超技艺与职业精神，赢得了客户的信任与政府的肯定。

汲长洋所在的疏通班组被评为全国服务质量信得过班组，他个人获“全国抗击‘非典’先进个人”“杭州商贸特色服务品牌个人”“杭州工匠”“杭州市十大家政服务明星”等荣誉，获得杭州市五一劳动奖章，成为杭州市劳模。他还是三替集团管道工程专家、高级技师先进工作者、文化之星、企业20名功勋员工之一……

一连串的荣誉，是对汲长洋踏实勤劳不服输的工作态度和自尊自强、向上向善的为人品格的最好回报。他用精湛的“管道医术”，为人们带去了舒心、安心、顺心，实现了三替人的社会价值。

第二章 最暖呵护

在三替，陶晓莺就是一束光，一束照进心灵的阳光。当这一束光化作一片光，照亮苍茫大地，培育温润沃土，便能催生绚烂花朵。当一朵朵美丽的小花汇聚，那便是一片美的天地、爱的海洋。

儿童、产妇、老人、残疾人……在偌大的社会中，在我们的身边，总有这样那样的弱势人群，他们需要被照顾，他们渴望被呵护。母婴护理、家庭服务、社区养老、免费帮扶……在三替，爱的薪火不熄。这是一种强大力量，能消融寒冰，春风化雨，温暖人心。

照进心灵的阳光

“局长，我想给员工买社保。”1998年12月的一天，陶晓莺微笑着敲开了杭州市劳动局领导办公室的门。

局领导一脸的不解，犹豫了好一会儿，说：“为什么要给员工买社保呢？”

“如果我们的员工和事业单位、国有企业的员工一样有社保的话，大家就有保障了。”陶晓莺解释说，“我希望他们能把家政当作一个正式的职业、一份崇高的事业来干。”

“可是你们是私营企业，哪里听说过有私营企业给员工买社保的呀，只有国企和事业单位才能买社保。”局领导回答。

“到底能不能买呢？”陶晓莺的神情变得严肃起来。

“私营企业购买社保还没有先例，不能买。”局领导说，“再说，真正要买，还需要办社会保障登记证，还需要开个账户。”

……

第一次，局领导没同意破例，可陶晓莺不甘心。于是，她又第二次、第三次不断游说分管领导。最终，局领导被陶晓莺的诚心和执着打动了。

1999年5月，杭州市劳动局首开先河，为三替办理了社会保障登记证，开了账户。因为三替是杭州首家提出为员工买保险的民营企业，所以三替的社保尾号是“01”。

这不仅体现了陶晓莺“员工至上”的理念，更展现了她的超前意识。陶晓莺告诉我们，2008年《中华人民共和国劳动合同法实施条例》颁布后，家政服务人员也属于员工，企业需要为其购买社保，这证明三替之前的选择是正确而明智的。当时一个家政保洁员服务收费是每小时12元，三替给家政工10元，公司只收2元。为解决交社保的难题，三替将每小时的服务费增加了50%，从每小时12元增至每小时18元，增长的6元是用于给员工买社保的，三替依然只收2元。没想到，三替的服务得到了市场的认可，市场完全接纳了三替提价。

陶晓莺深知，企业只有关爱员工，员工才会热爱企业，才能服务好客户！

在三替，陶晓莺就是一束光，一束照进员工心灵的阳光。

1994年，随着国有企业改革的不断深入，国企员工下岗后的再就业一度成为全社会关心的热点问题。当看到很多和她年龄相仿的姐妹下岗后变得无所适从时，她非常同情她们，总想做些什么。“帮助下岗失业人员实现再就业，是我的责任和义务。”陶晓莺说。

那年冬天，天河西苑的一位妇女抱着一个孩子到三替来找工作。

“你贵姓呀？”陶晓莺微笑着问。

“免贵姓陈，我叫陈玉燕。”这位妇女回答说。

“怎么想到来三替呀？”陶晓莺问。

陈玉燕低下了头，过了好一会儿才说：“下岗后家也散了，孩子归我，现正在上幼儿园，家里还有年老多病的父母……”

“哦，没事，所有的困难都是暂时的，一切都会过去，要朝前看。”陶晓莺安慰她说。

陶晓莺一边安慰和开导陈玉燕，一边想办法帮助她，很快为她找到了一份钟点工的工作。

虽然那时三替的日子并不宽裕，但在春节前，陶晓莺还是专门给她送去了300元慰问金。

“陶经理，你不光免费为我介绍了工作，过年还给我补助金，我一定要为顾客好好服务、回报社会。”陈玉燕激动地说。

“帮你解决困难，是我的责任，希望你振作起来，下岗不失志，重新再就业，你的生活一定会一天天地好起来的。”陶晓莺鼓励她说。

从那以后，三替根据下岗人员的实际困难，又定下了一条规矩：为下岗人员介绍工作一律免费。

那是20多年前的事了。

“陶经理，能不能帮帮我呀？”那年春节前的一天，陶晓莺接到一个中年妇女的电话。

“您慢慢说。”陶晓莺说。

“我女儿被大火烧成了重伤。”中年妇女在电话那头抽泣起来。

“是不是望江门的那场大火？”陶晓莺说。

“是的。”中年妇女说。

就在几天前，在望江门有一个普通家庭遭遇了一场大火，两位小姑娘被大火烧成了重伤。当看到照片上原本如花似玉的小女孩变得满脸满身都是疤痕时，当听到原本活蹦乱跳的女孩再也无法正常行走时，当得知女孩的伤口在发炎溃烂却无钱看病时，陶晓莺的心被紧紧地揪住了。

“我一定尽我所能地帮助你。”陶晓莺说。

她决定捐款帮对方解一时燃眉之急，但这不是长远之计。

接下去该怎么办？

为了从根本上解决她的困难，陶晓莺决定，根据她家的情况，专门腾出一个让她既能照顾女儿又能兼顾工作的岗位。除了工资以外，还每月发给她500元困难补助费，帮助她解决生活上的困难。

在三替采访时，我们遇到了三替集团下属的浙江三替家政服务公司的家庭顾问何红丽。

何红丽老家在绍兴，来三替之前在杭州大厦卖首饰。她告诉我们，因为三替在杭州的名气大，在老百姓中的口碑好，当柜员时她经常听人聊到三替。她有个朋友也在三替工作，常说自己在三替工作有家的感觉，让她非常羡慕。一次，她冒昧地问朋友，自己有没有机会去三替工作。朋友说，有机会，三替经常会招聘。2008年6月，通过社会招聘，何红丽来到了三替，成了一名家庭顾问。

“在三替工作，我们时刻感受到温暖和关爱。”何红丽给我们讲起工作和生活中的两件小事。

2012年6月的一天晚上，何红丽的左耳突发性耳聋，听不到任何声音了。第二天一早，她就着急忙慌地跑到杭州市第一人民医院看病，挂了急诊后，很快就看上了医生。医生说，她需要立即住院治疗，但现在没有床位。

“‘陶妈妈’，我的左耳聋了，什么也听不见了。”说完，何红丽在电话那头号啕大哭起来。

“小何啊，不要慌，有我呢，有娘家人在。”陶晓莺安慰她说，“你告诉我具体情况。”

问清情况后，陶晓莺立即赶到医院，边安慰她边带着她找到耳鼻喉科的医生治疗。

住院治疗的第五天，何红丽就能听到一点点声音了。当她听到声音的那一刻，立即激动地给“陶妈妈”打了个电话。主治医生也对她说：“你的福气真好，碰上了这么好的老板，她经常打电话来询问治疗进展。”“可是，我只是普通得不能再普通的一名三替员工呀！”何红丽说。

又一次，陶晓莺到家政公司开会。当时何红丽正好感冒了，会议期间不断地打喷嚏、擦鼻涕。让她没想到的是，她的一举一动居然被“陶妈妈”看在了眼里。

“小何，小何，你等一下。”散会时，陶晓莺把何红丽叫住了。

“‘陶妈妈’，是您叫我吗？”何红丽有点惊讶。

“没错，是我叫你。”陶晓莺微笑着说，“我看你感冒不轻，让我司机送你回家吧。”

“那不行，那不行。”何红丽连连摆手说，“‘陶妈妈’，那会耽误您回家的。”

“我没事啦，晚点回去就是了。”陶晓莺坚持道。

最终，何红丽拗不过“陶妈妈”，只得享受了一回“特殊待遇”。“虽然总觉得有些不安，甚至内疚，但心里还是暖暖的。”何红丽回忆说。

张文婷是个“95后”，性格开朗，老家在安徽合肥，在江苏上大学。毕业后，她选择了入职三替。之所以选择三替，主要是她高度认同三替的价值观、企业文化，赞赏企业对员工可贵的人文关怀。

刚开始，她在集团文化部负责企业文化工作。由于刚刚参加工作，她有些急于求成，工作上难免有些毛躁。“陶妈妈”就抽空跟她聊，告诉她，做人要脚踏实地，要有“功成不必在我”的精神境界和“功成必定有我”的责任担当。

“让我感受最深的还是三替浓厚的人文关怀氛围，‘陶妈妈’对员工的关心达到了面面俱到的程度。”张文婷回忆说，“有个周末，有件公司的事要跟‘陶妈妈’电话沟通，当时我正在地铁上。她听到地铁播报的声音，便问我，是外出办事还是游玩。我说要到医院做个检查。她立即警觉起来，问我是不是工作压力太大了。她还说可以帮我落实好去某家医院检查。她不是表面上的客套，而是真想帮我们。”

后来，张文婷调到三替搬家公司负责企业文化工作。去的时候，“陶妈妈”又嘱咐她说，不要以为搬家公司的师傅们没有太高深的文化，他们都懂得做人做事的道理，一线师傅们就是搬家公司最大的财富。搬家公司的员工基本上都是男性，不要认为他们上班只是为了挣钱，那样师傅们就会觉得很辛苦，甚至觉得自己做的是没有内涵与价值的事。需要通过企业的文化教育与宣传，让一线的师傅们有获得感，有家的温暖，让他们在工作中寻找到自我的价值和工作的意义。

“这就是温暖，这就是阳光呀！”张文婷感慨道。

……

在三替采访时，我们处处都能感受到温暖和阳光。

三替集团办公室副主任何迪汝告诉我们，三替就像一个大家庭，每逢公司员工要结婚了，“陶妈妈”都会要求公司管理层替他们安排合理的假期，尽量使他们有充裕的时间做准备，甜甜蜜蜜办喜事，高高兴兴来上班。每逢员工的生日，公司当天都会送去生日蛋糕，送上祝福。每当员工的家人得重病或办丧事等，三替都会根据具体情况给予补助。公司有位员工结婚多年不怀孕，整天闷闷不乐，“陶妈妈”了解情况后，帮助联系并亲自带她去专科医院治疗。多年来，“陶妈妈”把员工的事当作自己的事，而且乐此不疲。

有一次，一个50多岁的员工从别的企业下岗来到三替工作，生日那天，当公司按规定给她送上生日蛋糕时，这位员工流着眼泪说：“我活这么大了，还从来没有人给我送过生日蛋糕，我自己也从来没有给自己买过生日蛋糕，真是万分感谢公司的这份情谊和关爱啊……”

何迪汝还给我们讲了这样一个故事：

一天，“陶妈妈”从马路边走过，看到一位穿着破旧的80岁左右的乞讨者，便停下了脚步，从包里掏出100元钱，放到这位乞讨者的盘子里。

但很快，“陶妈妈”感觉做得不到位，因为那天风刮得很大，要是钱被风刮跑了呢。于是，她立即回头，从盘子里拿起钱，直接塞到了乞讨者的口袋里。

“因为‘陶妈妈’的心里始终装着善良，所以她的生命充满着阳光！”何迪汝说。

……

当善良遇见善良，就会开出世界上最美的花朵。

那是好几年前的事了，当时三替搬家公司用的还是敞篷车。

一天，搬家过程中突然下起了大暴雨。搬运师傅马上拿出专用雨布，为车上的货物进行遮挡。可是风太大，师傅根本无法固定雨布。

就在这时，一位师傅爬上去用身体将雨布压住，确保家具不被雨淋湿，一直等到大雨停了才从车上下来。而此时，这位师傅的衣服早已湿透了。

“一开始搬家公司的领导也没跟我说，后来客户专门打电话来表扬时，我才知道此事。”陶晓莺说，“听到这个消息，我的眼泪就‘唰唰’地下来了，真的很感动很感动。”

有一次，三替水电维修公司的员工在为一家客户进行厕所改造，干完活后，天已经彻底黑了。客户家里也已经准备好了晚餐。当时这个员工已又累又饿，而客户对他工作完毕的现场清理也已十分满意，于是邀请他一起吃晚饭。

可是员工不但婉言谢绝了客户的好意，而且仍坚持用泥刀把水泥地面刮、洗干净。客户说，其实他不给我刮、洗，我也已经很满意了，因为地面已经基本处理干净了，而且最后员工还把他们家所有的垃圾都清理干净，并带下楼扔进了垃圾箱。

“三替的员工素质真是好啊。以后我们家里有事情一定找三替，真是找三替找放心啊……”客户的来电，又一次温暖了陶晓莺的心。

还有一次，三替家政公司的一位员工干完活收工回到公司时，才发现有两张100元面值的人民币粘在了一起，多收了客户100元钱。

公司离客户家比较远，骑车需要一个多小时，当时又正值酷暑，天已经黑了，这位员工完全可以第二天再送过去。但她没有丝毫犹豫，当即骑车返回，把这100元钱送到客户手中。这让不知情的客户十分感动。

再说说孟楠的故事。

孟楠是1998年来到三替当接线员的。来三替前，她在杭州大厦做化妆品销售。

“小孟，你年轻，长得又漂亮，可是我们这里的员工大部分是水电维修工和管道维修工。他们干的是粗活，回到公司衣服会比较脏，身上还会有味道。”陶晓莺说，“你不仅不能嫌弃他们，还要和他们协调好工作关系。你和他们只是分工不同，公司只有通过你和他们共同努力，才能把客户真正服务好。青春是用来绽放的，不是拿来挥霍的。一分耕耘，一分收获，天道酬勤。你要记住，精诚所至，金石为开。”

“陶经理，你放心，我不会让您失望的。”孟楠露出可爱的笑容。

让陶晓莺感动的是，就是这个漂漂亮亮、温柔机灵的小姑娘，不仅把同事关系处理得非常融洽，而且成了公司最优秀的员工之一。

“您好，这里是三替公司，请问您需要什么服务？”

“请问您住在哪里？麻烦您把详细地址告诉我。”

“谢谢您对三替的信任，祝您生活愉快！”

……

她用声音给了客户温暖。

再后来，她成了浙江省巾帼建功标兵。

……

正是这一朵朵美丽的小花，组成了三替绚丽的花海。

一幕幕感人至深的故事，一帧帧温暖人心的画面，一段段饱含深情的陪伴，无不诉说着三替的温暖与大爱！

养护『花苞』

2010年，月嫂行业勃兴，也是从这一年开始，刘小云开启了她的月嫂生涯。

20世纪70年代，刘小云出生在有“羲皇故里”之称的甘肃天水。在厚重的华夏文明熏陶下，刘小云除了有文静清秀的姣好面容外，也养成了内敛、淳朴的敦厚品性。

因姐姐在北京从事家政行业，2006年，29岁的刘小云离开了故乡那片温热的土地，来到北京当起了育儿嫂和月嫂。不论是育儿嫂还是月嫂，带小孩的工作总是不轻松的，需要极好的耐心和毅力。可喜欢孩子的刘小云坚持做下来了。这一干，又是10年。扛过了带孩子的辛苦，刘小云却没扛过北京干燥的气候，终究因过敏性鼻炎严重，不得不离开了北京，辗转来到气候温和的杭州。

当西子湖畔湿润的风吹向她的鼻尖，她知道，这个温润的城市，正是她想要长期居住的地方。更令她没想到的是，不久之后，她加入了三替母婴公司，而这成了让她留在这个城市的一个更坚定的理由。

虽然此前已经有了丰富的经验，加入三替公司却并不容易，需要身份证、健康证、母婴护理师证三证齐全，无违法犯罪等不良记录，有三年相关行业从业经验，笔试、面试考核合格。单这些考核，就让刘小云费了不少精力。来到三替几乎又是从头开始。一套正规的培训下来，刘小云发现自己又一次改头换面了。

穿着端庄亮丽的工作服，拖着重重的行李箱，刘小云终于上岗了。

刚到三替不久，她就接了一个极具挑战的活儿。她要去照顾的是一对双胞胎宝宝，而这对双胞胎宝宝出生的时候每个只有三斤多重。不仅如此，他们的身体状况还不太好：大宝有喉喘鸣，二宝有肠胀气和肠绞痛。

对三替的月嫂而言，行李箱是百宝箱，也是工具箱，带孩子是工作内容，也是工作责任。每一位三替月嫂的行李箱中都会装着一个工作日志本。上户的时候，日志本空空如也，下户的时候，本子上已记录得满满当当。记录些什么？刘小云说，每天都要记录，记录宝宝的大小便颜色、宝宝吃奶的情况、产妇恶露的情况，等等。那或简单明了或详细生动的文字，是宝妈和宝宝最直观的生活写照。

大宝的喉喘鸣是刘小云在喂奶的时候发现的。一开始，宝妈并没有告诉她。

那天，刘小云抱起大宝喂奶，只听得大宝吞咽很急，嘴里发出“嗷嗷嗷”的声音，仿佛要喘不过气来。正常情况下，孩子喝奶的声音是平缓的，有节奏的。刘小云感到不对劲，急忙将奶嘴从大宝嘴里抽出来：“宝妈，大宝喝奶的声音怎么有点不太对？”

“没事没事，你慢点喂就行了。”宝妈看了一眼，并不着急。

可刘小云着急，她仰起头，瞪着那双大大的眼睛望着宝妈，执着地要求道：“要不要去找医生看看呢？”

宝妈见刘小云是真上心了，也就跟她道出了实情。“没事的，刘阿姨，大宝有点喉喘鸣，医生说慢点、仔细点喂奶就好。”

“可以给我看看病历本吗？我想看看医生怎么说的。”刘小云还是不放心。

宝妈便将病历本拿了出来，刘小云仔仔细细地看了病历本，又看了医生的叮嘱，这才将悬着的心放了下来。后来的日子里，她严格按照医生的叮嘱来照顾这个孩子。即便如此，危险也无时不在。有一次，大半夜，大宝喝奶的时候一口气喘不过来，吓了刘小云一大跳。她和宝妈一起，掐脚心，做急救，费了好大一番功夫才让孩子吐出奶来。这以后，刘小云在给大宝喂奶的时候眼睛几乎都不敢眨一下。“要把耳朵竖起来听他吞咽的声音，同时眼睛盯着他的喉咙口。”她总结说。

一个喉喘鸣，一个肠绞痛，两个宝宝常常折腾得刘小云整夜整夜地睡不了觉。

大宝喂奶一次起码要半个小时，久时要一个小时。刘小云等孩子喝两口奶就将奶瓶从宝宝嘴里抽出来，缓一会儿再喂。奶也是冷了热，热了喂，冷了又热。等大宝睡了，肠绞痛的二宝就开始哭闹起来。肠绞痛常常是晚上12点多开始发作。每每此时，刘小云就抱着二宝跑到厨房去安抚，二宝一哭就是一个多小时。等二宝终于睡下，大宝又到了吃奶时间。如此循环往复，一晚上，刘小云几乎就没时间睡觉。她只能在白天两个宝宝都睡觉的时候，才能抓紧时间眯一会儿。

一个月下来，刘小云没睡过囫囵觉，神经一直处于紧绷状态，不过做了多年月嫂，她已经习惯了这种工作节奏。好在一个月下来，两个宝宝都长了两斤，这对刘小云而言就是最好的回报和慰藉。

临别之际，望着茁壮成长的宝宝，刘小云的心里有说不出的感动。结束了一个月的护理使命，她又将迎来一个嗷嗷待哺的新生命。

“刘阿姨，有个急活需要请你去。”刘小云正休息着等待下一个单子的时候，接到了三替母婴公司的通知。

走进客户家时，宝宝满脸红疹，正哭闹不止。刘小云又朝房间四周看了看，只见满屋窗户紧闭，也没有开空调。一问才知道，家里老人怕冻着孩子，所以在他们自己带娃的这20多天里，窗户是完全关着的。5月的杭州，天气已经有些热了。在完全不通风的情况下，孩子被捂出了热疹。这个问题对她来说根本不算什么，因为公司早已教过该如何处理。

刘小云缓缓打开行李箱，取出一包金银花。将金银花加水煮开之后，她将水晾到宝宝能喝的温度，根据公司培训中学习到的操作流程在水里又加入了一小杯约30毫升的“十滴水”（中成药名）。在后面的几天里，她都如法炮制。三天左右，效果就显现出来了，宝宝的红疹消退了许多，人一舒服，精神也好了，哭闹声就明显减少了。

红疹消退之后，严重的肠胀气导致宝宝吐奶严重的这个问题却显得有些棘手，但对经验丰富的刘小云来说，也可手到擒来。每次宝宝吃完奶后，刘小云都会帮他按摩肚子、做排气操，抱五六分钟后再平放，再拍嗝、放下。如此一系列动作下来，宝宝因肠胀气引起的吐奶便有所缓解了。

这些在公司培训中学会的实用技术，不仅为刘小云解决了工作中的棘手之难，还免去了客户带着孩子去医院的往来奔波之苦，节省了求医问药的费用。在客户眼中，刘小云能搞定一切关于宝宝的难题，是实打实的"专家月嫂"。

一个月的时间转瞬即逝，月嫂期满，刘小云又要拾掇好行李箱走向别处。走之前，她将自己所知道的育儿知识倾囊相授，比如怎么帮宝宝做排气操，怎么给宝宝消红疹，等等。她生怕宝宝受罪，确保宝妈学会了，才放心地离开。

三替母婴公司，自成立以来，就以优质、专业、贴心、安全、省心的服务理念服务客户。为了提升公司月嫂、育儿嫂的专业技能，三替还与台湾知名母婴护理机构合作，整合台湾数十年专业月子护理的精髓，并结合本土的环境、气候、饮食习惯、母婴体质等因素，形成了独有的母婴护理标准操作程序和孕产期膳食营养的高品质母婴护理服务。

刘小云将三替的母婴专业技能融会贯通，精心呵护着一个个娇嫩的新生"花朵"。

对月嫂来说，除了宝宝之外，宝妈也是重要的照顾对象。

从十月怀胎到生儿育养，在整个生育过程中，妈妈是付出最多的那一个。随着国家鼓励生育二胎、三胎，妇女产后恢复问题，特别是产后抑郁问题，越来越受到社会的关注，也越来越被每个小家庭重视。月子期是产后恢复的最佳时机，我们发现，越来越多的家庭开始选择请月嫂或去月子中心，期望通过更科学的方法为产妇调养身体。这是母婴行业遇到的大机遇，同时也是大挑战。

宝妈会遇到什么问题，又该怎么护理？从月嫂刘小云的经历中，我们或许可以窥探一二。

2020年，刘小云就遇到了这样一户人家，宝宝热疹，宝妈乳房瘀堵，这让一家人急得团团转。

“我去的时候，他们家已换了两个阿姨了。宝宝出生半个月，热疹红屁股很严重，屁股上的皮都掉了。宝妈的乳房瘀堵也很严重，之前的月嫂没给她做乳房按摩护理，她痛得直叫。”刘小云说。

这次，她还是用金银花煮水再加“十滴水”洗澡的方法来护理宝宝的红屁屁。不仅如此，每次洗完屁股换尿片之前，刘小云还会用吹风机把宝宝屁股上的水吹干，之后再涂上护臀膏，有时候半夜吹风机还在轰轰作响。在刘小云细致入微的调理下，宝宝的红屁股渐渐恢复了正常。

“小宝宝是这样，你如果上午看到屁股上有几个疹子，没有及时重视和护理，那么到了下午，特别是过了一晚上，第二天就会很严重。所以，只要发现一点疹子，就要赶紧用金银花煮水，再加‘十滴水’洗澡。”有着多年月嫂经验的刘小云护理孩子有自己的一套，喜欢孩子的她见不得孩子受苦，在护理上也就越发细心了。

跟她护理过的绝大多数宝宝一样，这个宝宝也有肠胀气。过了晚上12点，宝宝就开始闹腾。这时候，刘小云就会把宝宝抱起来，以宝宝舒服的姿势抚慰她睡觉。宝宝睡着之后，刘小云就让她趴在自己肩膀上、怀里，自己半躺在床上，用枕头垫着腰，给宝宝做一个临时“床”。虽然这么一晚上下来，刘小云自己腰酸背痛，可是她全身心地照顾宝宝，全然忘了这种不舒适。“宝宝需要安抚，不能让她孤零零的，不然她长大了脾气也会不好。”刘小云说。渐渐的，宝宝从两个小时一顿奶，渐渐调整到三个小时一顿奶。“那以后，她吃奶就像有个小闹钟似的。”

安抚宝宝之余，刘小云还有一项重要工作，就是帮助乳房瘀堵的宝妈恢复到正常状态。

第一眼见到宝妈，刘小云就在宝妈憔悴的面容中觉察到了她的情绪不好和睡眠不佳。刘小云先是跟宝妈聊天，宽慰她的情绪，让她不要有压力。之后，刘小云将宝妈的饮食调整好。比如，煲下奶的汤水时，刘小云会将荤汤上的油撇去，让宝妈用吸管喝油水以下的汤水。

“阿姨，我在宝妈群里问了，有说冰块可以消肿的。”一开始，宝妈总是心神不宁，到处搜索排瘀堵的“妙方”。

“不行的，宝妈，冰块太冰了。”刘小云说。

“刘阿姨，我在网上查了，说是……”不一会儿工夫，宝妈又有了新想法。

“那是不科学的，宝妈，要不您用我的方法先试试？”刘小云其实已经胸有成竹，只是自己初来乍到，宝妈还没有完全信任她，她必须用自己的方法帮宝妈治好瘀堵，消除她的焦虑，赢得她的信任。

刘小云又想起了培训中教过的方法。蒲公英有活血化瘀的功效，加水煮沸之后，刘小云就给宝妈热敷，等到乳房僵硬的地方变得柔软，她再帮宝妈排奶疏通。一天一次，一次一个多小时。一次排奶下来，宝妈舒服了，刘小云的手却酸痛得抽筋。

约三天时间，宝妈瘀堵的乳房就疏通好了。看着肿块一点点变小，宝妈的情绪也跟着好转起来。这以后，宝妈开始完全信任刘小云了。

宝妈的产后抑郁也是月嫂常常要面对的问题。刘小云遇到过不少轻度抑郁的宝妈，当然也遇到过情况相对严重一点的宝妈。

“去年我遇到了一个宝妈，她非常敏感，常常跟我说话，说着说着就流泪了。她稍微语气重一点，我转过头来看她，她就在流泪。有时候我在外面做事，她一个人跟宝宝在房间聊天，等我进去的时候，发现她已经泪流满面了。”

遇到这样的宝妈，刘小云估摸着她有些轻度抑郁。产妇在月子里抑郁、流泪，对身体恢复很不利。刘小云尝试着逗宝妈开心，比如跟她聊天，让她多听听舒缓的音乐。常常在玩笑声中，宝妈舒展了眉头，有了些笑容。

等宝妈敞开心扉之后，刘小云尝试着去了解宝妈心中焦虑的原因。原来这是一位新手妈妈，她担心宝宝带不好，也担心自己的身体恢复不好，有时候看着宝爸在一旁打游戏，对孩子不管不顾，她也闹心，等等。这些在普通人看来稀松平常的事情，当它“攻击”着身体虚弱、激素急剧变化的产妇时，就可以变成让人动辄流泪的大事。

“我就跟她说，现在条件这么好，宝宝肯定能带好的，没什么好担心的。我们那时候才艰难呢，孩子不也照样带大了嘛。我还会给她推荐育儿书，要她买回来看看。身体恢复就更不用担心了，我说有我在呢，我会照顾好你的。”刘小云耐心地开解这位宝妈。同时，她也将目光投向了在旁边玩游戏的新手爸爸。她照顾过那么多的月子妈妈，她清楚地知道，在宝妈坐月子的时候，宝爸的参与和关心非常重要。如果宝妈的情绪不能被理解的话，两个人就不能产生共鸣。所以，有时候看到宝爸打游戏，刘小云就会过去提醒他，要他多陪陪宝妈，多陪宝妈聊聊天。护理宝宝的时候，刘小云会特意喊宝爸过来，告诉他怎么换尿片、给宝宝做抚触等，让他参与到带娃中来。

看着蹑手蹑脚，却在认真学习照顾宝宝的宝爸，宝妈的情绪也好了许多。“我看到宝爸带着宝妈一起打游戏，也一起带娃，我就放心了。”刘小云说。

作为三替的优秀月嫂，刘小云的认真负责是公认的。这份好口碑与她兢兢业业的工作态度不无关系。在对产妇和宝宝一个月的护理中，刘小云说，自己就算在睡觉的时候也保持着高度警惕，眼睛似乎都是睁着的，宝宝一有动静她就醒了。如此高强度的工作，她承受的压力可想而知。一个月与另一个月的空隙，刘小云会回到三替，像充电一般，续满下一次服务所需的电量。有时候，她会将自己工作上遇到的困难和问题讲给公司的育儿顾问听，跟顾问老师说说心里话；有时候，她也会适当放松自己，给紧张的身心彻底放个假；有时候，她会参加公司的培训，掌握更科学、更前沿的育儿知识……

月嫂这份工作很辛苦，但即便遇到再大的困难，刘小云也没有厌烦，更没打过退堂鼓。“社会和谐、我的责任，这是公司常教导我们的话。虽然我的工作很平凡，但我可以把爱和温暖传递给别人，在我的工作细节中尽力去帮助和照顾别人。付出是一种美德，也是一种善行。”她说，尽管在加入三替前，自己已经在母婴行业里干了好几年，但从没有接受过公司组织的传统文化学习。正是在三替，她懂得了在服务中换位思考、将心比心的重要性，明白了要常怀感恩之心、善待他人，也增强了自己的自信心，认定了自己从事的是一份有意义的事业。

2021年，刘小云将自己的老公也带到了杭州，让他加入了三替这个大家庭，成为搬家公司的一员。孩子已经长大了，不需要夫妻俩耗费太多时间和精力去管。夫妻俩就以三替为家，以更多别人家的孩子为自己的孩子，努力实现人生价值。

在三替母婴公司，我们看到了无数个刘小云。近些年，三替母婴公司先后与浙江大学医学院附属第一医院、杭州市妇产科医院、杭州市第一人民医院、浙江美福宝妇儿医院、杭州玛莉亚妇产医院等杭城各大妇产医院合作，其服务也更加优质。在三替母婴公司，有资深妇产科专家、新生儿科专家、心理医师、营养师、中医师、专业护士等组成的孕产期专家团队。正是这样庞大而全面的专业队伍，为刘小云们提供了丰富的“营养”和坚强的后盾。

又是一个阳光灿烂的日子，刘小云如往常一样，拖着重重的行李箱从三替母婴公司走出来，走向一个新的家庭。同刘小云一样的月嫂或育儿嫂们也正陆陆续续地从三替走出，她们所从事的工作、所经历的见闻与刘小云大同小异，但是她们所呵护的生命，所成就的幸福却千差万别、丰富多样，如这金子般的阳光温暖人心。

特别的爱

粪水从二楼的一间房子里溢出来，顺着楼梯往下流。

张明强提着工具箱，打着手电筒，三步并作两步地往楼上跨着步。步子忽左忽右，他在尽力挑干净的地方走，那扑面而来的熏天臭气在他面前仿若自动隐身了，毕竟这么多年来他跟这臭气打交道可不是一次两次了。

走到二楼门口，眼下再也没有干净的地方了。

顺着大门往里看，一位70多岁的老太太裹着厚厚的棉袄，正端坐在房间口的椅子上，瞪着双眼望着大门处。此刻，她的眼神与张明强的眼神直接对上了。

“老师傅，你可算是来了，可算是把你盼来了啊！”一眼瞧见张明强，老太太双手拍着大腿，语气有些激动。实话实说，1971年出生的张明强这会儿并不老，他长着一张方正又棱角分明甚至透着几分帅气和英气的脸，年轻时候，很难把他与“老师傅”一词联系起来。“老师傅”算是当地人对维修师傅的一种尊称了，意思也就是说你的资历老、功夫老。

老太太旁边坐着一位老大爷，80多岁，他正用手捂着鼻子，斜着眼神瞅门口，也不吱声。

“阿姨，您放心，我这就来帮您老清理干净。”张明强笑着迎了上去。他正准备抬脚时，发现整个房间已经是一片汪洋粪水，无处放脚，也无处放疏通管道的机器。张明强上下张望了一番，凭着直觉，他断定，这水是从六楼流下来的。

在杭州，二楼至六楼共用一根管道，一旦下水道堵塞，二楼就要遭殃。“多亏电话打得及时。”张明强在心里暗暗庆幸。原来，今天是他值班，晚上10点快下班时，他接到电台的热线，说是朝晖小区有户人家堵了下水道，请他去疏通。搁下电话，张明强背着工具箱就径直往这边赶，赶到时已经是晚上11点了，老太太和老大爷估摸着已经被这臭水堵了两三个小时了，见着他就像见了救星一般。

张明强匆匆下楼，找来了一摞砖头。把砖头垫在地上，他这才一步步走到了厕所，放下工具箱，开始检查。

这并不是一个容易的活，当然，对张明强而言，这也不难。他搭了一个约12米的疏通桥到楼下，臭水就先顺着管子往下流。

“老叟，老叟，水下去了，水下去了！”看着水开始慢慢往下消，老太太激动地摇晃着老大爷的胳膊。老大爷这才慢慢放下捂着鼻子的手，伸长了脖子往地上看。

一个多小时之后，管道彻底疏通了，漫出来的粪水回流进了下水道。粪水排干后，地上一片狼藉。

老太太站起身，蹒跚着去拿扫帚和簸箕，准备清理地面。张明强见状，忙接过老人家手里的扫帚和簸箕："阿姨，我帮你扫。"

"老师傅，这怎么好意思呢。"

"没事，这么晚了，您歇着，可别摔着了。"张明强边说着话，边清理起现场。

等到一切清理干净已经是凌晨1点了。张明强收拾完工具箱准备离开，老太太拉着他问多少钱。张明强连连摆手："您老啊，把钱收回去吧，我不收钱哩。"

老太太双手紧紧握着张明强的手，可劲地摇："老师傅，这怎么能行呢，要是你不来，我们这一晚上都睡不了觉咯。"

"您就别跟我客气了，我们三替对您这样的老人家有优惠政策，免费的，公司买单哩。"张明强笑嘻嘻地说，露出了一口白牙。

老人家连连说"谢谢"，将张明强送到了楼梯口。

这是2003年冬天，半夜的寒风更猛了，凛冽地刮着张明强的脸颊和双手。可张明强并不觉得冷，他脑海中清晰地印着老人家"劫后重生"的幸福模样，心里也就美滋滋、暖融融的了。

张明强所说的免费服务政策是怎么回事？三替自创立之初就规定：对孤寡老人、特困家庭和重残家庭三类对象一律免费提供服务。三替，这个用爱心铸就的品牌，始终将深切的社会责任感融入企业发展中，在追求经济效益的同时不忘追求社会效益。

服务社会、方便他人，内化于心、外化于行，这是三替的发展内涵之一。员工如在服务中碰到一些孤寡老人、特困户、残疾人、烈属、军属及夫妻双双下岗的困难家庭，都会与公司联系，把相关情况反映给公司，请求公司根据具体情况酌情减免费用，将公司的服务政策认真落到实处。

在张明强30年的职业生涯中，遇到过很多特困人群，每次遇到，他都会严格遵守公司政策，免费为他们服务。

2008年的那个夏天，张明强又做了一件免费服务的好事。

“您家里是要修马桶吗？”张明强敲开了翠苑三区一户人家的门，开门的是一位80多岁的老大爷。

张明强往客厅看了一眼，沙发上坐着一个40多岁的中年男子。这名男子既没起身来开门，也没有说一句话，甚至连看都没看张明强一眼。这让张明强心里自然而然地生出一些疑惑。

走进厕所，里面全是水。张明强将马桶打开一看，原来是进水阀坏了。换个进水阀是很简单的事，三下五除二，张明强就解决了。

“阿姨，马桶已经修好了，您检查检查。”走出厕所，张明强对正在门口张望的老奶奶说。

“小伙子，不用看了，都修好了。”老太太笑眯眯地对张明强说，“就是还有个事情，可不可以请你帮个忙呀？”

“什么事？您说。”

“你看我们这院子里的树，枝叶太盛，挡住了太阳。你能不能帮我把这树给修一下？”老人有些不好意思。

“不用麻烦人家师傅了，我自己来。”还没等张明强回答，老大爷接过了话。

“你身体这个样子，怎么能去修树呢？不行！”老太太斩钉截铁地说罢，转过身，又瞧了瞧坐在沙发上一动不动的中年男子，更不好意思地对张明强解释说，“我这儿子啊，是个痴儿，啥事也干不了。”

张明强这才恍然大悟。“阿姨，您放心，包在我身上。”张明强拍了拍胸脯，拾掇起工具箱就往院子里走。走到那棵高大的泡桐树下，一阵阴凉像乌云一样盖了过来，让人觉得凉飕飕的。这树看样子是很久没修剪了。

当下，张明强就跟公司打了电话，汇报了情况。一是说明这户人家的情况，申请免费服务；二是请同事送一把梯子过来，他要帮忙修剪树枝。

不一会儿工夫，梯子送来了。一个多小时后，张明强将树的枝枝干干修整了一番，院子一下子变得敞亮了。张明强又将剪下的枝枝干干都拉出了院子，折腾出了一身汗，这才把所有事情收拾停当。

“小伙子，真是太谢谢你了。这个院子的修剪费用是多少？我付钱给你。”老太太感激地说道。

“不用了，阿姨，我刚问过公司了，我们三替有优惠政策，您这单我们免费服务。”张明强朝老奶奶连连摆手。

见这师傅不仅帮她修好了马桶，还修剪了院子里的树，竟说是免费服务，老太太瞬间感动得热泪盈眶。

遇见过孤寡老人，遇见过残疾人，张明强也遇见过特困户。

2015年夏天，张明强走进了城中村的一间房子。

房子旧，桌椅旧，屋内看上去是20世纪90年代的模样。“老师傅啊，你可算来了，换气扇正转着呢，突然就停了，家里的电也停了。不知道这是停电了，还是换气扇坏了。”一位40多岁的中年男子见了他后焦急地说。

“不着急，我帮您看看。”张明强说着便走进厨房。煤气灶是旧式的，看起来有些年头了。一台老式的换气扇杵在厨房出烟口，上面糊了一层厚厚的、黑黑的油垢。

“您能帮我找个梯子吗？”张明强对中年男子说。

“老师傅啊，我家里没有梯子哩，找把椅子行吗？”

很快，中年男子搬来了一条凳子，这是一条20世纪六七十年代的凳子，深灰色，表面磨得滑溜溜的，人站上去，椅子还有些不稳当。

张明强一检查，换气扇确实坏了。除了换气扇有问题，电线也是老式的铝线，时间一久，接头处就氧化了，所以导致家中断电。一看开关，竟是老式拉线开关。看这情形，张明强心里“咯噔”一下，随后就跟这男子聊起了天。

听男子说明了情况，张明强才知道，这男子有两个孩子正在读书，妻子得了重病，就靠他一个人扫马路的微薄收入养活一家子。“现在的政策好啊，村里帮我们落实了贫困户政策，我的收入，加上老婆的补助，一个月也有将近3000元，不然这日子真是没法过下去啊！”男子说。

张明强拨通了公司电话，落实了免费政策，又顺手给他家换了电线和开关。

“老师傅，谢谢你，这一共多少钱？”张明强背起包正准备走，男子拉住他问。

“不要钱哩。”张明强答。

“怎么能不要钱呢？你告诉我多少钱。”男子一听急了。

“本来是80元钱，但是我们公司有政策，贫困户可以免费服务。”张明强解释。

“不用不用，80元我还是付得起的。怎么能让你白辛苦呢？”男子执意要付钱。

张明强拦住了他：“虽然不多，但也是钱啊，这钱您挣起来也不容易，留着给孩子们买两只鸡吃也好呀。”

说罢，张明强背着工具箱就走了，男子远远地目送着他离去，久久没回过神。

这样的人、类似的事，张明强碰到过很多。常年跟通管道、修家电家具这样的脏活累活打交道，张明强的双手磨出了老茧，衣服也浸染了修理师傅独有的气味。可每次做完这样的免费服务，他的内心都会荡漾起一圈幸福的涟漪。他发自内心认可公司的政策，也感谢公司给他机会去做这样的好事。

赠人玫瑰，手留余香。这份“香甜”常常荡漾在张明强的内心深处，滋养着他自己的生活，甚至生命。三替的企业文化特别强调主动给予他人帮助和温暖，付出也是一件幸福的事。今天，三替已成了中国驰名商标，三替集团则成了全国文明单位、国家标准制定单位。盛誉满身的三替一再提升企业定位，要求每位员工在工作中展现企业的价值观，让每位客户深刻感受到三替的品质。

“张师傅啊，红十字会医院的下水道堵了。公司得派人去，你愿不愿意？”

要搁在平常，这是个再普通不过的活而已，但当时，“非典”肆虐，去医院疏通下水道成了一件危险且棘手的事。当时有传言，说“非典”病毒会通过下水道传染人。医院找过很多修理师傅，但他们一听都不愿意去，于是电话就打到了三替公司。

2003年，张明强还是个小伙子，当主管告诉自己有这么一档子事时，他浑身燃起了一种强烈的责任感：“去，当然去！”

背起工具箱，穿上简易的防护服，张明强径直朝红十字会医院走去。走到过道处，一股大便的恶臭袭来。他再定睛一看，过道上到处都是大便，看样子，下水道已经堵牢了。

一眼看到张明强，红十字会医院的后勤科科长迎了上来，一把抓住他的手：“师傅啊，真是太感谢了，您能来可真是帮了我们大忙了。我就说吧，只有找三替，事情才能解决。”

“那咱们去看看‘事发现场’？”张明强不无幽默地说。

“好，好。”科长打量了一番张明强，又说，“这样，您穿上我们医院的防护服再去，您这身太单薄了。”

于是，张明强换上了医院的防护服。全副武装之后，他开始疏通下水道。一个多小时的时间，下水道就疏通了。

“难怪老百姓说：有困难找三替，找三替找放心。大公司就是靠得住啊！”看着缓缓流入下水道的脏水，后勤科长又感动又激动，又一次紧紧握住了张明强的手，发自内心地感慨道。

张明强的心里美滋滋的。作为一名服务人员，他觉得自己的任务就是帮助别人排忧解难。如今，能帮人排解难处到点子上，那份自豪感更是不言而喻。

存善念、说好话、做好事，是三替企业文化的重要内核。因此，三替常常给员工灌输“老实人不吃亏”的理念，并引导员工把服务质量放在最重要的位置。“质量是我们的自尊，也是我们的生命。”三替提供管道疏通服务的保修期从最早的一个星期逐步改为半个月、一个月，这在同行中是绝无仅有的，同时还始终坚持如果没有给客户完全疏通，坚决不收费。

在“非典”疫情严重的那段时间，在很多人都不愿意上门服务的情况下，张明强自告奋勇，帮很多医院、学校、政府单位排忧解难。正因他贡献突出，在2004年，他获得了“全国抗击‘非典’先进个人”荣誉称号。这份荣誉，是对他的嘉奖，也是对三替文化、三替精神的肯定。

“今天早晨我就服务了一个客户，他家的情况是楼上漏水到了楼下。楼下的老大爷找我说：‘老师傅你说怎么弄，楼上的水漏到我家了。楼上一冲水，我们家就要漏上一两滴。’我说：‘您找楼上协商了吗？’他说：‘找了啊，楼上的说了，要我来找三替裁决，如果三替说他们有问题，他们就处理。我说，那好，我去帮你们检查一下。’我就跟着老大爷来到了他家，又到楼上那户看了下，发现是楼上马桶的移位器没装好、防水没做好才导致漏水。听我这么一说，楼上的客户同意整改，并且已经下了单，要我们公司派人帮他做。像这样的事情很多，经常会有人来找我们去裁定，每每此时，我们都会免费帮人家检查，别人也就越来越信任我们了。”张明强随口讲起了一件早晨发生的事，从他的讲述中，我们明显感觉到他作为三替人的自豪和自信。

自1992年从安徽老家随打工热潮来到三替公司，张明强从最简单的普工做起，最开始送煤气罐，之后做过管道疏通、搬家、水电、维修等工作；从最简单的电工证考起，他现在已经拿到了技师证。工作岗位在变化，工作技能在提升，唯一不变的，是张明强作为三替人的身份。是什么让他坚持了30年？

“这些年，公司一直在帮助我，让我没有外人的感觉。”张明强发自肺腑地说。

他记得，1996年，他们两口子结婚一年多仍没有孩子，正为这事烦恼。董事长陶晓莺知道之后，周周转转地帮他们找到了当时的一位计生专家，并请这位专家帮他们检查了身体，提了一些建议。不久之后，孩子就降临了。

几年之后，孩子到了读书的年龄，外地农村来的张明强又遇到事了。孩子是农村户口，不能在杭州免费读书，要读就得交2万多元的借读费，还要自己去联系学校。2万多元对张明强而言，可真是一笔不小的数目。他正为带孩子回老家还是交这2万多元借读费而烦恼和犹豫不决时，陶晓莺又出面了。她不仅让公司出面帮张明强交了这2万多元借读费，还帮他联系好了学校，让孩子安安心心地上学，也让他安安心心地在三替工作。

这件事情又一次感动了张明强，也彻底让他踏实下来了。“如果没解决读书的问题，我们就只能回老家了。但公司帮我解决了，我当时就想，我到哪里能再遇到这样好的公司？当时我就下定了决心，要一直干下去。”张明强说，“有句话说，‘拿什么奉献给你，我的爱人’。对我来说，就是‘拿什么来回馈我的公司’，我能做的就是积极向上，不断成长，与企业发展同频共振。”

这之后，张明强更努力地学习和提升技能。2013年，张明强以优秀的业务能力和专业水平考取了三替家政学院工商管理专业。两年半的时间里，他利用周末学习，顺利拿到了毕业证，实现了从中专到大专的学历突破。

30年来，张明强借助三替的这份工作完全融入了这座城市，树立起了严于律己、精益求精、追求极致的工作理念，追求让客户百分百满意。通过不断努力，他被杭州市政府授予“管道工程专家”荣誉称号。

在一线工作多年的张明强已身经百战，从一线员工成长为维修公司经理，管理着120多人的队伍。在这个管理岗位上，他所学习的工商管理专业知识也派上了用场。

他将自己全身的本领和所思所感传递给他带领的工人们。“要时刻站在公司的角度、站在客户的角度思考问题，比如在服务老人的事情上，我会跟他们说，每个人都有老的一天，你也会需要别人帮助。今天你帮助了别人，别人将来也会帮助你。”张明强说，他希望这份爱能够扎扎实实地传递下去。

三替给了张明强一份特别的爱，张明强便用几十年的时光不断传递这份爱。这是多么美丽动人的故事。毫无疑问，三替不仅有这么一位张明强，而且还有很多张明强。我们看到，三替的企业文化正是以“爱”为核心。三替的员工大多数都是下岗失业、失土、外来务工的弱势群体，他们文化程度低，没有技术，处于社会底层。一开始，他们也曾自卑、焦虑，但通过三替这个平台，掌握了谋生技能，重新拾回了自信和乐观。从1994年开始，三替就有目的地把一些好岗位留给下岗、失业、外来务工人员。为此，三替还专门开设了“800”免费电话，利用公司的资源和优势，为下岗失业、失土人员搭建起重新就业的平台。近30年来，共有十几万人通过三替这个平台重新走上了工作岗位。正是这些人，又将爱带到了千家万户，免费帮助孤寡老人、特困户、重残人员，让这些特殊群体在小小的家政服务中感受到大大的温暖。

爱是什么？爱就是温暖他人，同时也温暖自己。

左右手

家庭顾问何红丽接到了一个单子，这一单看起来有些棘手。

打电话来的是一个中年女人，她想给母亲找个保姆。母亲的情况有点糟糕，80多岁，老年痴呆，还插着胃管，进食得靠人照顾。最让人头疼的是，老太太还喜欢动不动去拔胃管，这让子女们多少有些手足无措。

安排谁去呢？何红丽在脑子里快速搜索了一遍，目标锁定，她想到了丁夏英。这位丁阿姨以前在养老院工作过，照顾老人有自己的一套方法，性格随和、十分耐心。不过，何红丽也没把握，毕竟这位丁阿姨刚加入三替参加完培训，这单要是成了，算是她第一份住家的保姆工作。盘算再三，似乎也就她合适了。把简历发给客户之后，客户很满意，何红丽就安排丁夏英去试工。

成为三替阿姨，要过许多道关：身份验证、背景调查、健康检查、专业培训、学习传统文化，等等。其中，与其他家政公司不同的，是针对传统文化的学习，做到日感恩、日反省、日行一善。三替认为，阿姨的服务对象往往是老年人、孩子、残疾人等弱势群体，家人不可能时时在旁监督，因此有一颗善心，懂得“老吾老以及人之老，幼吾幼以及人之幼”的道理才能把繁杂琐碎的事情做好。

上户看了情况后，何红丽心里没底，以为丁阿姨会打退堂鼓。毕竟这位老太太的情况实在是极具挑战性。

“要不，你先试试看看？”何红丽试探性地问丁阿姨。

“行，我试试，我也想挑战一下这第一份住家的工作。”丁夏英一口答应。这让何红丽对她增加了几分信心甚至敬佩。

答应归答应，事情能顺利吗？试工的那几日，何红丽都没安下心来。直到老人的女儿打电话来说：“何老师，你推荐的这阿姨真好哩，很有耐心，也很细心，还很有创新精神。”何红丽心中的石头才“扑通”落了地。

原来，丁夏英不仅没有退缩，还根据老太太的情况发挥自己的聪明才智。老太太喜欢拔胃管，她就给老人家手工织了一个颜色鲜艳的套子，套在胃管接口的地方。同时，她又给老太太的手上也织了个套子，防止奶奶乱拔管子。老人家看着鲜艳的颜色好看，从此就不拔胃管了。丁阿姨还给老太太读书，念她在公司学到的传统文化知识，老人家听得津津有味，也就不闹腾了。有时候，丁阿姨还会把老人抱上轮椅，推到亭子里晒晒太阳。暖烘烘的太阳搭配着阿姨美妙的歌声，时间仿佛停止在这份温暖里，两人之间的情感像极了母女间的浓浓爱意。事实上，将老太太当母亲一样照顾的丁夏英确实与老人之间产生了母女般的感情。重病的老人大小便不能自理，几乎都在床上解决，本来就容易浑身都是味儿，丁阿姨就不厌其烦地帮老人擦拭身体。在她的料理下，直至离世，老人浑身都干干净净、体体面面。

丁阿姨的做法让何红丽觉得很欣慰，欣慰自己为这位可怜的老人找到了一位好阿姨，陪伴老人走完了最后一段最艰难也最孤寂的时光，让老人的晚年生活少受了些苦，多了一份平静。

何红丽说话语速快，像黄豆炒芝麻一样，恰如她的个性，雷厉风行、风风火火。家庭顾问往往正需要这样的个性，因为这个岗位所需面对的事往往来自四面八方，面对的人亦是形形色色，没有点能耐是难以利落处理的。那么，这是一个怎样的职位？用何红丽自己的话来说，就是客户与保姆中间的一座桥梁。客户能否找到心仪的保姆，在很大程度上取决于家庭顾问找的保姆匹配度高不高；同样，保姆能否顺心工作，也在很大程度上取决于家庭顾问的沟通工作是否到位。这个岗位可以说至关重要，何红丽深知自己责任重大，所以她尽心尽力，半刻不敢懈怠。往往有付出就会有回报，有时候回报还出乎意料。

“小何啊，今天叫你过来有两件事情。”老人从身后拿出一个泛黄的袋子，小心翼翼地放在桌子上，说：“第一件事情，我要谢谢你给我们找了这么好的阿姨，感谢你们公司把阿姨培养得这么好，她对我们好得没话说。第二件事情呢，我是想拜托你一件事。”

“大伯，什么事？您说。”

“你看，我和你阿姨都这个年纪了，也没个一儿半女在身边，万一哪天去了，连个办后事的人都没有。所以，小何啊，我想把我的后事托付给你。你放心，我不会太给你添麻烦，南山公墓的墓地我都已经买好了。”老人拿过那个泛黄的袋子，正要打开。

“这里面呢，是我的房产和存折，我一并都托付给你。”

没等老人打开袋子，何红丽一把握住老人的双手，说：“大伯，您能这么信任我，我真的很感动。但是呢，这样不合适。您可能是想孙子了，您孙子是因为疫情在国外回不来，但总归是联系得到的。您有什么困难，我们也会随时来看您的。像您这样的老干部，国家会管您，我和我们公司也会管您，您不用担心。但是，我们肯定不能要您的房子和财产，您的这些东西啊，必须留给您孙子……”

说实话，何红丽着实被老人感动了，那份感动至今都还温暖着这位兢兢业业的家庭顾问。她知道，托付后事绝对是出于十分的信任，这种信任又是那么弥足珍贵。

这份信任从何而来？时间要回到更早以前。

老人一家住在江新苑，老爷爷身体还算健朗，老奶奶却躺在床上，几乎不能自理。送钱凤香阿姨上门试工的时候，何红丽千叮咛万嘱咐，要钱阿姨一定照顾好两位老人。

过了三四天之后，老人打电话喊何红丽过去签合同，说阿姨很好，很耐心。

“大伯，您有没有监护人？有监护人的话，可能需要您的监护人出面签合同。”何红丽说。

“唉。”老人深深叹了一口气，“我儿子女儿早我们去了，唯一的孙子在加拿大，家里就我们老两口哩。”

听了老人的话，一股同情油然而生。过后，何红丽再一次叮嘱钱阿姨，说老人情况特殊，一定要更加关心老人。“比如说老人用钱，如果稍微有点异常的情况，你就跟我说，因为现在骗子多。”一番细致的交代之后，何红丽才离开。

钱阿姨记住了何红丽的话，对老人更加耐心。在她的照料下，老太太已经可以扶着椅子慢慢走路了。之后，每一次上门询问情况，何红丽总会提上一两个西瓜，或带上一两袋水果，渐渐地，双方竟如同家人一样。

直到那天，大伯喊她过来，托付后事，这让何红丽受宠若惊。

何红丽没有收下老人的房产和存折，而是叮嘱钱阿姨把老人家收拾妥当。她知道，在老人交代后事的背后，其实是深深的孤独和寂寞。何红丽从老人那里拿到了他孙子的电话号码，通过电话帮老人联系上了他的孙子，又帮老人加上了他孙子的微信。

“大伯，您叫您孙子通过一下，通过之后呢，您就可以跟他打视频电话，这样您就可以经常见到您孙子了。”何红丽手把手教着老人。

老人听了以后很感动。那以后，何红丽还常常打电话关心这两位老人。她理解老人的孤单，更珍视老人的信任。

“服务老年客户时，需要更多的耐心。”何红丽说。

这么多年来，她遇到过无数老年客户，也让她由衷地感慨道：“老年人，其实需要更多的耐心和关怀。”

在这之后不久，何红丽遇到了一位“难缠”的老人。

“小何啊，你给我换个阿姨，我要早出晚归的。”晚上11点多，何红丽正准备睡觉呢，一位老奶奶打电话来了，要求换阿姨。

“阿姨，您不要急，我明天给您找。”

第二天，何红丽找准了一位早出晚归的阿姨，打电话给老奶奶。老奶奶又说：“算了，我不换阿姨了。”

过了一个星期，又是深夜十一二点，老人家又打电话来了："小何，你帮我换个阿姨吧，我要住家的。"何红丽第二天给她找好之后，遇到的情况跟上次一样，老人家又说不要了。

一个月，七八个电话，反反复复，这番折腾下来，耐心一向很好的何红丽内心也产生了一丝烦躁的情绪。

又一天晚上，老太太又打电话来了："小何，你睡了没有？"再次看到老太太来电，何红丽的心里不免泛起了一丝腻烦，可她还是很耐心地接起了电话："没有，阿姨，您有什么事？"

"你放心哦，这次我不是要换阿姨。对不起啊，小何，这一个月老是打扰你，谢谢你的耐心哦。我就是想要感谢一下你，谢谢你这么耐心，找你们三替还真是找对了。"

没想到老太太是要说这些，想想这一个月来三番五次地为她的事忙活，自己内心里确实有些烦躁。可当老人家说出这么一番话时，何红丽觉得自己的心被融化了，开心、欣慰，让多日以来烦闷的情绪一扫而空。

"阿姨，您这么信任我，我也很开心，我本来就是为你们服务的。您以后有什么事还是可以给我打电话哦。"何红丽真心诚意地说。

"老人的反反复复往往自有原因，或许是因为担心，或许是因为孤独，也或许仅仅是因为一份信任而想跟你聊聊天。这时候，我们要多一份理解，多一份耐心，或许换来的是一份甜蜜、一份幸福。"这是何红丽这么多年从事家庭顾问工作的真切感受。

有时候，何红丽的另一重身份是"调解员"。

“小何，你明天能不能到我们家里来一下？”何红丽正上班呢，突然接到客户电话。客户又说：“这阿姨不行，我要换人。”

“大伯，怎么回事？突然要换阿姨。”

“她啊，差劲，我反正是要换掉她。”老人家没好气地说。

挂了电话，何红丽内心里直打鼓。阿姨叫王小琴，是她亲自安排的，按说王阿姨经验丰富，人也靠谱，怎么就会把老大爷惹得这么不高兴呢？何红丽将电话拨给了老大爷的儿子，了解之后她才知道了原委。

老大爷差不多90岁，身体还算健朗，却有点老年痴呆。老奶奶86岁，身体不好，躺在床上，全靠人伺候。爷爷有个毛病，喜欢买一些乱七八糟的保健品回来，而且每次还非得给奶奶吃。王阿姨知道这些药不能乱吃，吃了对奶奶的身体不好，所以每次她都不让爷爷给奶奶吃药。爷爷这就不高兴了，觉得王阿姨管得太多，渐渐地就讨厌王阿姨了。除此以外，他还觉得王阿姨照顾奶奶比较多，他就产生那么点吃醋的心理。

老大爷的投诉电话不仅打给了何红丽，还挨个儿打给了他的儿子们。

“可是何老师，我妈妈很喜欢这个王阿姨。我们作为子女的，也觉得阿姨没错，做得挺好，想留下这个阿姨呢。你看如何是好呢？”最后，老大爷的大儿子说出了他们的心声。

这么一琢磨，何红丽出了个主意，说明天一起去大伯家看看，想想调解的法子，但是不能让王阿姨知道大家是约好了去的，不然阿姨得怀疑是自己做错了什么而多想。老大爷的儿子们同意了何红丽的主意，第二天便纷纷都来到了父母家中。

“何老师，你怎么来了？”王小琴打开门，一眼望见何红丽，心中顿生狐疑。

“王阿姨，我到这附近签合同，顺道来看看你。”何红丽说着话，往里屋一瞅，很自然地说了声，“哟，赶巧了，家里这么热闹呢！”

“是的，今天大伯和阿姨的儿子们都来了，说是来看看爸爸妈妈。”王小琴说着话，将何红丽让进了屋。

一眼看见何红丽，老大爷先是热情地说，小何来啦，喝水喝水。没过一会儿工夫，他又似乎不认识何红丽了，问她说：“你是谁？你怎么到我家里来了？”又过了一会儿工夫，他又说：“小何啊，你喝水了没？你要喝水吗？”

如此反反复复，何红丽知道老大爷的老年痴呆症程度不轻，也便更理解王阿姨的难处了。何红丽走进老太太的房间，把王阿姨支开，问了问老太太有关情况。老太太虽然躺在床上，完全无法自理，但是她知道是自家老头要把阿姨赶走，心情很是低落。她拉着何红丽的手，深情地说；“小何啊，小王很好哩，她把我当妈妈，我也把她当女儿，你可千万不能听老头子的，小王可不能走啊。”

这么一来，何红丽已经把事情了解得八九不离十了。老人家的儿子们也在一旁出主意。

大儿子想到了一个好办法，他对王小琴说：“王阿姨，如果我爸爸再要让我妈妈吃药的话，你就叫我妈妈含在嘴巴里，等我爸爸没看到的时候再吐出来就好了。如果他一定要给她吃，真吃一次也不要紧的，反正是保健品。老人家嘛，你还是不要跟他对着干。”

“好哩，我记住了。”王小琴说。

何红丽也拉着阿姨的手，先是夸了一通，说大妈和老人的儿子们都说她干得好，很喜欢她。老大爷的事情，就听他家大哥的，别跟他对着干。有什么问题跟大哥说，让大哥去跟他爸爸沟通。

走出房门，何红丽又跟老大爷解释，说自己已经批评过阿姨了。“有的事情是阿姨没做对，您到时候告诉我就好了，或者告诉您儿子，让他批评阿姨。阿姨说您好呢，说爷爷心好，对她很好。”

老爷爷听何红丽这么一说，心结似乎也打开了。两边说了一些好话，事情也就顺利地解决了。王阿姨继续服务，充当两位老人的“左右手”。

现代社会关于保姆的负面新闻多，这让何红丽他们更加谨慎地关注每一位阿姨的品行。

“其实一个人的人品是最重要的，我们毕竟做了那么多年，接触了那么多阿姨，基本上跟她们沟通几句就能大概清楚一个人的人品了。”何红丽说。所以，她推荐的阿姨，首先在人品上是过关的。

何红丽是个踏实善良又很精明能干的人，这么多年，她练就了一双火眼金睛，这种精准的观察力在调解矛盾时，显得尤为重要。

在何红丽所对接的服务中，照顾自闭症儿童那一单让她印象尤为深刻。

自闭症，是一种广泛性发育障碍的代表性疾病，其表现形式不一。何红丽所遇到的这位自闭症患者，是一位个高1.7米、智力发展却滞后的18岁男孩。

晚上，阿姨得陪他睡同一个房间，因为他往往晚上不睡觉，一个人自言自语，或是突然起身往外走。这时候，阿姨得阻止他。可人高马大的男孩，力气大，脾气也大，阿姨哪里次次都能轻易阻止？阿姨被男孩推搡是常有的事。

“我要吃棒棒冰！”男孩撅着嘴巴。

“不能吃棒棒冰，吃多了不好。”阿姨不给吃。

“我就要吃，就要吃，你让开。”男孩嘴巴撅得更高了，心中好似有一股火苗在燃烧。

“现在不吃，我等下再给你，好不好？”发现势头不妙，阿姨忙哄他。

火苗渐渐熄了些。但有时候，这火苗是会愈烧愈烈的。导致的结果就是，他直接把阿姨推开，然后去拿棒棒冰吃。

“何老师，我不想做了。”时间久了，阿姨有了情绪，便找到何红丽。

“阿姨，怎么回事？”何红丽问。

“你说这孩子老推人、打人也就算了，可家长也不理解，说我怎么让孩子吃棒棒冰，还不管他，我哪里是没管啊……”阿姨憋了一肚子委屈，这会儿终于逮着何红丽说了个痛快。

“这样，我去跟家长沟通，你先不着急。”何红丽说。第二天，她就来到了客户家里。

阿姨也在，客户也在。何红丽将孩子的情况和阿姨所付出的努力坦诚地跟客户分析，客户这才知道，是自己不了解原委，误会了阿姨。坦诚沟通之后，阿姨消除了心里的隔阂，客户也理解了阿姨的苦衷，问题圆满解决。

在服务与被服务的关系中，阿姨是非常需要被关心的一个群体。她们辛苦服务，却有时候不被理解。她们大多内心敏感，也需要被尊重和关怀。

柴元明阿姨是何红丽亲自介绍去北京做育儿嫂的。当时，宝妈的父亲找到何红丽，说是要帮她女儿找一位育儿嫂。女儿住在北京，而他非常信任杭州的三替。柴元明是何红丽挑选出来的一位阿姨，送她去北京时，阿姨满心欢喜。可没过多久，柴阿姨就给何红丽打电话了。

“何老师，我不想做了。”

“怎么呢？”何红丽问。

“原因也不好说，总之不想做了。”柴阿姨的语气有些低沉。

“到底什么情况？客户为难你？说难听的话了？”何红丽着急了。

“也是小事，可能是我这个人太敏感了。就是他们出去带东西回来时，经常是只带三份，早晨煮鸡蛋也是，经常就是三个鸡蛋，完全没有考虑我的感受。”柴阿姨说着说着有点哽咽。“何老师，你知道，我不是想吃那份东西，而是我觉得他们真的不把我当自己人，进出家门也从不与我打招呼。”

“饭你能吃饱吗？”何红丽问。

“饭还是能吃饱的。”

“宝宝你喜不喜欢？”

“宝宝也是喜欢的，宝宝很黏我。”

“柴阿姨，那我了解了，您受委屈了。”何红丽顿了顿，接着说，“但是，柴阿姨，客户就是客户，阿姨就是阿姨，这个咱们得把心态放平。北京来来回回的路费又贵，你要回来，客户也不会出这个路费。咱们出来是为了挣钱的，这个工作毕竟薪资还可以，看在收入待遇的份上，你再坚持一下。宝妈那里，我会去帮你沟通的。”

听何红丽这么一说，柴阿姨的情绪稍稍平稳了一些。

转过头，何红丽找到这位宝妈的父亲，委婉地向这位父亲说明了情况。过了一段时间，柴阿姨给何红丽打电话，高兴地说：“何老师，宝妈他们现在都挺好的，出去回来都会多带一份吃的东西给我呢。”

问题解决了，何红丽挺高兴，可她同时也陷入了沉思。

这些年跟阿姨们打交道，她深深了解这个群体。她们普遍有些自卑、敏感，而这，需要她这个家庭顾问多关心、多鼓励。

“我经常鼓励她们，告诉她们，我们是用自己的劳动获得报酬，这是对等服务，不要有心理负担。工作不分贵贱，要有自信。”为了让客户和阿姨们都能够随时找到自己，何红丽的电话24小时保持开机。她说，她要对每一位客户、每一位保姆阿姨负责到底。“公司一直教导我们要做诚实正直的人，说老实话、办老实事。认真做事只能把事情做对，用心做事才能把事情做好。”

现代社会分工越来越细，企业主、白领、医生、教师等常常无暇照顾家庭。如此一来，就需要有专业的家政服务者照顾老人、孩子，打扫卫生，做饭洗衣等。所以，家政从业者为社会和谐所做出的贡献是可圈可点的。

春风春雨暖人心，三替在自身发展的同时，特别提倡同事之间互相帮助，互相关心，三替人也以帮助他人作为自己的最大快乐。被三替温暖着的“何红丽”们也已然成为这互帮互助的文化中必不可少的润滑剂。他们在为客户寻找合适的家政从业者，也在客户和家政人员间充分的协调沟通，促进了家政行业的良性发展。

2008年入职三替，何红丽在家庭顾问岗位上已工作了15年。十几年来，她为很多家庭送去了可靠的“左右手”，而她，以及如她一样的他们，也活成了别人心目中那双温暖的、可靠的“左右手”。

仿若家人

坐在三替公司朝晖门店的大厅里，完全没有保姆工作经验的宋群芳摩挲着双手，紧张得无所适从。

“很紧张？”家庭顾问何红丽见她这副神情，笑眯眯地在她身边坐下并宽慰道，“没关系的，不是每个人一开始都会做的，慢慢来。”

宋群芳点了点头。她觉得何红丽给人的感觉很亲切，就慢慢地打开了话匣子。在之后的日子里，宋群芳总会时不时地向何红丽问东问西，而何红丽则每次都耐心地解答，教她怎么做个好保姆。

宋群芳觉得自己仿佛找到了人生方向。一高兴，她就爽朗地笑起来，月牙儿一样的眼睛闪闪发亮，两颗小虎牙俏皮可爱，温柔甜美的歌声就从那双唇间飘了出来。她已经很久没这么开心了，毕竟她从很久之前就对家政行业情有独钟。

时间回到2008年。来三替之前，宋群芳在食品厂工作，可她的眼睛却早早地盯着家政行业。“我有个朋友是做保洁的，她说我要是想做家政就去三替，因为这是最资深的公司了。”听了朋友的建议，宋群芳便来到了三替，开始了她人生的第一份家政工作。

宋群芳的第一份保姆工作是在一位浙江大学老师的家里。

一开始，女主人每天都给宋群芳列单子，单子上写得明明白白，几点做什么事、烧什么菜，以自己严谨的治学态度来要求宋群芳的工作。

尽管承受着极大的心理压力，宋群芳没有退缩。委屈懊丧的时候，她总会想起董事长陶晓莺写给她们的一封信。那娓娓道来的话语，总能及时抚慰她焦躁烦乱的心绪。

亲爱的阿姨：

你好！

非常高兴，我代表公司全体同仁祝贺你经过培训成为一名学习过传统文化的阿姨，并从此“链接”了圣贤。这不仅是一次培训课程的结束，更是一段新历程的开启。随着时代的进步，社会分工不断趋于细化。改革开放四十年，国家富强，文明进步，我们处于前所未有的好时代，也迎来了我们广大家政从业者的美好春天。

习近平总书记说：“劳动没有高低贵贱之分，任何一份职业都很光荣。”所以请务必坚信，我们家政人从不卑微，家政服务是一份伟大的职业，我们可以用淳朴善良的品格、勤劳灵巧的双手，为千家万户的幸福生活耕耘。感谢广大阿姨为万千家庭保驾护航，你们是这个时代最可爱的人，你们辛苦了！

在这个伟大的新时代，服务社会、成就员工，是三替神圣的使命！离开家乡，来到城市打拼，你们可能会遇到生活的种种不容易，甚至遭受委屈、误解和不公平对待。今天，你们来到了三替，我及我的团队将会竭力为你们提供力所能及的帮助，为此，我们真诚地承诺：三替就是你的家，是一个能够为你遮风挡雨的地方，是一个温暖的港湾。你不要惹事但也不要怕事，三替是你坚强的后盾！三替一直在做着一份别人不愿做也不屑去做的平凡而伟大的事业。在这个伟大的时代，我们非常愿意与你一起学习传统文化，共同建设心灵品质，点亮万家灯火，温暖千万家庭。

此刻，你们即将奔赴新的工作岗位，请记住我的几句肺腑之言：

无论别人是如何地对你不好，你要记住，要永远对别人好；无论别人是如何地不相信你，你要永远地相信别人；要永远地善良下去；这不是傻，这是做人应有的品德！

无论生活给我们怎样的磨难和考验，你要记住，这都是上天化了妆的祝福，是上天为了让今天的我们比昨天更优秀，让明天的我们比今天更优秀，感恩上天给了我们这样的历练与成长的机会！

在通往前方的路上，有黑暗险滩也会有岔路口，但你要记住，无论何时何地，你都要毫不犹豫地选择直接相信良知所指引的方向。因为这是走向光明唯一的路，这也是你一生中最正确的选择！

爱出者爱返，福往者福来；好人好自己，坏人坏自己。生命中的一切都是公平得不能再公平了，付出多少收获多少，种瓜得瓜、种豆得豆，这是人世间的真理。

亲爱的阿姨，你要永远记住同时也要明白，人间正道是沧桑，我们要存善念、说好话、做好事，要走人生的阳光大道。要坚持学习传统文化，每日感恩，每日反省，日行一善。天地万物为一体，天下父母皆我父母，天下儿女皆我儿女，天下生命皆我生命。用一颗感恩的心去做好每一天每一件事情，服务好每一位客户，担负起让客户享受美好生活的重任，为我们社会的进步作出实质性的贡献！这将是你们真正的幸运，也是我对你们的托付。

在工作中，哪有服务，只有做人！人做对了，事情也一定做好了。在此，让我们共同立志：净化心灵，改变命运！

让我们从心出发，践行服务之道，弘扬正能量，在心中播下爱与善的种子，从此生命得以焕然新生，成为孩子们乃至家族的榜样，成就美好人生，活出一个更好的自己！

三替集团陶晓莺

2018年10月

宋群芳遵照陶晓莺董事长的叮嘱做人做事，她很珍惜这来之不易的工作。她按照女主人的要求烧菜、干活。半个月后，女主人对她说："宋阿姨，我就不给你写菜单了，你自己看着给我做哦，不要每天烧一样的菜就行了。”

得到了女主人的充分肯定，宋群芳心里美滋滋的。

在这户人家，宋群芳整整做了一年。客户由一开始的戒备到信任，再到完全放心，跟宋群芳处出了家人般的情感。后来因为正在上高中的女儿生病，宋群芳不得不回家照看孩子，才离开了这户人家。

第二年再回来，宋群芳开始从事钟点工的工作，这跟她第一年工作时的用心不无关系。第一年在大学老师家里做保姆，宋群芳有休息时间。每周日，她都没闲着，骑着自行车四处溜达，将杭州的大街小巷逛了个熟悉。她逛杭州可不是为了好玩，每到一处，她都会认真看路标，并记录下来。久而久之，杭州的街街巷巷在她日复一日的观察中，像地图一般，印在了她的脑海里。这为她第二年做钟点工打下了良好的基础。

钟点工常常是一天做两家或三家，比做整户的保姆工作更累，付出更多，当然收入也高。

在宋群芳的钟点工生涯中，下午上户的那个人家是令她印象最深刻的。因为在这户人家，她整整做了五年。

这是个四口之家。爸爸开公司，妈妈是部队转业干部，家里有两个孩子，大的读高中，小的在宋群芳去的那一年才刚进幼托班。宋群芳的工作是帮这户人家接小宝。至于家务和保洁，女主人在宋群芳来之前已经另外找了阿姨。

下午4点接小宝，接了之后不直接回家，而是负责在小区遛娃。宋群芳不仅有一个好脾气，还有一副好嗓音，人也如孩子般烂漫。她常常边带孩子玩，边给孩子唱歌听，教孩子读唐诗，带孩子做游戏。孩子喜欢她，总像小尾巴一样黏着她。

遛了一圈娃，宋群芳再把孩子送回家。这时候，女主人还没到家。宋群芳闲不住，拿起扫帚、拖把，撸起袖子，开始给家里做“美容”，把地拖得锃亮，把窗户、桌子抹得锃亮。这样差不多一个星期之后，女主人找她谈话了。

“宋阿姨，您把卫生搞得这么干净，我们来做保洁的阿姨就没事做了。”女主人呵呵一笑，说，“宋阿姨，跟您商量个事，您看成不？”

“我，我就是闲不住，是不是我做错什么事了？那可真不好意思呀。”宋群芳怪不好意思地摸了摸后脑勺，以为女主人有了意见。

“保洁的事情也请您来做，我给您加工资。保洁阿姨我们就不请了。您看成吗？”女主人说。

“那当然是行的呀，您放心，我一定把孩子带好，把卫生也搞好。”原来是这么一回事，宋群芳心中豁然开朗，爽朗地笑出了声。

自那以后，宋群芳便一边搞卫生，一边给孩子读唐诗，有时候还唱着悠扬的小调，房间里总是响起她和孩子银铃般的笑声。

宋群芳说，培训时学习传统文化让她明白，帮助别人就是帮助自己，因此要千方百计去方便他人。过去自己不明白这个道理，现在才明白了行为作用和反作用力这回事，所以在工作中会发自内心地为客户多做一些事情。

客户待宋群芳也如家人一般，他们吃什么总少不了宋群芳的那一份。五年倏忽而过。终于有一天，宋群芳决定结束在这户人家的钟点工服务，做出这个决定对她而言是艰难的。

“五年之后，小宝上小学了，学校离家就远了一些，需要骑自行车去接他。我觉得这样很不安全。还有一个原因，小孩已经完全习惯了我烧的菜、做的饭，只要我一休息，他就不吃他妈妈烧的菜，我觉得这样下去也不是办法，我总归是要走的。所以，出于这些考虑，我就建议他们换个阿姨。”说着说着，宋群芳有些哽咽了。

她永远记得离开的那天。孩子给她写了一封信，塞在她兜里，要她回家再看。宋群芳接过孩子的信，眼泪“唰唰”地滑过了她那张圆润、温和的脸。五年下来，她已经把这个孩子当成了自己的孩子。孩子哭，家长也哭，一家人哭作一团。

回到家拆开信，宋群芳看到，信上画着一个红红的爱心。这爱心，又一次让她泪流不止。这爱心也埋藏在她心里许多年，让她深刻地体会到，付出爱，亦会收获爱。你待客户如家人，他们便亦仿若家人。

时光飞逝，1965年出生的宋群芳掐指算了算，自2008年来到三替，她已经在这个公司待了十几个年头。

一开始，做全职保姆，做钟点工，照顾孩子和年轻人，她都在行。随着年岁渐长，宋群芳清楚地认识到自己已经不再适合做照顾孩子的保姆，转而对养老保姆燃起了浓厚的兴趣。特别是当她看到新闻报道说，我国老龄化越来越严重，养老已成为一种庞大的需求，她便更加坚定了自己服务老人的想法。

2016年，宋群芳报名参加了三替公司的一个养老培训，七天课程，吃饭、住宿免费。培训课上，老师讲授的很多知识，宋群芳都是第一次接触。比如，怎么给老人翻身，怎么将老人抱上床，怎么给老人按摩，怎么让老人营养均衡，等等。七天下来，她收获了满满当当的知识。

不久之后，宋群芳年迈的母亲因脑梗塞住院了。她就用自己在培训班上学到的知识给母亲按摩，奇迹出现了，原本一动不能动的母亲在她的科学护理和精心照顾下，手脚竟然慢慢地能活动了。这让宋群芳充满了成就感，也越发助长了她学习养老护理知识和服务老人的兴趣。

宋群芳所服务的第一户老年客户住在凤栖家园。

男主人徐老爹90岁，女主人88岁。要照顾如此高龄的老人，对初来乍到的宋群芳而言不能不说是一种挑战。可她想直面这个挑战。

“大伯，大妈，你们想吃点什么菜？”

“小宋啊，随便买点就行了。”徐老爹好说话。

“那可不行，我会把要买的菜写在纸条上，你照着买就可以了。”女主人说话的语气有些严肃，甚至还含有几分挑剔的意味。这在第一天上门服务的时候，宋群芳就感受到了，不过，她已经有了心理准备。来之前，老人的女儿就给宋群芳“打”了预防针，说她妈妈有些难相处，脾气不好、说话刻薄，若是老人说了难听的话，要她左耳朵进、右耳朵出，别放在心上。

“好嘞好嘞，我照着您的单子买。”宋群芳笑盈盈地答应。

早上照着老人开的菜单买好菜，抽开门口的信箱，拾掇完里头的报纸，宋群芳这一趟就都带上楼了。在请保姆之前，拿报纸这些事是老人家自己下楼去干的，但老人的女儿担心父母年龄大，万一摔着碰着，不想让父母下楼活动。宋群芳来了之后，这个问题就解决了。

把菜一一收拾好之后，宋群芳拿着抹布跪在地上开始擦地。

“小宋，你用拖把拖啊，我们没那么讲究。”徐老爹伸手就要去把宋群芳拉起来。

“大伯，没事没事，拖把拧不干，拖地容易打滑，我用抹布抹的话，你们安全一些。”宋群芳笑呵呵地昂着脑袋，说话还是那么和气。

“让你用拖把拖，你就用拖把拖嘛。”女主人说话了，虽然表情还是那般严肃，语气中却流露出关心。这让宋群芳心里暖暖的，她知道，女主人就是那种刀子嘴豆腐心的人。

“您老就放心吧，这些事我都做惯了，抹布抹得干净些，我也放心些。”说话间，宋群芳已经麻利地把一大块地都抹得锃亮了。宋群芳边干活，还边哼着小调。她爱唱歌，她也爱将这份雀跃带到工作中。两位老人被宋群芳感染了，男主人乐呵呵地笑了起来，女主人那张看似板了很久的脸上，也露出了一丝笑容，大有一种“拿这小宋没辙”的意味。

渐渐的，难相处的女主人对宋群芳出奇的脾气好。不愿意跟女儿们多说话的她，却愿意跟宋群芳聊天、说心事。宋群芳呢，把两位老人当自己的父母一样对待，不仅将家里收拾得齐齐整整，还时常逗老人开心，给他们的老年生活平添了不少乐趣。直至第二年，徐老爹生病住进了医院的重症监护室，这份幸福的、和谐的快乐才戛然而止。

随着徐老爹住院，这个家庭陷入了焦虑之中。特别是两位老人的女儿，时常焦虑得吃不好也睡不好。同时，她和宋群芳还有一项重要任务，那就是不能让女主人知道男主人的真实病情。这段时间可把宋群芳忙坏了。除了要照顾好、瞒好女主人，还要充当老人女儿的“心理医生”，帮她疏解压力。

“小宋啊，老头的病怎么样了？这么多天没回来。”女主人开始疑心和担心了。

“阿姨，大伯的病还好，只是要在医院观察和检查，您就放心哈。”宋群芳轻描淡写地说道。在女主人面前，她必须装出一副“没事人”的样子。

一段时间后，90多岁高龄的男主人终于还是走了。照顾了20多天女主人之后，老人的女儿跟宋群芳商量，说要送她妈妈去养老院。

“我妈妈的情况你也知道，她很难相处。先去养老院看看，如果不行的话还是需要你来照顾。”

宋群芳连连答应。老人家住了七八天后，说是愿意在养老院待。于是，宋群芳结束了在这户人家一年多的服务。

临别，宋群芳将剩余的700多元菜钱退还给老人的女儿。

“这钱不用退了，你把我爸妈照顾得这么好，这个钱就当是奖励你了。”老人的女儿说。

“不行不行，我们三替人的原则是你该拿的就拿，不该拿的一分钱都不能拿。服务好两位老人是我的工作、我的责任，菜钱是一定要退的。”宋群芳十分坚持。两人推来推去，最后，如宋群芳所愿，钱退了，但是她的心里暖暖的。

从2018年到现在，宋群芳服务了四五个老人。几年间，她也从一个普通的家政员成长为了长三角金牌家政员。“要说心得，那就是我觉得要服务好每个客户，把他们当家人一样对待。”宋群芳说。

在三替，像宋群芳这样的阿姨还有许多，她们有一个共同的名字——三替暖馨阿姨。暖馨阿姨们通过专业的培训，掌握了烹饪、家务、家庭急救、营养搭配等专业知识；她们通过不断的学习，懂得了基本的生活礼仪，有着良好的个人修养。她们，或陪伴着孩子走过了嫩苗般娇弱的幼年，或陪伴老人走过了夕阳般落寞的最后旅程，或为繁忙的年轻人减轻了生活的重担……她们把爱带给千家万户，送去家人般的温暖，温暖亿万家庭。

在三替提供的岗位中，妇女占了很大一部分。这些妇女可能在家庭中地位相对低；可能生活困难，甚至离异；可能长期无业，极不自信……但通过在三替的工作，她们提升了自我，收获了自信，实现了独立。在成就了自我的同时，让家庭关系更和谐。

“人”，一撇一捺，看起来那么单薄，那么茕茕独立。可“人”，懂得相互支撑，从而能成为这世间最坚不可摧的强大物种。你捧出一颗暖心，我捧出一颗暖心，世界就将成为一个温暖的大家庭。在这个大家庭里生活着你、我、他，你照顾我，我关心你，我们便仿若家人，胜似家人。

“小汪啊，你来帮我看看，这个人的微信怎么都没有常用联系人啊？”80多岁的于老爹蹒跚着来到三替公司求是门店，退休之前，他是一位大学教师。

汪银芳接过于老爹的手机，看到他要加的这个人情况有点奇怪，便问：“于老师，您加的这位是谁啊？”

“卖保健品的老师啊！”于老爹掂了掂手上的药袋子，说，“喏，这就是在他那里买的。”

汪银芳忙问这是什么药、花了多少钱购买的。于老爹就把他买药的经历告诉了汪银芳。原来他收到了一个邮件，里面有个语音讲这药很好，能治很多病，还有一张兑奖券。他刮到了一等奖，即买8000元的药，可以减免3000元，他觉得划算，就买了。

汪银芳打开手机，把于老爹所买药物的名称输进去。这下可不得了，网上有很多相关的诈骗信息。汪银芳心里“咯噔”一下，意识到于老爹是被骗了。

“于老师，这个人啊，是骗子。这药也没什么用，您可千万别再找他买了。”汪银芳拿着手机给于老爹看。

“那怎么办好呢？我已经花了这么多钱买了药，我家崽伢子肯定要说我的。”于老爹一拍大腿，脸都被气白了。

在来三替之前，汪银芳在养老机构工作，有着多年养老工作经验的她，对老人的生活情况早已有了七七八八的了解。汪银芳非常清楚几千元钱对于老人家来说是多么大的一笔钱。她边安慰于老爹不要着急，边拿起手机拨通了投诉电话。几经周转之后，她终于帮于老爹要回了这5000元。

这让于老爹既感动又欣慰。打那以后，他便越发相信汪银芳，也更相信三替公司了。这是汪银芳刚刚加入三替社区养老团队不久后发生的一件事，这件事让汪银芳更加坚定了自己的选择。

早些天，结束了上一份工作，在家休养了一段时间的汪银芳来到了杭州市老博会。老博会可真热闹呵，展出有各式各样的产品。在参观过程中，汪银芳刚巧碰到三替集团董事长正在展会论坛上做“未来养老发展趋势”的主题演讲。随后，汪银芳又来到了三替集团的展位前。在这里，她了解到了展示的三替集团的企业文化、服务理念以及核心价值观，见证了三替获得“杭州市健康养老家政示范企业”称号、养老博览会金奖和“第七届老年生活博览会最佳战略品牌”等荣誉。恰巧，三替社区养老服务公司的潘总正在现场，他们交流了有关未来养老的看法。在养老机构工作时，汪银芳见过很多老人，她也知道很多老人其实不愿意去养老机构，而更愿意选择在家养老，可是居家养老的话，谁来给予他们周到的照顾呢？在三替，她找到了答案。那以后，汪银芳加入了三替团队，成了三替集团社区养老服务公司的一分子。

汪银芳加入三替后，首先接受了公司企业文化和传统文化的封闭学习，同时根据公司规定，做到日感恩、日反省、日行一善。渐渐地，她的综合素质和专业技能都得到了提升，还不同程度地改变了自己的人生观和价值观。

在门店，汪银芳常常会接触到像于老师这样的高龄老人，他们在用电子产品获取信息时会遇到一些盲区，自己没办法操作或辨别。这时候，汪银芳他们就会伸出援助之手，教老人用手机打车，教老人上网挂号，等等。

80多岁的陈老师找到汪银芳是要她帮忙打车去医院。要说使用打车软件，汪银芳已经不厌其烦地教过陈老师很多次了，可老人家记性差，转背就又忘记了。

“陈老师，您存一下我的电话，遇到什么紧急的事情，您就打电话给我。”不知道是第几次帮陈老师打完车，汪银芳拿起陈老师的手机，帮她存好了自己的号码。她知道，陈老师的子女都不在家，老伴也去世了，她一个人独居，且腿脚不方便。事实上，汪银芳会为每一位找她帮忙的老人存好自己的号码。

出乎意料的是，这个电话竟成了陈老师的救命稻草。

那是新冠肺炎疫情肆虐的2020年春节前后，汪银芳接到了陈老师打来的电话。

“小汪……”电话那头，陈老师带着哭腔说，“我现在都吃不上饭了，已经好几顿没吃饭了。”

“陈老师，您别着急，怎么回事？怎么会连饭都吃不上了呢？”汪银芳问。

“我们小区全部封闭了，人出不去，我又不会叫快餐……”陈老师很无助地说。

“好的，陈老师，您放心，我马上给您送餐过来。”

搁下电话，汪银芳立刻在网上给陈老师订了四份快餐。之后，她又联系了求是小区的物业主管，跟他说明了情况，并请他将快餐为陈老师送到家门口去。

这样，陈老师才吃上了弥足珍贵的一顿饭。

不一会儿工夫，陈老师又打来了电话。这次，她说话的中气足了许多：“小汪，真的很感谢你，这次你真是救了我一命啊！”

得知陈老师顺利地吃上了饭，汪银芳总算放下了心。她又一次帮着联系了物业公司，联系了社区，详细说明了老人的情况。后来，物业公司就帮老人从食堂打餐，并送餐上门，陈老师吃不上饭的问题就彻底解决了。

热心的汪银芳几乎随时随地都在帮助老人。不久之后，她从求是门店换到了艮山门店工作。虽换了地方，她提供的服务一如既往的温暖贴心。

“奶奶，您慢点。”等百岁老人在她70多岁的女儿的搀扶下从公交车上下来，汪银芳已经推着轮椅站在站台上等候多时。

老人100多岁了，身体却还硬朗。她蹒跚着坐上轮椅，随着汪银芳他们来到了三替公司艮山门店。门店内有专业的助浴间，原来这位百岁老人是来洗澡的。

“我妈妈自己洗澡洗不动了，我年龄大了也洗不好，还是你们三替洗得好啊，虽然要坐一趟公交，我妈妈还是愿意来你们这里洗哩。”老人家的女儿边走边说。

来到门店，汪银芳先帮老人量了血压，确保血压正常之后，门店的服务人员才又和老人的女儿签了一些助浴风险告知书之类的文件。一切准备妥当了，汪银芳和同事一起将老人搀扶进了助浴间。

汪银芳先给百岁老人戴上助浴帽，这是她在工作中“发明”的小窍门。平素里，汪银芳没少帮老人助浴。为保证安全，老人洗澡的时候头不能往下弯，只能直接从头上往下淋浴，而这难免会把水弄进鼻子，呛到他们。观察到这个问题之后，汪银芳左思右想，终于想到了一个好办法，那就是用助浴帽将洗头水都分流出去，这样老人家就不会被呛到了。

汪银芳跟同事一起为百岁老人洗完澡，又在浴室帮老人吹干了头发，再为她端上一杯热腾腾的白开水。二三十分钟之后，等老人身上的毛细血管都恢复到正常状态，汪银芳才将老人搀扶出浴室。

助浴的过程，汪银芳做到了细致又细致。这时，她已把老人当成了自己的亲祖母。对待亲人该怎样，她就怎样对待老人。

望着清清爽爽的母亲，女儿喜出望外。她拿出手机，为母亲拍了照发到朋友圈，转身对汪银芳她们说：“谢谢你们，真是太细心了，我妈妈看起来像换了个人哩。”

事实上，这位70多岁的老太太每次都会在母亲助浴之后发这么一条朋友圈状态，母亲的健康就是她的幸福，她要将这份幸福传递出去。

除了在门店服务好各种各样前来寻求帮助的老人，上门服务也是汪银芳她们的工作内容之一，比如为行动不便者上门理发、修脚、洗头、擦身、换衣服、换床单被套等。

50多岁的裘大哥就是汪银芳服务了三年多的一位客户。准确来讲，裘大哥顶多算是中老年人，可他的情况很特殊，因患有强直性脊柱炎，已卧床20多年不能自理，平素的生活起居只能依赖80多岁的老父母。

在之前的养老机构工作时，汪银芳就认识这位裘大哥。

当时，裘大哥的老母亲来到汪银芳所在的门店，向她诉起了苦："这个儿子啊，我真是为他操碎了心。"

汪银芳是个热心人，听裘妈妈这么说，便忍不住好奇地想了解裘大哥的情况。原来，裘大哥曾经很健康，是一位银行职员，后来患上了强直性脊柱炎，身体状况每况愈下，从一开始走路不稳到坐上了轮椅，再到卧床，经历了一番痛苦的挣扎，他的性格也变得孤僻、乖张，有时还对老父母发脾气。年迈的裘妈妈一时也拿他没有办法。听了裘妈妈的讲述，汪银芳的同情心"泛滥"了起来。

"要不我去跟他沟通沟通？"汪银芳说。

裘妈妈当然是求之不得。汪银芳跟着裘妈妈来到家里，只见裘大哥正躺在床上发呆。汪银芳先开口说话了。甜美温柔的声音仿佛一股清流，抚慰着这个久病卧床的人。出乎意料地，他很愿意跟汪银芳说话，也很愿意让她为自己服务。

汪银芳先是熟练地帮他换洗了床单、被套，还给他修了脚、理了发。汪银芳是个勤快人，自从决定干养老这行，她便自学了修脚和理发，干得还像模像样。理完发，她就开始给裘大哥洗头。

“裘大哥，这洗头水的温度还合适吧？”汪银芳问。

“合适合适。”

“你感觉前面洗干净了吗？还要不要再洗洗？”汪银芳一边帮裘大哥抓洗头发，一边不停地问他，“耳朵边上也帮你洗洗？”

“小汪啊，你洗得可真仔细，我很满意。不像之前帮我洗头的那些人，太随意了，就是应付了事。”一开始话不多的裘大哥，这会儿心情愉悦，敞开了心扉。

“嘿嘿，你满意就好啊，那我再帮你仔细洗一洗。”汪银芳笑出了声。

从剪到洗，理一个头花了足有两个小时。吹干之后，一个爽朗的裘大哥出现在眼前。他摸了摸头发，享受地说了句：“真舒服。”

打那以后，裘大哥一有需要帮助的事情就打电话给汪银芳。接了电话，汪银芳总是会抽时间去为他服务。

工资怎么算？“他家的情况，我觉得挺不容易的，收费哪里过意得去。所以我就以志愿者的形式去服务他。”善良的汪银芳说。

来到三替公司后，汪银芳还继续为这位裘大哥服务。只是，这时候的杭州已经为老人推出了“重阳分”的服务项目。所谓“重阳分”，是杭州市政府为老年人提供服务而发放的养老服务电子津贴，发放至老年人本人社保卡（市民卡）养老服务专户中。养老服务电子津贴不可提现，采用虚拟额度后结算制。主要包括高龄普惠服务和失能失智照料服务。在三替，“重阳分”可使用范围很广，包括助浴、助洁、助医、助行、助餐、上门理发、生活照护、维修、家电清洗、代办等。

“小汪，我有‘重阳分’了，以后你来帮我服务就刷我的‘重阳分’吧。你总免费为我服务，我心里很不是滋味啊！”拿到“重阳分”的第一时间，裘大哥就拨通了汪银芳的电话。

“好的，裘大哥，那就这么办。”汪银芳知道，只有这样，自尊心强、心地善良的裘大哥才能安心地接受她的服务。

事实上，经过长时间接触，她已经更进一步了解了裘大哥。

刚发病那会儿，裘大哥有个女朋友，为了不拖累女朋友，他毅然决然地跟她分手了。“我卧床了，这个女人要伺候我一辈子，那会耽误了她一辈子啊！”裘大哥对汪银芳说。

“我觉得他人蛮善良的，也蛮体贴人，他看到我老是忙上忙下的，就说：‘小汪，你自己的孩子都顾不上，来照顾我，真是很过意不去。’久而久之，我们就把对方当朋友了，我有时候也会跟他说说小心事，他也会鼓励和开导我。”

裘大哥也没把汪银芳当外人。有一次中元节，天气非常热，他想给奶奶烧纸钱，可自己又没法下来，年迈的父母也干不动。

“小汪，你可以来帮我烧一下纸钱给奶奶吗？”他一通电话打给了汪银芳。

“可以可以。”汪银芳跑到裘大哥家时，发现他买了好几箱纸钱。

这些纸钱，汪银芳整整烧了一个下午，最后还剩一箱没烧完时，汪银芳已经热得大汗淋漓了。

“不烧了不烧了，小汪，别把你弄中暑了。”裘大哥心疼地说。

那一次，虽然汪银芳确实热得快中暑了，但是她心里高兴着呢。因为她觉得那是纯粹的朋友间的帮助，她能感觉到裘大哥已经把她当成了可信任的朋友。

友谊的力量是温暖的，是强大的，也是治愈人心的。善良的汪银芳用真心换得了真心，而这份真诚正是人世间最温暖、最纯粹、最明媚的那一抹光亮。

除了在门店为老人们提供帮助和上门服务，汪银芳他们还有一项重要的工作，那就是上门慰问、走访独居老人。

80多岁的杭老爹就是汪银芳经常上门慰问走访的对象。他的爱人已经去世了，一个女儿在荷兰，一个儿子也已去世。每次去，汪银芳看到他孤零零的一个人，心中便会升腾起无限的同情。

“他有时候会头晕。我们一开始的走访频次是一个月一次，发现他身体不是很好后，有一段时间我们每天都会去，每次去都帮他带一些菜，买一些生活用品。”汪银芳说，“前段时间发生了一件事，他在国外的女婿打来电话说，他女儿大出血住院了，事情没说完，电话就断了。杭叔叔很着急，又不知道该怎么联系上他女儿。情急之下，他就打电话找到了我。我马上帮他去跟社区沟通，请社区帮忙协调。前几天他发微信给我，说他已经跟女儿联系上了，女儿手术顺利。他连声跟我说‘谢谢’，说我在他最无助的时候帮助了他。”

像杭老爹这样的高龄空巢老人，在三替公司艮山门店所对应负责的艮山门社区和体东社区总共有100来位。这些老人，汪银芳和她的同事们平常都要去走访和慰问，送去关怀。“杭老爹”的故事也不胜枚举。

走访的时候，汪银芳发现，这些高龄老人大部分有基础病，甚至有老人一天要吃几十种药。遇到这种情况，他们就会为老人们做一些用药指导。孤独，是汪银芳经常在老人的脸上、眼神里见到的一种神情。进了一扇门，没有两个小时出不来。“因为他们会拉住你，跟你说很多事情，向你倾诉他的生活……”

老人的状态千差万别，有性格乖张的，有温和慈祥的，有孤僻内敛的，有话多唠叨的……从这些老人身上，汪银芳发现，一个人的心理状态会直接影响身体状况，比如懂得感恩、开朗乐观的老人，身体状况普遍要好一些。

“小汪，我的煤气灶打不着了，我不知道要怎么办。”一天，一位约莫90岁的奶奶跑到门店向汪银芳寻求帮助。

“您别着急，我帮您去看看。”汪银芳跟着奶奶往家走，路过小店时，她特意买了两节煤气灶的电池，“如果我能搞定，就不用叫维修公司的师傅去弄了。”

奶奶迈着轻快的步子在前面带路。老人家住在五楼，如此高龄的老奶奶爬起楼来却不费劲，汪银芳见状给奶奶竖起了大拇指。

来到奶奶家，汪银芳给她换了电池。拧开煤气灶，火“扑哧”一声就着了。“好了，阿姨，只是没电了。”

“小汪，你真能干，人真好。”老奶奶看着煤气灶又恢复了正常，拍着手快乐地哼起了歌。看着老奶奶可爱的模样，汪银芳也被逗乐了，仿佛一束阳光照进了她的世界。

自然，服务老人这个群体，汪银芳她们有欢乐，也有委屈，甚至遇到过令人啼笑皆非的情况。

艮山门店刚建成那会儿，有位80多岁的韩阿姨在门口踮着脚看了半天，没好气地说了一通抱怨的话："这是又来搞个什么，浪费一块场地，怕又是来搞钱的吧……"

听了这话，汪银芳和她的同事们心里都不舒服，本想找这位阿姨理论，最终却止住了步子。他们知道，口说无凭，要转变她的看法，唯一的办法是做出一些成绩来，让她知道，三替不是来"浪费场地"，也不是来"搞钱"的，而是来替大家排忧、解难、受累的。

按照三替的一贯要求，门店每天都会搞活动，包括包饺子、生日会、健康讲座、中医推拿、下棋、写书法、吹口琴等，也常会播放越剧等老人家爱看的节目。艮山门店开张之后，很快就热闹起来了。老人们一个两个地来，一传十，十传百，每次活动都座无虚席。他们说说笑笑，唱唱跳跳，门店俨然成了一个家门口的养老院。

韩阿姨是个爱热闹的人。从艮山门店门口经过时，她渐渐被门店的氛围吸引。先是探着头往里看，继而便是大大方方地进来参加活动。玩得乐呵了，她还主动帮忙做事情，成了志愿者。门店组织为老人志愿理发时，韩阿姨就帮忙扫地。每天她都会过来转一转，把这里当成了自己的家。

从一开始瞧不上，到后来成为金牌支持者，这位韩阿姨的转变让汪银芳感到开心，也感到自豪。

"故事天天在发生，有时候很开心，有时候也会很生气。每个老人都有他的性格，俗话说'老小老小'，跟老年人打交道要特别注意态度。接听老人来电时，哪怕是在电话这头，我都尽量带着微笑，让老人家感受到我们的真诚和善意。”没说几句话，汪银芳就甜甜地笑了。在交流过程中，我们一直都能感受到她的温柔和善良。

汪银芳是安徽黄山人，却已在杭州待了20多年。这座美丽的城市早已成了她的“第二故乡”，她也在用自己的行动温暖着这座城市。

针对健康老人提供居家养老服务是朝阳产业，也是民生工程。杭州作为全国养老服务业综合改革试点城市，在养老服务方面推行了一系列举措，如推出“重阳分”，为市级养老服务进行资金补助，推行“互联网＋养老”，推进养护一体化智慧医疗服务等，这些都是先行先试的探索。

三替集团作为全国家政行业领路者企业，亦将养老服务作为家政服务中的重中之重。近些年，三替集团推行未来社区及智慧养老，为长者居家养老提供一站式便捷服务，致力于打造“没有围墙的养老院”，被评为杭州市健康养老家政示范企业。目前，三替社区服务网点已覆盖杭州市西湖区、上城区、拱墅区、滨江区、萧山区、余杭区、钱塘区等多个主城区。仅在杭州主城区就开设了35家五星级社区服务网点。诸如汪银芳这样的社区养老服务人员遍布杭州各地，走进了千千万万老人的生活中。她的故事只是三替养老服务的一个亮丽缩影。有了三替的服务，老人们能够在社区服务网点学习、交流、娱乐、过生日、免费理发及共度各类中国传统节日。

三替之所以能在社区养老领域绽放光芒，与企业文化及核心价值观的弘扬是分不开的。无论面对的是怎样的客户，三替人都始终把每件小事做到极致，把客户的事当作自己的事，日复一日地奉献在平凡却最贴近人们日常生活的工作岗位上。

让长者老有所乐、老有所依、老有所学、老有所为，是中华民族的传统美德，也是三替集团的服务重点。在社会的关爱和帮助下，我们看到越来越多的老人被尊重、被呵护，虽是夕阳向晚，却仍能光彩熠熠。

第三章 | 智慧时代

21世纪，是互联互通的智慧时代。家政，这个看似传统的行业，也得走向"智慧"，走向科技。"现在我们就是苦练内功，做好标准，走向全国，走向世界。"陶晓莺说。

站在时代潮流的风口，三替向阳而生，开拓新蓝海，站在行业的前沿，为家政插上科技的翅膀。"有华人的地方就有三替的服务"，这是三替人追求的目标。雄鹰展翅，我们俨然看到，浩瀚天际，一艘航空母舰正极速远航，英姿焕然。

走向辽阔

21世纪是“互联网＋”的时代，谁掌握了互联网，谁就把握住了时代主动权。

“不就是打扫卫生、疏通管道、维修家电、搬家服务这些事吗？有必要搞这系统那系统的吗？”

“买设备要十几万元，要专人管理维修，还要发工资，没有必要花那个冤枉钱。”

“自己开发家政系统是好事，但是不是没有必要这么迫切，要不要再等等？”

……

这是2002年的事了，公司的一些负责人、亲戚朋友在听说陶晓莺准备自主设计开发家政“MIS系统”“GRM系统”和第四代全媒体呼叫中心系统后，大多持谨慎态度，甚至有人反对。

“前些年，我们把传统家政行业的根基做实了，有多样化的渠道、值得信赖的品牌、专业的工作人员和服务人员、良好的服务口碑。如果我们顺应时代潮流，再运用互联网，就等于给我们的家政行业插上翅膀。”

“手工填写客户信息已经落后了，如果将信息都录入系统，形成一张严密的运营网络，到时候一查就知道了。客户什么时候预约、哪个员工服务、具体问题及收费情况等，我们都能看到。”

“一定要做，必须要做，并且要尽快做，我们要适应时代和市场需求，花再多的钱也值。”

……

面对不同意见，陶晓莺耐心解释，态度坚决。

不久后，三替自主设计开发的家政“MIS系统”“GRM系统”和第四代全媒体呼叫中心系统问世，使三替集团的众多子公司得以在同一业务平台上进行接单、调度、结算、回访、统计分析等工作，从而让分散的服务体系，成为一张严密的运营网络，使家政服务管理全面走向了规范化、信息化、网络化。

“进入21世纪，随着人口老龄化、家庭小型化、生活需求多样化和懒人经济、三胎时代的到来，家庭服务市场呈现需求多元化、服务快餐化、消费年轻化的发展趋势。人们对家庭服务的要求也日益规范化、专业化、系统化。现代家庭服务已不再是简单的传统意义上的保姆服务，而是一项关乎所有人的服务工作，家政行业大有可为，现在家政行业都有博士参与了。”陶晓莺感慨道。

陶晓莺深知，通过互联网技术和标准化管理手段，让三替由传统家政服务企业向现代化家政服务企业转型升级，是他们唯一的出路。于是，她紧跟互联网发展的步伐。

2004年，三替网络技术有限公司成立。经过一番努力，公司不仅被杭州市授予“十佳电子示范商务网”称号，还开发运营了一个面向顾客的B2C网站——三替购物网。网上有10万余种商品，包括日用品、食品、母婴用品、保健品、化妆品、数码产品、鲜花等。打一个电话或网上下单，公司配送人员就可以把你所需要的商品送货上门。

浙江生活三六五集团有限公司，堪称三替的经典之作。

“我们所提供的服务不应该局限于直接帮助客户解决困难，而应该面向大众，为大众提供三替以外的全部门类服务。”2008年8月的一天，陶晓莺在公司的某个会议上说，“现在省政府正在倾力打造一个公益性便民信息服务平台，为社会提供生活所需的咨询、预订、配送等各类服务，并且在面向社会公开招标，我们应该积极参与，并努力做好。”

“可能性大吗？”

“能赚到钱吗？”

有同事问。

“我们三替是省、市家协的会长单位，我们要有这个担当，更要有这个信心。”陶晓莺微笑着说，“虽然可能不会有那么好的收入来源，但三替既懂家政行业，又擅长提供各类服务，拥有独特的经营和服务理念，如果我们接下了这个平台项目，不仅对于公司长远发展有利，而且能更好地引领行业发展。”

最终，三替从众多竞标单位中脱颖而出。

2008年12月18日，平台正式启用。平台能为广大市民提供找保姆、管家、钟点工等各类家政服务，订酒店、餐位、茶座、汽车票、火车票、机票等预订服务，送水、米、花以及其他日常用品等配送服务，查找生活信息、政策法规、行车路线等信息服务，以及就医咨询、购物等服务。

“以人为本，创新服务！”

“创新服务模式，提高服务水平！”

平台很快就得到了省领导的高度重视和关心，省领导还为平台题词鼓劲。

三替人的工匠精神再次发挥了作用，他们将平台做成了一个行业标杆。

不久后，商务部专门下文，提出用三年时间在全国地级市以上城市都建立生活服务网络平台，并向全国各省（市）推荐了浙江生活365平台作为样本。

2020年1月8日，浙江省发改委和商务厅联合发文，要求浙江所有家政企业要上这个平台。全国各省（市）商务部门纷纷派人前来参观“取经”，并购买三替自主开发的服务软件。

陶晓莺的步伐更快了。

她觉得，三替不应该只做传统的家政服务提供商，而应该提升为平台化一站式到家服务的整合者。于是，她又决定打造“三替·好生活”智慧家政云服务平台，打造“互联网+家政”的全新模式。平台可以开启共享经济模式，客户可以通过App看到家政从业人员的相貌、技能信息、客户打分及服务评价，也可以由此获得家政服务。

2015年9月，智慧家政云服务平台正式上线。平台以“到家O2O平台+社区门店”为特色，将互联网标准化与社区网格个性化相结合，实现互补。通过手机App、微信小程序、网站、呼叫中心，客户可以随时随地预约到搬家、疏通、维修、保洁、收纳、保姆、月嫂、陪护、物业、养老、医疗等生活服务。平台业务已延伸到医疗、孕期教育、幼儿教育、养老养生、绿色食品等周边服务，实现了家政服务“从热线到网线再到无线”的跨越，构建了集手机App、微信、网站、呼叫中心和“三替·好生活”线下连锁门店于一体的全通道服务体系。

更具意义的是，云平台着力运用大数据统计分析和挖掘算法，通过先进技术手段对所有的客户数据库、商品消费数据库、服务人员数据库的原始数据进行统计和分析，并实时监控上述信息的波动。同时，通过线上预付、第三方支付等手段，完美打通了家政服务、家政增值服务、绿色有机农产品商品的“最后一公里”。云平台还将利用物联网技术，建立质量溯源体系，通过技术应用追踪服务提供过程中对各个环节的标准把控，真正带来家政服务的品质革命。

“三替·好生活”平台的打造也体现了三替的匠心服务。2015年，它就成了杭州市政府民生服务重点创新项目，得到了国家发改委在微信公众号上的宣传推广。三替由此被国家发改委评为全国家庭服务业典型案例示范企业、国家家政服务“提质扩容”领跑者企业。此举还被编入由国家发改委、商务部、人力资源和社会保障部共同编写的《推进家政服务提质扩容——家政服务业发展典型案例汇编》，三替于2021年荣获全国首届未来家政创新创业大赛一等奖。

……

浙商把自己的创富精神概括为“四千精神”，即历经千辛万苦，说尽千言万语，走遍千山万水，想尽千方百计。同时，浙商也具有不忘初心、干在实处、走在前列、敢为人先、勇立潮头的创新创业精神。

陶晓莺无疑是浙商的杰出代表。她总是能在新的服务需求来临之际抓住发展机遇，不断开辟新的蓝海，使三替始终站在行业的前沿，成为行业的开拓者。

陶晓莺和她带领的三替不仅紧跟互联网发展的步伐，更是成了全国家政行业的一个标杆。她本人获得“浙江民营经济改革开放40年40人”殊荣。

2006年6月的一天，商务部在杭州召开商务系统的工作会议，与会代表专程来三替参观调研。

调研期间，商务部领导对陶晓莺说：“你们企业做得这么好，部里想在杭州专门召开全国家政服务业现场经验交流会，你能不能对三替先进的服务理念、管理体系等专门做一个总结，并刻成光盘，以便在会议期间赠送给与会代表，供全国各地家政行业分管部门及优秀企业学习分享？”另外，商务部领导还专门提出，三替是否可以为国家制定两项服务标准——家政服务标准和搬家服务标准。

“那没问题。”陶晓莺说，“我们马上落实并着手制定这两个国家标准。”

她知道，能制定家政行业服务标准并与行业共享，对于一个企业经营者来说是非常有意义的事情。

……

很快，商务部决定以三替为样板企业在杭州召开家政服务现场研讨会，并要求三替起草行业标准，向全国推广三替的成功经验。

这年9月，国务院、国家发改委共同在广州召开了全国中小企业工作座谈会。在这次全国中小企业工作座谈会上，全国只有三家企业向时任国务院副总理曾培炎作汇报发言，三替便是其中一家。

对于陶晓莺来说，这是国家层面的高度肯定和信任，更是对三替的鞭策。

在此之前，特别是省质监局发布《浙江省级服务业标准化试点项目管理办法》以后，陶晓莺就意识到标准化对企业发展的重要性，并于2006年初开始建设服务标准化。三替搬家公司率先提出“有标可依、有标必依、依标办事、违标必查”的工作原则，对公司内部的各项制度以及技术规范进行标准化严格监控，使服务更加规范。标准实施后，三替的服务质量不断提升，更好地保障了消费者的利益，使企业的经济效益和社会效益都得到了显著提高。但陶晓莺知道，这个标准还不到位，还必须更严格要求，并进一步细化。

经过三年多的探索与打磨，他们将管理模式提炼为标准。2010年，三替的家政服务标准和搬家服务标准，通过了商务部《家政服务规范、搬家服务规范》行业标准审定会。第二年，人力资源和社会保障部、发改委、民政部、商务部、全国妇联等中央各部委领导先后专门来三替视察指导，并一致认可和充分肯定三替作为全国现代服务业样板企业的经营服务理念和管理模式。为了更好地助推全国家政行业迎来大发展，国务院相关部门特邀请三替将整套运营经验等推广到北京。

令人赞叹的是，三替始终严格要求，自我加压，不断加强对员工的思想教育，增强他们的社会责任感和爱岗敬业精神，让企业始终走在行业前端，将标准研发作为企业的核心竞争力。采访中，我们了解到，三替已经构建了以服务提供标准为核心、通用基础标准为辅助的56项服务保障标准和490项服务提供标准，共计546项标准。

“我们制定了中国最早的两个家政行业标准——搬家服务标准和家政服务标准，也是国家家政服务教材的主编单位、国家家政服务标准化试点企业、全国劳动保障标准技术委员会家政行业成员单位。三替要打造一流的企业标准，并且形成家政人才培养的闭环。”陶晓莺告诉我们，“三替现已拥有三替职业技能培训学校、金钥匙管家培训学校、三替商学院、三替家政学院、国家职业技能鉴定所、浙江三替智慧家政研究院等人才培养机构。三替每到一处，都会在当地建一个培训学校，通过输出三替30年来累积的文化、专业知识，将三替的高标准家政服务带到全国各地。”

三替走过了第二个十年，第二个十年是战略创新阶段。三替成了管理科学、技术领先、服务一流的企业，让员工有更多的获得感，让客户有更好的服务体验。

随着人们生活水平的提高，高端家庭对保姆服务技能的要求越来越高，普通保姆已不能满足市场需要。2009年，三替成立了金钥匙管家服务中心和金钥匙管家培训学校，推出规范化、专业化及员工化管理的管家服务。三替管家经过了层层筛选、面试审核，公司对每一位管家进行了身份验证、背景调查、健康检查。每一位管家都拥有一项或多项专业技能，并通过行为规范、职业道德、服务理念、服务技能等模块的学习，强化专业技能，明确操作流程和规范，提升整体服务和管理水平。

三替家政学院，无疑是陶晓莺和三替的大手笔。

2012年秋的一天，浙江省委主要领导接见了部分民营企业的负责人。

“现在浙江的家政服务确实做得不错，但还需要做大做强，还要标准化、制度化。”省领导对陶晓莺说。

“是我这个会长没当好。”陶晓莺说。

陶晓莺是浙江省家庭服务业协会、杭州市家政服务业协会的会长。

“大专院校应该开设家政系，那样家政服务才会更加规范，才能培养出更多的家政人才。你能不能办一所家政学院？”

“好啊！”陶晓莺说，“但需要省里的大力支持。”

“省里当然支持，必须支持。”省领导拍板说。

……

办家政学院，说起来容易，做起来难。三替家政学院的成立，并非一帆风顺。陶晓莺带着她的团队跑了整整一年，为了促进此事，省委主要领导甚至开了三次协调会。

2013年12月12日，由杭州师范大学和三替集团合作共建的杭州师范大学三替家政学院正式成立。

这是中国家政行业唯一一所由家政企业开办的学历教育学院，旨在培养具有全球视野的家政管理人才、打造中国家政业的黄埔军校，追求博爱、诚信、卓越！

2014年，三替集团成立国家职业技能鉴定所、浙江三替智慧家政研究院。

“当时怎么想着成立浙江三替智慧家政研究院呢？”我们有些好奇。

“发展成熟的企业都有自己的高端制造，发达国家的企业更为明显。”陶晓莺说，“成立浙江三替智慧家政研究院时，虽然出现了一些不同的声音，但总体来说，认识是一致的。公司要发展，不仅思想观念要走在前沿，更要在研究创新上领先，起到引领和榜样的作用。浙江三替智慧家政研究院是集团的一个专门研究机构，有十几个人，都是研究生以上的专业人士，专门研究如何让产品发挥最大的作用，如何让各部门的工作既省钱又省力，提高工作效率。比如，研发员工背的双肩包，让背包能更加科学地放置设备，让员工更加适应和舒服；让毛巾更加吸水和吸尘；提高清洁药剂的效果……对于产品的研发，我们一直高投入，因为这是企业发展的重要引擎。我们研究的产品也可以卖出去，不只是投入，也可产生经济效益，还能保障企业可持续发展。”

梦想有多大，舞台就有多大。他们还探索智慧养老模式，打通服务“最后一公里”。2018年，三替集团成立了第一家“慧生活”社区居家养老服务样板店。“慧生活”社区居家养老服务门店将成为老人休闲、学习、养生等的幸福养老会客厅，让老人能真正走出封闭、孤寂的家庭，走进温馨、阳光的“慧生活”；让老人可以在家门口享受五星级服务，真正住得舒心、吃得放心、活得开心，并且老有所学、老有所依、老有所乐。这一模式受到各地社区的大力欢迎和认可，已有众多社区邀请三替“慧生活”社区居家养老服务落户，为辖区居民提供居家养老便利服务。

针对不同的社区特征提供精准化服务，以社区养老、家政服务、绿色食品、健康检测设备、智能报警设备等实现社区生活服务场景全覆盖。平台还延伸到家居日用、安全洗护、绿色食品以及其他生活服务领域，真正让老百姓住得舒心、吃得放心、活得开心。

“慧生活”平台坚持服务创新、技术创新、管理创新，抓住发展机遇，站在行业前沿；加强标准制定和应用推广，构建服务提供标准；通过建立直属机构、挖掘合作单位等创建产学研发展机制及浙江三替智慧家政研究院等，提供更多类型的家政服务。如今，国内具有影响力的“慧生活”一站式五星级生活服务港，真正成了“没有围墙的五星级酒店式的养老院”。在老龄化提前到来的今天，它成了老百姓值得信赖的生活服务伙伴。

三替社区服务门店模式受到各地社区的大力欢迎和认可，三替集团也被评为杭州市健康养老家政示范企业。2019年，国家发改委为促进家政服务业提质扩容，开展“领跑者试点行动”，家政服务进社区是其中一项重点工作，杭州市一共评选出了四个家政服务业提质扩容领跑者试点社区，其中三替就占了两个。在老龄化提前到来之际，三替再次把握住了新的发展机遇，在国家提出“9064”养老模式后，用新的经营理念和发展思维打造了“走千家不如走一家”的一站式服务，为老年人提供了如入住五星级酒店一样的养老解决方案，替天下儿女尽孝，创美好老年生活。

……

三替更是把所有的理念、标准等落实在了行动中，并打了一个又一个胜仗。

先看名优特新产品星光大卖场的装修吧。

2009年，杭州市委、市政府为了应对金融危机，专门开办了杭州市名优特新产品星光大卖场。

4月，市政府专门就星光大卖场的整体装修设计进行招标；到了6月，三家设计单位提供的方案还仅仅是效果图，并不是设计图，更不是施工图。但这一工作迫在眉睫，需要尽快完成。

时间紧、任务重，谁能承担这一重任？

相关部门负责人想到了三替。

6月8日，市政府领导主持召开会议，临时决定由三替对1.4万余平方米的星光大卖场进行装修，并要求必须赶在6月18日晚12点前结束全部装修任务。

“没问题吧，陶总。”负责人说。

“可以，我们想办法努力去做。”陶晓莺表面轻松，但内心压力很大。

很快，她就召集了三替装饰、三替网络技术、三替家政、三替搬家、三替物业管理、三替广告传媒、三替园林等各分公司的员工，以倒计时安排工作。三替人日夜苦干，终于提前一天光荣地完成了这一任务，将整个星光大卖场装饰成了一个亮丽的百货公司，同时还开通了银行POS系统、环绕音响系统、监控系统等。

令人称道的是，在这十天内，陶晓莺还组建了一支100多人的经营管理团队，对星光大卖场进行专业化经营管理。

“真是星光速度、三替精神啊！”开幕式上，市领导感叹道。最后，市政府还专门召开了表彰大会，给三替颁发了“特别贡献奖”。

再看与浙江大学医学院附属第一医院的合作。

2013年，三替保姆公司接手浙江大学医学院附属第一医院的护工工作。

该院为了让外国人可以到院就诊，必须通过JCI国际标准验收，因此特地找到了三替集团，希望由三替提供病患陪护服务。由于没有相关经验且这项工作十分烦琐，三替曾拒绝过，但院方坚决表示：这项工作只有三替能做好，不管有什么要求，三替都可以提出来。三替方面经过考虑，最终决定尝试。

“第一，至少要签五年合同，少一年我们不做；第二，要给我们一间办公室；第三，要给我们装一台内线电话；第四，要给我们提供一个可供几百人学习、开会以及搞活动的会议室；第五，医院全员要全力支持这项工作。”陶晓莺提出了几个要求，“我们用1—3个月一定能让医院通过JCI国际标准验收！”对于这些要求，院方全部都答应了下来。

为了达到通过验收的目标，三替统一了护工着装，为她们建立个人档案，要求她们持健康证上岗，还安排了专业技能培训，给她们买保险、过生日、提供节假日福利等，同时还让她们学习三替的企业文化和传统文化。

“我们给员工的，不能按成本来算，而是从提升服务品质出发。”陶晓莺说，“对护工人员从外在到内在地打造与要求，这不是形式，而是让他们受到尊重，有职业归属感，同时也是对患者最好的尊重。”

三个月后，三替提供的病患陪护服务不仅帮助医院成功通过了验收，还获得一片赞美声。

“三替太棒了！”

“这就是标杆！”

……

历年来要求加盟三替的企业和个人已超过3000多家（人），如何让三替的品牌、企业文化、理论思想体系、经营理念、培训与管理以及信息化系统等推动家政服务业的进一步发展，是三替正在思考的问题。

以“诚信、爱心、满意、创新”为价值观，以“为员工的成长创造舞台，为客户的品质生活提供服务保障，为社会的和谐发展创造更多的就业机会”为使命，三替有这样的愿景：成为一家受人尊敬的生活服务提供商，实现“有华人的地方就有三替的服务”。

千里之行，始于足下。多年来，三替致力于打造“家政服务＋传统文化”新模式，用良知文化，培养良知员工，提供良知服务，建设良知企业，把爱带给千家万户，温暖千万家庭。正如《杭州日报》的一篇报道所评价的：“三替是一个企业，却开创了一个行业。”买菜做饭、打扫卫生、疏通管道、维修家电、搬家、单位后勤服务……三替通过做好这些小得不能再小的事，经过30年的发展，成了全国家政行业的先进典型，被国家发改委列为行业领跑者。“替您排忧，替您解难，替您受累”，简简单单的“三替”服务宗旨，创立了一个闪亮的服务品牌，让三替成为全国生活服务领域的一张“金名片”。

如果说，1.0时代，三替花了多年来打磨自己，成为一家拥有18大类的综合家政服务集团，荣获中国驰名商标；那么，2.0时代，三替则开始输出管理和服务，通过标准化、规范化发展，成为国家家政服务标准化试点单位；而进入3.0时代，作为全国文明单位的三替，不仅是传统的家政服务提供商，更是平台化一站式到家服务的整合者。

陶晓莺始终立足杭州、面向全国，面朝大海、向阳而生。

早在2009年，三替就已经走向了北京、安徽、江苏、辽宁、四川、湖南等省（市），以独特的企业文化和出众的服务品质，赢得了各地消费者的一致好评。

2017年，三替成立三替商学院，建立海外事业发展部。

也是在那年，陶晓莺第二次赴美国学习考察。

美国“家政女王”玛莎·斯图尔特创办的公司Omnimedia想和三替合作。进行一番详细的考察交流后，陶晓莺带领的相关管理团队觉得，由于理念和生活习惯等方面的不同，暂时还找不到合作的切入口和连接点，但玛莎·斯图尔特的创业经历和精神令他们感动。

玛莎·斯图尔特是一个在大家庭中长大的女孩，尽管曾经身陷囹圄，却有强大的精神力量，对事业也十分执着。1975年，她和丈夫安迪倾尽所有，花了3.37万美元在康涅狄格州郊区买下六间闲置的农舍。她宣布，将在这里建起一个“家政王国”。

当时，愈演愈烈的通货膨胀和越来越高的失业率，把大批养尊处优的全职主妇“赶”出家门，逼迫她们回归工作岗位。早上是职员，晚上是主妇，她们疲于奔命，怨声载道。

玛莎却从中看到了商机，她与人合伙开办了一家餐饮店，招牌上写着：“自己动手做家务。”那些想在家宴请亲朋，却无暇亲自“买汰烧”（买洗烧）的职业女性们，成了玛莎最主要的客户。她们只要拨通预约电话，玛莎就会派人去取锅、碗、瓢、盆等烹饪工具，并在指定日期，用各色美味佳肴将其装满。客户们要做的，只是布置餐桌，用微波炉加热菜肴。

当时没有人会想到，玛莎下一步将会进入走进千百万人的客厅和拥有超过2亿美元的媒体帝国时代。玛莎第一次感受到国际性媒体的影响力，是在《人物》杂志刊登了她和安迪离开法律行业并转行进入出版行业的故事之后。由于口碑传播的效应，玛莎得到了很多媒体的进一步采访，后来她还被国家级的杂志*House Beautiful*聘为自由美食编辑，这进一步巩固了她的名声和地位。而随着玛莎的一系列美食家政书籍的出版，她逐渐成为美国社会良好生活品位和风格的代表人物。

虽然创业者个体不同，国情也不同，但玛莎·斯图尔特的创业经历，还是让陶晓莺对家政行业的发展有了更加深刻的认识和理解。

“16年前，我第一次来到美国，在感叹美国城市的繁华与经济繁荣以及高度发达的物质文明之余，也深刻感受到国内城市建设与国外的差距。”

“十多年过去了，国内城市科学合理的规划、干净整洁的道路、日渐完善的交通，还有国内企业引领世界最高水平的行业标准，令国外同行肃然起敬。中国城市现已完全有了‘叫板’欧美世界名城的底气。”

……

“现在我们就是要苦练内功，做好标准，走向全国，走向世界。”陶晓莺告诉我们。

我们似乎看到，在茫茫大海上，有一艘巨大的航母正行稳致远。

一缕暖心的电波

一间十几平方米的临街房，两张桌子，三部电话，九个员工，这些是1992年三替创业时的配备。

那时候，大家守在电话机旁，可电话就是不响。没有客户打过来，没有业务。

终于有一个客户打来电话，大家激动万分。客户说要修抽水马桶水箱和水龙头。尽管后来员工修完只拿到15元钱，但这15元钱实在太珍贵了，任何言语都无法形容那种欣喜。

几年的诚信经营，“三替”品牌也渐渐响亮起来。

1997年12月9日，《钱江晚报》头版刊登了杭州市公安局110指挥中心的一条说明：“生活中遇到一些事情，不用拨打110，可以直接拨打三替公司的服务热线。”

原来，有一段时间，110指挥中心经常接到不少误报和滥报。其中，一半以上的电话原本是不需要打110的，比如邻里琐事、夫妻吵嘴、忘带钥匙、下水道满溢、外地来杭者迷路等。民警担心大量的误报占据了110的线路，若遇上重大的报警事件，就会延误时机，这样的“隐患”已日趋严重。于是，110指挥中心不得不登报说明。

至今，三替呼叫中心负责人包卫红仍对这篇报道记忆犹新。每每想起，她都感到非常欣慰。就是靠着点点滴滴的付出，三替的品牌形象才渐渐地在杭州老百姓的心中树立起来。

1996年，浙江松阳人包卫红从丽水农校毕业后，来到了杭州。

当时找工作的渠道不多，包卫红听朋友说报纸上有招聘启事，她便买了一份《钱江晚报》。因为在学校学习的是农业，所以她很难找到对口的工作。在众多的招聘信息里，她选中了杭州市西湖区某单位的接线员岗位。

包卫红拨打报纸上面的电话，了解招聘详情。因为对杭州不熟悉，她花了很多时间才找到位于翠苑一区11路公交站旁的三替办公地点。不过，非常高兴的是，她顺利应聘成功。

这也是包卫红步入社会的第一份工作，当时她既高兴又担忧，担忧的是她对杭州不熟，而这份电话接线工作要求对地理位置非常熟悉，而且杭州话她也听不懂。

第二天，包卫红带着忐忑的心情早早地去上班了。

“当时带我的老师是郑爱英经理，她非常耐心，还教我怎么熟悉地理位置，教我电话接线的话术、电话接线流程、业务种类等。”包卫红说，当天下班她就去买了一张杭州地图，开始快速熟悉杭州的大街小巷，不断默背，然后横向、纵向地画图。

很快，她就记下了地图上各个地址的方位。哪些地址在哪里，是怎么写的，她的脑海里都有了一个基本印象。

业务上，对于维修水电、疏通下水道、搬家、换煤气、清洗油烟机等，她也要大致了解。

“当时郑经理跟我讲解得非常仔细，比如水电包含哪些，都会有什么情况；下水道是什么，都有哪些下水道；怎么判断下水道堵塞，总管、分管、阴沟都需要什么疏通工具；费用怎么报；搬家是用什么车型的车，几个人搬，车上有哪些工具，搬运过程中会遇到什么问题；报价标准是怎样的；等等。当时业务种类不是很多，没多久我便都熟悉了。”

包卫红说，一开始她也会犯记错地址、电话号码等错误，一出错，她就会很紧张，就会没有信心。但是，公司领导开导她：犯错没有关系，但不能犯同样的错误。这些她至今都还牢记在心，并跟其他同事一起分享。

做接线员期间，包卫红每天要接听数百个电话，她苦练基本功，是所有接线员中出现差错最少的。为了做好各部门的调度工作，她经常利用休息日，与工人师傅一起到一线听取客户的反馈意见。

“最开始的接线员不是纯粹地接电话。除了接电话，还要派单子，那时候人少，调单等一系列的事情都要做。分工也不是那么明确。”包卫红说，后来人手多了，但是业务项目也多了起来。那时候，早上上班很早，晚上下班也很晚。手头工作根本就放不下，她基本上要晚上7点多才能下班。不光是电话接线、调度派单，还有员工的工资核算等，方方面面的工作都要做，而且不像现在有电脑，那个时候都是纯粹手写。

那时候，他们接电话后需手抄订单。把白纸裁成一小块一小块，将需要服务的客户的基本信息写在小纸片上。然后专门有人把单子根据日期编成号抄在本子上，以便日后查询，也方便安排下去。当时的联系方式也很有限，他们只能打电话到正在服务的客户那边，请让员工接电话，再将下一个订单报给员工。如果员工做好服务后已经离开了，需要隔一定的时间打电话回公司。

2005年冬天，一场大雪导致很多客户家里的电路损坏、水管冻裂、管道堵塞。

当时，三替的热线电话非常繁忙，一刻不停。公司规定，不能让客户的电话超过三声铃声仍无人接听。热线高峰时，一个接线员甚至忙到要同时接听两个电话。

“呼叫中心的员工，包括公司一线服务人员，从早上一直干到晚上12点。有很多客户要求即使再晚都会在家等三替的员工去维修。好多一线服务人员连饭也来不及吃，衣服、裤子都湿透了，又冷又饿，还要考虑路上安全。时间太晚了，我们就会和客户商量是否可以第二天再去。但是，一听到客户是老年人，因断电或马桶堵了影响生活，我们就会安排员工即使再晚也去上户维修。因为三替的服务宗旨是‘替您排忧，替您解难，替您受累’，我们更要急客户之所急，想客户之所想。呼叫中心的值班人员一直在热线这一端陪伴着师傅，坚持为客户服务至凌晨才回家。”包卫红回忆说。

随着老百姓消费水平的不断提高、服务需求的不断增长，三替的业务品类也在增加。可是，拨打三替热线电话的不全是寻求维修服务的，各种各样的求助都有。

1997年的一天，包卫红接到杭州市第七人民医院工作人员打来的热线电话。工作人员在电话中说，医院想购买180斤热导油，但不知道去哪里购买，于是找三替帮忙。

“说实在的，我当时也不知道热导油是什么，但我没有马上拒绝客户，而是对客户说：‘请您稍等一下，我帮您问一下，再回复您。’”

挂了电话，包卫红马上把信息反馈给领导，并去了解热导油是什么，然后拨打114询问热导油厂家的电话，与厂家取得联系。

但是，厂家告知包卫红，热导油一桶360斤，不能分装卖。了解情况后，包卫红又联系了医院的工作人员，告知有这么一个厂家，但只能360斤一桶销售。包卫红劝说医院：反正以后也要用，可以多买点。对方同意，包卫红就将厂家的联系电话给了客户，客户表示非常感谢。

这些年来，三替不仅给予了包卫红一份工作，也让她通过学习有了更广阔的视野和更大的人生格局。“老祖宗告诉我们‘大道甚夷，而人好径’，“聪明人”和“不聪明的人”都好走捷径，不愿意脚踏实地，既不奉献智慧，也不奉献汗水，好高骛远。干事要脚踏实地、认准方向。管理者坚持严管才是最大的爱护，强调服从安排、遵守纪律。”包卫红说。

丁富珍，山东曲阜人，2004年3月来到三替，从事接线员工作。

有一次，一位老奶奶打通了三替的热线电话，她在电话那头说："我先生现在91岁了，因常年卧床，不能翻身。以前吃饭都还好的，现在啊，这个头就枕在枕头上，我也不敢动他的头，他也不好吃饭。我该怎么办啊？"

丁富珍在电话中听出了老奶奶的焦虑，先安慰她不要着急，然后赶紧了解具体情况。

丁富珍非常耐心地询问了客户所在的街道，问清楚老人的卧床情况以及家里是否有子女等。经过耐心交流，老奶奶的声音没有一开始那么急促了，情绪也平稳了不少。

最后，丁富珍建议客户：一是带病人去医院进行救治；二是借助鼻饲给老人补充营养。

老人听后非常感动。

看病难，挂号更难。尽管三替集团是全省能提供专家名医免费预约挂号的五家单位之一，但在电话接线过程中，挂号仍是最让包卫红团队头痛的事。他们虽然没有和客户面对面，但是能够感受到客户的紧迫感和无奈感，但有时也无能为力。

一位客户打来电话，说她需要挂浙江省中医院妇科主任张医生的号，可是三替没有帮她抢到号。客户在电话中牢骚满腹，讲述了生活中的种种痛楚，电话足足打了半个小时。原来，客户和丈夫结婚两年了，一直没有生育，想尽快拥有一个健康的孩子。

听完诉说，接线员便和客户一起想办法。接线员发现这个客户从来没有挂过便宜一点的号，便和客户沟通说，这个医生有两次出诊时间，其中有一次要优惠一些。另外，这个医生在桐君堂和同仁堂还有门诊号。这意味着客户至少有四次机会预约到这个医生。

听了分析，客户也不生气了。从那时开始，包卫红他们就暗暗下定决心，一定要帮客户抢到门诊号。除了用工作电脑抢号之外，她还带上笔记本，用两个电脑一起抢号。

半年之后，客户打来电话道谢和报喜，说她怀上了小宝宝。客户非常激动地说："我一定要请你到杭州最高档的饭店吃饭。"

包卫红团队听了非常高兴，说："这是我们的本职工作，希望你的家庭和孩子未来会更幸福。"

现在，这个客户的孩子已经上幼儿园了。

还有客户打来电话咨询一个小区的位置。包卫红好奇地问："您怎么会想到打三替的电话来咨询地址呢？"客户说："有困难找三替呀。"包卫红笑了笑，开心地告知了客户该小区的位置和前往的路线。

有一天，下着大雨，包卫红接到一位客户的来电，说是市政管道堵了。当时她与客户说："这个问题你应该找市政工程相关部门啊。"可是客户说："这不行，有困难找三替，我就相信你们。"这让包卫红十分感动，她也深切地感受到了作为三替人的自豪。随后，她一面安慰客户，一面帮助解决了管道疏通问题。

还有的客户需要修行李箱、雨伞等，这些小问题，包卫红他们都一一帮助解决。后来他们还形成了一个通讯录，专门记录三替公司服务项目范围外的各种维修电话，以备不时之需。

甚至还有客户打来电话问："你们在哪里办公？我很想到你们单位来看看。"包卫红问："为什么呀？"客户回答："因为你们的声音特别好听。"包卫红就和客户说："这是我们的日常工作，公司要求我们把微笑和感情融入每一个热线电话中，谢谢您对我们的肯定……”

当然，并不是每一次通话都那么顺利，有时候，他们也要面对客户的误解和质疑。

一天晚上，一个客户打来热线电话。电话一接通，客户就一通责骂。

“你们三替怎么搞的，下水道通好了，收了这么多钱。但现在下水道又堵了，马桶的污水都已经满出来了，地上一塌糊涂。你们还挂我电话，返修了一次后，再也不来给我通了。”客户的语气非常坚决，“你们这个情况，我一定要投诉你们！”

面对这样措手不及的情况，丁富珍首先给客户道了歉，并告诉客户：“你不要着急，我先了解一下情况。”

丁富珍问客户当时预约的电话号码是多少，客户给了她三个电话。可是，丁富珍查了半天都查不到，也搜不到地址。

丁富珍再问客户：“您是打哪个电话预约的？”

客户报了一个手机号码。这时候，丁富珍明白了，客户一定是碰到“假三替”了。

等客户平静下来，她问客户是从哪里找来这个手机号码的。客户说是在网上搜到的。

“真的非常抱歉，您是找到‘假三替’了，现在已经晚上8点了，您这边的情况是污水满出来了，还是污水排不下去？”丁富珍进一步了解情况。

客户说，是污水满出来了。

丁富珍明白是总管堵住了。她和客户进一步解释：当时不是三替来通下水道的。如果现在需要服务，她会尽快安排师傅过去。

给客户报价后，客户表示了认可。

而一旁的值班经理，听到丁富珍在接这个电话，早已安排好了师傅。不到15分钟，师傅就赶到了现场，帮客户解决了问题，而且还给客户保修一个月。

晚上9点半，丁富珍临下班去回访客户，客户非常满意，感谢三替帮助解决了问题。

这只是丁富珍日常工作的一个缩影。每次听到电话那头客户万分焦急的求助声，她都会想起公司的教导："认真做事，只能把事情做对；用心做事，才能把事情做好。客户想到的，我们要做到；客户没有想到的，我们也要做到。将心比心、设身处地、换位思考……"或许这正是丁富珍总能成功安抚客户的情绪并及时提供问题解决办法的秘诀所在。

还有一次，一位老年客户拨打三替热线，反映虽然师傅的服务已经完成，但她对师傅代买的水龙头芯的价格存在疑问。

客户说，她去市场问了，这个水龙头芯只要20—30元，而师傅却收了60元。

接到热线电话，包卫红马上联系师傅并核实情况，师傅提供了商家的联系电话。包卫红便与商家取得联系，商家表示材料确实需要60元。为了证实商家所报价格的可信性，包卫红马上到网上查找材料，结果价格一致。

包卫红与客户取得了联系，向客户解释了她了解到的情况：这款水龙头芯确实需60元购买，因为质量更好。

听了包卫红的解释，客户表示认可，并感谢三替公司员工认真负责的态度。这时候，客户提出家里淋浴喷头的支架松了，需要更换。包卫红建议客户可以网上买一个免安装的，但客户说自己不会上网，于是包卫红答应帮助客户在网上下单，客户非常感激。

整个过程，客户从一开始不满意到最后表示感激。包卫红说："客户满意是我们唯一的服务标准。"

随着业务量的增加，接线部门招聘了不少新人。有新人进来，就要带教和培训。

包卫红想，电话接线有标准话术。于是她把自己所掌握的话术梳理出来给新同事。同时，她把自己一路以来总结的心得说给新同事听。

比如，以前一个人需同时处理几个电话，电话铃声几乎是从早到晚一刻不停。一人多职，电话接线、手抄单子、调度单子、销单子等。先把订单记录在事先准备好的豆腐块大小的纸片上，内容包括客户姓名、联系电话、服务地址、服务内容。然后将信息抄写到订单本子上，订单本、调度本都分为维修本、疏通本、搬家本。

"把以前的工作经历告诉新来的同事，他们会更懂得珍惜现在的工作环境和工作条件。"包卫红说，"以前我们每个人都非常快乐地工作，真是忙并快乐着。公司领导对我们说，我们的工作是'深圳速度'，以后无论我们哪位不在三替工作了，有了这段工作经历，到哪里都有做经理的潜能。"

包卫红要求每一位接线员都要做到"把自己的微笑融入声音中，客户的事即使再小也是大事，都应该认真对待"。对新员工的培训，她更是言传身教，即便是一些公司业务范围外的事，她都会把问题记下来，认真查询。

无论是电话接待，还是面对面接待，包卫红他们都把为客户提供优质服务作为始终如一的追求。在接待上门的客户时，他们都能做到“四个一”，即一张笑脸相迎、一把椅子让座、一杯茶水暖心、一颗诚心服务。

2000年，为了把分布在不同区域的子公司连接起来，三替自主开发了三替管理信息系统和呼叫中心系统，通过互联网第一时间掌握各子公司在各地的业务流程、运营状况、财务情况等，让分散的服务体系成为一张严密的运营网。

包卫红说，这样一来，公司就形成了一整套比较严格的服务管理制度和工作流程，服务接待、电脑登记、岗前培训、洽谈签约、分配安排、岗中培训、回访评估等都有了符合实际操作的标准规范，从而保证了公司的规范化管理、标准化服务的质量。

2002年，公司又自主设计开发了家政“MIS系统”“GRM系统”和第四代全媒体呼叫中心系统。自此，公司拥有了自己的呼叫系统，电话接线、调度派单、回访、结算等都可通过系统操作，大大提高了工作效率。

2016年11月，三替集团对现有呼叫中心系统进行全面升级，实现了智能化办公电话系统与客服热线的一体化，包含部门分组、智能路由、多方会议、传真、语音邮箱等功能，极大地提升了公司内部的办公效率。

呼叫中心系统与三替集团CRM系统对接，实现来电弹屏，有利于分析客户需求、合理分配工单、提高座席利用率，更有利于提高客户的满意度。

“三替从创办至今已30年，没有销售部、企划部等，一直是靠热线电话发展起来的，三替越办越好是靠老百姓的口口相传，由此吸引了越来越多的客户。”

包卫红说，“三替 · 好生活”App上线后，呼叫中心会告知客户可以通过App下单，这样更加便捷。但是，很多客户还是通过拨打热线下单。

客户们说，打三替热线成了一个生活习惯，有需求了，拿起手机一拨打电话就解决问题。现在的互联网虽然便捷，但不像电话，通过声音的传递，更有温度。尤其是听到三替呼叫中心接线员那温暖的声音，感受到那种急客户之所急的态度，他们就觉得三替是一家有爱、有温度的企业，找三替就是找放心。

“您好，三替工号×××很高兴为您服务！”

在三替呼叫中心，由于职业习惯，这句话成了很多接线员接听电话后的第一句话。为此，他们常常被家人和朋友们笑话。但是，他们早已把工作融入生活，并乐在其中。他们知道，把那一缕缕暖心的电波传向千家万户就是他们最大的幸福。

服务代码

在三替，每一个人都有自己的服务对象：高层服务好中层，中层服务好基层，基层服务好一线。只有这样，才能真正实现一线员工服务好千家万户。因为每一层管理者，都是在以身作则地传递向上向善的正能量与爱。

为了使公司进一步从传统服务向现代服务转型，力争成为领先的“现代都市品质生活服务提供商”，三替集团制定了O2O智慧家政云平台发展战略、互联网升级改造计划。

2015年12月，三替集团携手浙大网新成立了浙江智慧生活网络科技有限公司，致力于构筑全新家庭生活服务O2O模式。经营范围包括网络信息技术、计算机软硬件的技术开发、技术服务、技术咨询、成果转让等。

浙大网新定位于“中国领先的IT全案服务商”，全力布局“互联网＋X”，在云计算和大数据等方面发力，提供智慧城市、智慧商务和智慧生活三大领域的IT全面解决服务。

三替集团是中国家政领航先进典型企业。作为新兴的服务行业，家政行业规模快速增长，市场空间巨大。同时，在“互联网＋”时代，家政O2O模式日益受宠。

以三替线下家政业务客户资源及服务支撑体系为依托，结合浙大网新的技术优势，共同打造“三替·好生活”智慧生活服务云平台，开展综合家政O2O、垂直电商、连锁加盟等业务，打造中国一流的品质生活服务港。

毫无疑问，三替集团与浙大网新的合作，是强强联合。

虽然家政业是一个朝阳产业，但它同时也是一个烦琐的微利行业，是一个社会效益远远大于经济效益的特殊行业。30年来，三替始终坚持尽最大能力做好别人不屑和不愿意做的事情，而且成了全国的行业领跑者。

在移动互联网时代到来之际，三替主动拥抱创新和进行变革。几年来，通过搭建云平台，三替拉近了与客户的距离，提高了运营效率，成功实现了传统线下家政企业的转型，为集团未来发展提供了无限的想象空间。

与此同时，作为家政行业领头羊，三替集团还协助浙江省商务厅、杭州市商务局，提供了浙家政综合服务平台以及“安心找家政”等线上管理体系，为浙江省中小型家政企业提供了家政服务、家政管理以及家政监管的信息化解决方案。

1990年出生的宣扬是杭州本地人。2012年，从浙江工业大学软件工程专业毕业后，他进入三替，现在浙江智慧生活网络科技有限公司负责管理。他的工作是通过提升平台的服务，发展更多用户并获得更大收益，包括平台的建设、优化、完善；平台前端用户行为分析、数据挖掘、流程优化；平台后端服务提供者的服务管理、优化、合作；平台相关活动的策划、营销、推广；平台的日常维护、咨询、投诉、售后服务、反馈等。

2018年3月的一天，午后的疲倦正侵袭着宣扬和他的同事们。面对充斥着乱糟糟的建筑垃圾的门面房，董事长陶晓莺发出了一道指令：15天内把这个房间改造成三替第一个智慧社区门店。

听到指令，宣扬和他的同事们都认为这是一个不可能完成的任务——15天打扫、装修，时间都不够。而且，当时正巧公司组织部门的20名管理人员赴北京学习去了，怎么可能在这么短的时间内完成这个任务，怎么可能做出电子化、信息化的社区门店？

陶晓莺看出了大家的心思，没有强调什么，只是指着房间正中间那个铁铸的大架子，问大家："你们说，这个我们可以搬动吗？"

看着几百斤重的大架子，大家纷纷摇头。

陶晓莺什么也没说，用力推了一下架子。大家也纷纷上前协助。结果，沉重的大铁架子在众人的努力下逐渐被推到了房间边缘。

趁大家休息的时候，陶晓莺再问了一次："15天能不能把智慧社区门店搭建起来？"

"一定完成！"

宣扬和同事们信心满满地承诺。因为陶晓莺已经用行动告诉大家：没有任何难关可以阻挡三替，没有任何困难无法克服。

接下来的15天，宣扬他们一方面与各个部门沟通，对门店进行设计、装修等；另一方面指挥开发人员搭建智慧云平台体系。

宣扬说："虽然做的事情看上去与平日的工作毫无关联，但我没觉得这不是自己的职责，反而非常自豪地意识到，只有我们公司才有这样的条件和实力，协调众多部门一起携手在短短15天内让智慧家政服务网点亮丽呈现。"

"只有想不到，没有做不到；只要想得到，一定做得到"，是三替企业文化的重要内核之一。在这样的文化熏陶下，三替人永远都保持着勇往直前、绝不服输的精神状态，坚信只要是三替想做的，就没有什么做不到。

接下来，宣扬和同事们完成了智慧社区门店报警跟踪系统。通过手机App、社区报警器、社区大屏，形成对社区老人突发情况的智能化监管。同时，上线老人健康档案系统，通过App推出管理后台以及医疗设备，通过物联网和互联网互通监测老人健康情况。此外，还上线了社区便捷购物系统，使老人通过线上购物可在社区购买到最新推出的新疆特色产品。

15天后，三替智慧社区门店正式开业，以亮丽独特的风采呈现给客户。宣扬和同事们完成了看似不可能的任务。

后来，国家发改委领导率领全国与家政服务相关的各省领导和部分优秀家政企业代表，共计50余人，莅临三替集团召开全国家政服务行业经验座谈会，同时还专门参观了三替智慧社区门店，并高度肯定了这一服务网点的社区家政一站式服务的先进性和引领性。

"有困难找三替，找三替找放心"，一直是老杭州人挂在口头上的话语。但是，浓郁的线上化气息正让杭州的各行各业发生着翻天覆地的变化。作为杭州的龙头家政企业，三替开始了推动现有家政业务系统电商化的步伐。

通过“三替·好生活”App的后期改造以及数据统计平台的开发，前后端分离的开发模式逐渐取代了前后一体化的开发模式。

在建设初期，如何利用有限的开发资源？一方面，要维护现有业务正常运行以及需求开发支持；另一方面，要尽快完成新的电商化家政业务平台建设。这些都是不小的挑战。

面对这些挑战，宣扬和产品中心开发人员将复杂的需求抽离成平台和商户两组概念，从底层划分业务行为和运营行为。同时，在开发上抽离用户、商户/服务人员、订单、支付、配置中心作为新服务的基础服务，使开发统一化、专业化。每一次开发仅需关注其中一两个模块，大大降低了开发难度，加快了开发进度。同时，提供了商户管理、运营活动、消息推送、业务服务、客户评价等多种功能。

2018年7月25日，经过公司小伙伴两个多月的努力，“小T到家”准时上线，满足了保洁高频次自动派单以及公司去调度化的需要，对派单系统进行了整体优化。

同时，通过对排班进行字符串处理，解决了老排班系统无法跨年的问题。通过梳理排班结构，定义请假、订单、线下占用，明确排班占用情况，使得公司排班占用可视化无死角，保障了系统平稳运行。

宣扬说：“三替网络技术有限公司在家政行业深耕多年，在家政电子商务上为三替集团及旗下多类型公司提供了全品类的覆盖。”

如何持续有效地规范浙江省家政服务行业，并对其进行监管?

作为浙江省家庭服务业协会会长，陶晓莺经过不断思考，决定进一步完善线上系统，做到应有功能应收全收。生活服务平台攻坚战就此展开。

2019年9月4—20日，三替网络技术有限公司每日至少进行两场全方位、有深度的总结沟通会议，产品、技术部门通力合作。

短短15天，公司就完成了电子合同、线上支付、扫码签到、面试打卡、三方互评、标签检索、线上日志、数据大屏、微信扫码登录等20项功能上线，并完成平台端、企业端、客户端、阿姨端、顾问端5个端口的开发以及升级。

这就是三替精神，这就是三替速度!

与此同时，从线上到线下，三替不断地与客户进行良性互动。

2021年10月，三替网络技术有限公司开展园区项目地推活动。宣扬说，只要员工出示三替的工牌，物业人员就会提供热心的帮助。物业人员说，在合作的家政单位中，只有三替没有出现过客户的投诉，好评率惊人的高。

一位客户与宣扬聊天时说，在他小时候，家里维修电器、疏通下水道叫的是三替员工；他长大结婚后，搬家请的也是三替公司；等他有了小孩，请的月嫂也是三替的。

“这位客户的经历实际上也是三替集团30年发展的缩影。用户的这份信任是对我们三替服务品质的认可，让我感到作为三替一员的荣幸和那份独有的自豪感。”宣扬脸上洋溢着满满的幸福。

对三替来说，“双十一”活动已经走过了13个年头。2021年是投入力度较大的一次，运营、产品、技术、市场、设计多个部门联动，促成了这次“双十一”活动落地。

2021年10月14日动员大会后，市场、产品、用户等部门各司其职，做好准备。

可是，“双十一”是一场年度盛会，如何把三替的品牌更好地呈现给用户，提升用户互动性与黏性？为此，宣扬和同事们在主视觉、细节上反复打磨，做出了200多张设计图。

有一个产品详情页因为小小的空格不对，需要重新修改，他们宁肯延迟发布也要保证真诚对待用户。他们记住了公司领导常说的一句话：想要赢得用户的心，就要仔仔细细地做好每一项服务——今天你糊弄用户，明天用户也不会信任你，客户之事无小事，服务是最好的营销。

活动准备期间，每个设计人员的旁边都坐着一个运营人员，大家在睡梦中仿佛都能听到“这个图再改一改，这个字居中……”“秒杀的图再改下……”“价格需要修改”“切图有缝隙，再切一遍”“赠品再换一下”“产品的位置再调下”“倒计时海报别忘记做”……

2021年10月29日0点，“双十一”活动准时上线。11月14日24点，活动完美落幕。

宣扬说，在“双十一”活动中，有一项活动是电话营销。

当他们向三替用户进行回访并宣传时，很多客户最初接到电话总是小心谨慎。当他们说出自己是三替员工时，客户在电话中的语气便从开始的冷漠变成老朋友问好般的亲切。

从这个小小的细节，宣扬感受到了三替扎根杭州30年，在杭州人心中沉淀下来的分量。在三替工作十几年，宣扬从一名新人成长为了全国家政行业的先进工作者。三替文化的熏陶使他深深明白团队的重要性，因为“独行快，众行远”“团结就是力量”。如今，眺望未来，他对具有极强向心力和凝聚力的三替充满了信心。

施拓宇是浙江人，毕业于香港中文大学，在校学习的是材料科学和纳米技术。

几年前，施拓宇毕业后在浙江大学搞研究。做了三个月的助教后，施拓宇觉得教学生活实在太平淡，认为“互联网比较有意思”。于是，他开始努力学习这方面的专业知识，为转行做产品经理做准备。

2019年11月，施拓宇成功入职三替，成了三替网络技术有限公司的一名产品经理助理。

回忆起刚到三替的经历，施拓宇说：“当时公司接到‘安心找家政’这个项目，我的压力‘还蛮大的’，因为这是与市商务局合作的政企对接项目。”

从2019年11月开始，到2020年12月验收，用了一年多的时间，施拓宇和同事们顺利地完成了这个项目，并通过了验收。

“在这之后，我又接触到一些新的项目，比如96365售后服务平台项目，还有跟物联网比较相关的智能手表项目，感觉工作还是蛮充实的，就与同事们一起努力如期完成了。我们曾经做过的这个项目是民生工程，对社会也有不少贡献，政府部门对我们的评价也挺好。”施拓宇说，感觉做产品经理助理有非常多的个人学习提升的机会。

“最大的收获还是接触到两大项目：一个是杭州城市大脑安全

造价占用场景，一个是浙江省家政行业的综合服务平台。它们一个是浙江省商务厅的，一个是杭州市商务局的。在跟相关部门的对接中，我积累了不少与人沟通、交流等方面的经验，同时提升了专业技术水平。”

施拓宇自认为是一个具有售前工程师性质、带有解决方案的产品项目专员。

从项目立项、项目招标、原型绘制、需求评审，到最后项目验收成功，以及给一些企业做具体应用培训，整个流程下来，虽然很多东西施拓宇一开始并不会，但他们做起来后都变得得心应手。

施拓宇说，政企合作的项目可能会涉及一些外派的内容。比如，需要到省商务厅驻场，一驻场就是几个月。他曾接手一个服务人员核算系统，当时开发的目的是将服务人员的身份背景搞清楚。在以前的市场条件下，实现这一目的需要一定的市场成本，但通过搭建的新系统，可以将服务人员的身份背景和政府部门的数据进行对接。比如，通过与公安部门的数据库对接，核对该人是否为逃犯；通过与省卫健委的数据对接，查看该人是否身体健康；通过与省发改委的数据对接，核查该人是否为失信人或被失信人，这对整个业界来说还是蛮不错的工程。对于家政行业来说，如果拥有了这样的平台和应用场景，将大大提高家政行业的现代化水平和工作效率，加强安全等保障，所以这真的是一件蛮自豪的事情。

如今，当初的产品新人早已独当一面，成为部门的沟通对接能手。

说起入职三替以来的工作成效，施拓宇笑笑说：“成果有很多。在一个项目需求管理的平台布置了数百条的需求，每一个需求都是对项目本身的迭代和改进，或者是一个新功能的建立。这部分工作属于我们产品部门的本职工作。对一个平台、一个系统提出的一些看法和建议，其实一部分是我们团队想出来的，另外一部分是根据业主单位或小伙伴那边的信息延伸出来的。”

什么是产品经理助理？

施拓宇说，就是把需求方的意见翻译成技术人员看得懂的意见，然后技术人员把这部分意见包装成代码，进行实际的开发。

“现在我们整个产品团队都有学习氛围。比如，我们最近都在学习当信息系统项目管理师。下班后的业余时间，大家还会一起看视频学习，聊聊相关的考试内容。”

在三替集团，施拓宇与同事之间的关系很融洽。无论是在产品部门，还是在技术部门，大家经常会一起聚餐，玩得很开心。这样一来，当一些工作遇到不同目标的时候，团队的凝聚力就会加倍提高。

“以目标为导向，工作时会聚焦在一些对项目产生较大益处的点上。比如，我们头脑风暴的时候，一般会产生很多想法的碰撞。但是，最后我们只会选出那些对项目真正有益的想法，这也是我们目前工作秉持的方法论。”

与施拓宇不同，闫雪薇到三替网络技术有限公司工作的时间并不长。

闫雪薇是河南人，2017年从浙江传媒学院新闻与传播专业硕士毕业后，获得了一份非常稳定的工作。但是，她的性格，使其更偏向于能够奋斗、有获得感和成就感的事业。

2019年12月，闫雪薇辞职了。

她经常在马路上看到三替的搬家车穿梭，这让她对三替有不错的印象。在宣传栏了解到三替的发展史后，她觉得这是一家有奋斗目标并且脚踏实地做事的公司。2020年初，闫雪薇决定到三替面试，并最终应聘成功。

来到公司后，闫雪薇担任董事长办公室秘书。这期间，闫雪薇协助董事长办公室主任处理项目工作，感受到了领导和团队的勤奋、认真、踏实。

闫雪薇说："因为工作量太大，我在凌晨2—5点都收到过领导发来的工作微信。领导发回我起草的文件的修订版，并在文档上解释修改原因，让我明白为什么这样修改。秘书的工作非常辛苦，事无巨细，但是这些付出非常值得。我感受到整个团队都在奋力工作，作为下属，我也潜移默化地受到影响。"

"那段时间，经常加班。最长的加班记录是四天三夜没有离开过公司。"闫雪薇回忆，2020年11月2—3日，国家发改委社会司主办的面向"十四五"的社区养老、家政服务发展现场经验交流会在杭州召开，邀请三替就社区养老作主旨发言，并就三替在社区养老方面的经验制作相关手册，与参会人员进行分享。当时这项工作就安排到闫雪薇所在的部门，他们必须在一周之内将成果完美地呈现出来。主旨演讲需要用PPT进行呈现，所以这项工作的具体内容涉及总结经验、整合文字和图片、设计和制作PPT、印刷精美的宣传册等，标准和要求非常高，同时时间很紧。还好，最后现场的演示非常顺利，还得到了国家发改委领导的肯定。

2021年2月，闫雪薇转岗到三替网络技术有限公司，担任办公室主任，主要负责对接政府、媒体和外联。

在此期间，因为项目多、任务多，她有一两个月经常加班到凌晨两三点。

有一个晚上，他们要临时接手8个G的文档材料，为此闫雪薇迅速了解、排除问题，寻找解决方案。由于时间紧，加上工作理念不同，在选择哪一条解决路径上，她跟同事发生了激烈的争吵。

但是，冲突过后，闫雪薇还是和同事利用“六顶思考帽”、SWOT分析、PESTEL分析等几种工具梳理任务，找到问题和最优方案。

三替要求每个员工都必须做到日事日清、日事日毕、天天坚持、样样落实，所有发生的问题坚决不过夜。作为榜样，公司领导上班有时间规定，下班则是没有时间规定的。在三替管理层看来，管理不是一种技术，而在于人文环境的营造。上行下效，刻苦、勤奋几乎是所有三替人的特质。

在闫雪薇眼中，从事网络技术工作的人员不善于表达，但工作十分刻苦。

有一次，国庆长假期间某天的凌晨2点，从事网络技术工作的同事还在加班完成项目。当项目的运营方缺位时，产品经理及时顶上岗位，不厌其烦地回答商户提出的相关政策及操作问题。遇到问题时，团队会通过头脑风暴找出解决方案，即使发生了争执，也不会影响工作进度。

“现在回过头来看，那个时候成长得最快，对系统、技术语言、产品流程图等都有了进阶的认知。”

闫雪薇说，大家一起努力让她深刻体悟到了榜样的力量和团队的力量，“独行快，众行远”。在三替，虽然工作非常辛苦，精神高度紧张，需不停地对接甲方、对接客户，将需求转化成实际成果，但当项目完成时，成就感是非常令人愉悦的。在这里工作，就好比在健身房运动，过程很辛苦，但最后得到的是健康的体魄和坚毅的精神。

同时，她感谢三替教会了她做人做事的道理：行为决定习惯，习惯决定性格，性格决定命运。凡事都要反求诸己，起点即终点，心有多大，天就有多宽，幸福都是奋斗出来的。

设计一个全新家

以前张文君是一个特别不爱吃苹果的人，直到来到三替，她才打破了对苹果的固有印象。

2013年9月，在浙江省对口支援新疆阿克苏地区的过程中，三替集团运用自身资源，对接当地政府部门以及果农、合作社，董事长陶晓莺亲自远赴阿克苏考察，实地走访果农。

“那里的果农非常热情，从言语中，我听出了他们对把果品推销出去的渴望。”在回杭州的路上，陶晓莺下定决心，一定要把阿克苏的优质果品引入浙江，帮当地果农打开销路。

经过一番深入沟通，三替拿到了浙江省唯一由阿克苏市政府授权总代理的特色果品专营授权书。为了保证运抵杭州的苹果的品质，公司每年还派专人在万里之外的阿克苏当起了“质检员”。

“吐鲁番的葡萄哈密的瓜，阿克苏的苹果人人夸。”这是流传在新疆的一句歌谣。

阿克苏冬季寒冷，所以在果品生长期，病虫害极少发生。由于昼夜温差大，光照充足，加上无污染的冰川雪融河流——柯柯牙河河水的浇灌、沙性土壤的栽培、高海拔的生长环境，阿克苏苹果的果核部糖分堆积成透明状，形成了世界上独一无二的“冰糖心”。阿克苏苹果的果面光滑细腻、色泽光亮自然，皮薄肉厚、质地较密、味甜汁多、含糖量高，被称为新疆的“水果皇后”，饮誉海外。

三替引进的苹果，不但百分百原产地直供，而且源自冰糖心苹果核心种植区，优中选优，只取25%的上等果品，不催熟、不早采，确保经历两次霜降，自然成熟，每年11月采摘。从种植、采果到运输，全程品控，确保品质。

从2013年11月开始，在老龄产业博览会、农博会等各种展会上，三替都租下了不小的展位，“吆喝”阿克苏冰糖心苹果。由此，不仅迅速打开了市场，帮助果农打开了销路，还让杭州市民吃到了来自万里之外的美味苹果。

“让我感动的是董事长陶晓莺心中的大爱，她和三替连续这么多年帮助阿克苏果农销售冰糖心苹果、红枣等农产品，还与当地两家农产品合作社建立起良好的合作伙伴关系，辐射带动当地3000多名群众实现稳定增收。”

张文君说，在为三替“你好生活”连锁平台做网页设计的过程中，她第一次吃到了阿克苏苹果。那种沁人心脾的甜蜜是无法用言语表达的，甚至让她觉得以前吃过的都不是苹果。

每年11月，阿克苏苹果就在三替“你好生活”平台上线销售，至今仍是平台的王牌产品。

张文君是福建人，2008年从福建信息职业技术学院计算机应用专业毕业后，在福建福州印刷公司做设计，后来又来到杭州的互联网公司。一段时间后，她了解到三替在杭州本地、浙江全省乃至全国都有很大的影响力。

三替广告传媒有限公司成立于2006年，为三替旗下品牌提供市场研究、品牌战略、品牌设计、营销与公关传播、包装设计、产品设计、空间设计、品牌IP等多种多样化品牌综合服务，旨在通过打造品牌势能，实现各部门产品价值裂变。

同时，不同于管理咨询公司和单纯的设计公司，三替广告传媒有限公司专注于为客户创造和管理品牌，提供从品牌资产研究、品牌组合规划到内部品牌导入、品牌管理制度建设的综合性服务，以提升客户在海内外的品牌影响力。

无疑，这对从事品牌设计的张文君具有很大的吸引力。2014年8月，经过面试，她加入了三替广告传媒有限公司。

来到三替后，张文君主要负责为“你好生活”品牌连锁做一些活动海报以及产品详情、官网构建、单页等线上线下设计。

“你好生活”是三替集团旗下助力扶贫的品牌，以绿色优质农产品体验和销售为主营业务，并逐步发展成为广大老百姓享受品质生活的服务平台。它旨在架设一条从“田间地头”直通“都市餐桌”的桥梁，让绿色生态地区的中小农企、农户与都市大市场“新鲜”连接，为都市品质生活追求者提供放心食品。

张文君说，当时“你好生活”面临微信小程序全面改版，经过研究，公司决定将改版方向定位为：提升购物转化、优化视觉质感、信息高效展示。

由于刚到公司，张文君对产品不熟悉，从产品的设计到设计的落地、测试上线，每一步的精推细凿，都离不开同事们的全力参与和热情帮助。

改版过程中，张文君对颜色、字体、图标、首页、分类、详情页、下单流程及页面各板块都进行了全面优化，为客户带去了更轻松的购物体验。

作为一个新人，张文君感受到的是公司内部团结合作的良好工作氛围。同事之间没有明显的年龄、资历分层，领导和员工之间也没有想象中的那种森严的上下级之分。大家彼此关心，相互合作，工作上精益求精，会议中积极商讨，闲暇时说笑调侃。

初到公司时的那份忐忑不安被一扫而空，很快张文君就融入了这个催人奋进的集体之中。

2015年，为了打造“互联网＋家政”全新模式，完成“从热线到网线再到无线”的转型升级，借助用户的力量，进一步规范、提升家政行业的服务体验，三替集团准备上线“三替·好生活”App平台。

作为开发平台和页面设计的一分子，张文君感触最深的是，部门有一批像战士一样的员工，他们不辞辛苦，把全部精力都投入工作中。尤其是技术部，他们从来没有在正常时间下过班，有时晚上甚至加班到深夜，为的就是让每一次更新都能及时上线。

有一次，为了赶一个活动，必须把新版本及时递交给苹果公司审核，张文君他们进行了三天三夜的通宵大作战，把一周半的工作量压缩到了72小时内。公司贴心地在团队每位员工的座位旁边准备了小行军床，谁累了谁就休息。由专人照顾大家的饮食，并提醒注意身体等。

张文君说，其实加班连轴转也有科学的方法，在事前一定要把需做的事情想清楚，加班的时候大部分执行即可，不用思考太多。团队也比较成熟，大家在工作过程中有大量内容基于自己多年来的积淀，不会出现一些比较明显的错误。

产品成功上线后，大家如释重负，露出了疲惫又欣慰的笑容。

从2017年开始，张文君负责集团的品牌设计，包括参与集团品牌平面形象设计、标准建立及梳理。同时，根据标准及品牌定位进行相应的线下物料视觉设计，协同各事业部针对平面物料清单的全案进行设计。

不仅如此，还有参与门店设计，根据品牌的形象设计标准和渠道实际情况，参与设计方案和施工图，把控整体装修想要表达的效果等，对终端门店形象进行维护和升级，开展展位创意设计与施工跟进工作等，也在张文君的工作范围内。

2017年的一天，公司的品牌总监交给张文君一项重要任务——设计新的三替集团宣传册。

时间紧、任务重，为了获得最好的呈现效果，公司领导时常与张文君他们加班至深夜，一起讨论方案，最后定稿时也一同加班至凌晨两三点。有一次深夜12点多，张文君把设计稿发给董事长陶晓莺确认，居然立马收到回复，当时她就惊呆了。

看到领导如此以身作则，张文君暗下决心，以后一定要时刻秉持老实、听话、真干的原则，努力工作，即便通宵到次日，也要及时完成任务。

在三替的这几年，张文君从一个专业能力一般的平面设计师，一步步成长为能够独当一面、独立完成各种复杂项目的专业品牌设计师。张文君说："现在的工作，概括成一句话就是：品牌、VI、平面、产品手册及文化墙、文化展厅设计等。"

有时候，工作中也会有额外的收获。

2018年8月，为了打造新形象，用新生代、新概念创新品牌形象，集团下属的母婴公司选中了张文君担任月嫂形象模特。

当时张文君很忐忑，她平时不太喜欢拍照，不是专业模特，也不会摆造型，怕姿势僵硬给品牌带来负面影响。

于是，工作之余，她就在网上搜寻专业模特的姿势，结合月嫂实际工作中的专业动作反复练习。到了拍照那天，她看到了另一个小模特——小婴儿，虽然她没生过孩子，但当接触到那软绵绵的身体，她也从内心散发出浓浓的母爱。她用自己学习到的动作，在现场另一名专业月嫂的指导下，顺利完成了拍摄。

"这次拍摄，让我了解到三替月嫂的专业，学习到了如何对婴儿进行抚触、如何给产妇按摩、如何正确地给宝宝喂奶、如何正确地抱宝宝等，为以后自己做妈妈做了大量的知识储备。"张文君笑了笑。

2019年1月18日，三替集团"我们在路上"2018年表彰大会暨2019年联欢会在西湖文体中心举行。集团总部各公司管理骨干、在杭的部分员工代表近千人欢聚一堂，共度美好时光。

整个年会全程四个小时。精彩节目轮番上演，掌声此起彼伏。抽奖、越剧、歌曲、舞蹈、小品、情景剧等，三替人用精彩纷呈的节目展现了家政服务从业者多才多艺的一面。

事实上，为了办好这个年会，公司组织了由策划组、接待组、礼仪组、VI组、文案组、节目组、道具组、采购组、音控组、摄影组、主持人组等组成的近50人的团队。

张文君属于VI组，主要负责年会主题氛围物料设计（主题画面、PPT背景图、横幅、签到墙、桌牌、麦标、彩旗、气球等）、现场指引物料设计（座位图、地贴、门贴、会场指引贴、厕所指引贴等）、节目环节和抽奖游戏环节的背景画面设计、所有设计物料的制作跟进及现场布置管理。

大大小小100多种不同物料的筹备及落地，让她收获不小。年会的圆满成功，让她再次感受到充满团队精神的企业文化。人尽其职，物尽其用，加上合理运用所有的人力、物力、信息，一个有强大凝聚力、顽强战斗力的三替团队由此组成。而三替的基因里具有勇往直前、志在必得、永不服输的韧劲。

张文君说，给她印象最深的是，当天天气极冷，年会结束后，几乎所有人员都离开了。根据之前议程安排，筹备组的人员都要留下来把所有剩余的物料拉回公司，同时还要发扬三替人的精神，确保会场没有落下任何垃圾后再撤场。已站了几个小时的主持人——母婴公司负责人林碧波，虽然已经很累了，也留到了最后，回到家时已是凌晨2点。

2019年9月6日，以“幸福杭州·健康生活·品质养老”为主题的2019中国（杭州）健康生活节暨杭州市第七届老年生活博览会在浙江展览馆开幕。三替需要把旗下养老项目——“慧生活”社区居家养老服务样板店搬到展会上。

这也是一个时间紧、任务重的工作项目。张文君所在团队接到设计任务时，已经距离展会开展不足十天。

“慧生活”社区的目标就是打造令老年人舒适的“一公里居家养老五星服务”。根据要求，要设计两个方案，在此次展会上充分体现并还原三替“慧生活”社区居家养老服务网点的部分场景及设施：日间照料区、洽谈阅读区、健身区、休闲娱乐区等，还需要为展会设计量血压、测体脂等现场服务区，让市民朋友更加直观地体验到“慧生活”社区居家养老服务。

这些都考验着设计师的智慧和能力。张文君与团队成员紧密沟通、通力合作，一边等待领导确认方案，一边安排准备布展材料，以确保所有环节步调一致，井然有序，同步进行。

在方案确定后，仅剩三天，因为时间太短，只能临时改变布置材料，将原先打算利用的木工板材料，换成更利于搭建的喷绘桁架材料。当时有个前台柜子实在来不及从江苏那边运到杭州，张文君就提议请三替搬家公司安排专车前去运回，顺利完成了展会的设计及布置任务，不仅节约了成本，而且确保了每一个细节都尽善尽美。

最终，这次展览凭着细致入微、高效灵活、协作的服务精神取得了成功，也收获了巡场领导及现场观众的一致好评。三替集团也获得了“2019中国（杭州）健康生活节暨杭州市第七届老年生活博览会最佳参展商”的荣誉。

2021年6月底，张文君接到一个物料VI的设计任务——集团“庆祝中国共产党成立100周年——延安精神永放光芒”主题学习会。

此时离会议举行只有两天，她和团队只好加班加点地设计整场活动的物料。他们一个晚上设计了整场会议的50多个页面。为了催促供应商尽快将物料落地，凌晨1点她赶赴图文店监督，直到所有物料制作完成后才离开，当时已是凌晨3点。

2021年9月27日，位于西湖区文三路398号的“三替·好生活”第33家门店盛大开业。

对张文君来说，这个项目给她的印象最深刻，也是她经历的困难最多的。

其实，早在2021年3月，她就已经开始着手这家门店的设计。但是，因为当时她关于硬装部分的设计知识不够全面，从平面图到效果图展现，她都不是很满意。于是，公司找到浙江某知名装饰公司为门店硬装部分进行设计，而她负责对门店陈列进行标准化视觉设计和执行。

刚开始时，一切还算顺利。硬装平面图出来之后，她便着手设计墙面视觉部分。领导要求整个工程必须在25天内完成，虽然硬装部分是请浙江某个在工装方面非常著名的设计公司进行施工的，但还是出了问题。

张文君以为公司与硬装项目经理有过合作，不会出什么问题，可施工过程中问题频发：

第一，硬装项目经理未等所有广告图纸出来，先行把墙面按硬装图纸做好并且粉刷了，而涉及墙面广告的内容都需要双方配合才能高效迅速地完成。此时，她才知道公司与硬装项目经理并未合作过。

第二，硬装部分图纸出现问题，其中一面墙的高低做错了。

经过沟通，最终重新整改。

第三，硬装部分使用的烤漆玻璃及金色不锈钢的材质、颜色不对。通过沟通，重新更换烤漆玻璃，让供应商提供多个不锈钢小样后确定更换。

由于沟通问题，墙面广告部分涉及的点位由谁安装及布线问题，几方也互相扯皮。拖延数天后，尽管不情愿，装饰公司还是按要求用PVC板电脑雕刻出整块墙面需要安装发光字点位的部分，覆盖到硬装墙面上并且开好孔位、布好线。

由于装饰公司层层分包，很多工序出现偏差，比如说某天来安装处理，但并没有及时处理，在整个装修过程中都没有很好地进行配合，存在各种拖延。

“在台风天前安装完店面的3M门头，出于安装的原因，居然整块招牌会随风抖动。万一招牌掉下来后砸到人怎么办？”由于三替追求极致和完美，对于所有不满意的地方，三替都是不计成本地进行重新制作。光门头部分就重做了三次，门店内部背景墙烤漆玻璃颜色与三替品牌的色差太大，也重新做了。

但此时装饰公司还矢口否认是安装问题，认为他们从前都是这样安装的。

张文君亲自搜寻资料并询问专业广告人士。原来，安装方法确实没问题，但招牌以及Logo超过一定大小后需要机械固定方能牢固，否则，偌大一个Logo就单凭螺丝钉在布上，肯定会飘动。于是，她与装饰公司沟通进行整改，重新进行了制作。可是，更换整块3M门头后，装饰公司用的材料有问题，透光度不行，整个招牌不鲜亮。经过再次沟通，又进行二次整改，才总算过关。

“整个装修过程中，小问题不少，但大部分是通过沟通与协调可解决的问题。在未来的工作中，需要引以为戒，多沟通，不能怕麻烦。”张文君说，在硬装过程中，她自己也学习了很多知识。比如，墙面贴墙纸之前需要打磨平整后刷一层基膜，再刷糯米胶，否则墙纸贴不牢，容易脱落。

2021年，张文君参与了十多个类似网点的设计。根据公司品牌战略计划，预计2022年将达到100个网点，到时候她也会全力参与其中。

张文君说，三替提供了成长的舞台，创造了学习提升的机会，他们不仅可以发挥自己专业所长，以客户为中心，创造好的作品，实现自身价值，而且可以参加各种设计展、美术展以及品牌设计、板式设计、插画绘制、动效制作、4D电影、摄影等课程的定期培训。除此之外，三替还将“诚信、爱心、满意、创新”的价值观与优秀传统文化相融合，从公司管理层直至一线员工，把中华传统文化的光辉照进每一个员工的心田。

张文君感谢公司的悉心栽培，让她从热爱的工作中找到了快乐和自我价值。

“三替给我的感觉就像家，让我很有归属感。陶董就是这个家庭的大家长，带领我们企业一路乘风破浪。”张文君说，陶董身上有满满的正能量，不光给大家温暖，对员工关怀备至，而且心里有员工，哪怕在疫情期间，也从不降低福利待遇。陶董也时常与大家亲切交流，给了他们很多工作、生活上的建议。在三替，他们得到的不只是工作和物质财富，更多的是精神财富、生命的成长以及内心的丰盈与富足。

张文君记得，刚到三替第一次聚餐时，同事们一起说说笑笑，恍惚间她觉得仿佛是一家人在过年，那种感觉特别亲切。吃饭时，一位领导说："以后无论去哪，不要忘了我们是吃过一锅饭的人。"

这里所有的一切无不让人感动和倍感温暖。张文君说，她将带着一颗感恩的心，去学习、工作、生活，去创造属于自己的一片天空。

未来『慧生活』

“最美不过夕阳红，温馨又从容。夕阳是晚开的花，夕阳是陈年的酒。夕阳是迟到的爱，夕阳是未了的情，多少情爱化作一片夕阳红。”

一首《夕阳红》深情豪迈，用简练优美的语言，道出了老年时光的特质和真谛。

资料显示，我国大多数城市即将或者已经进入老龄化。目前，我国的养老现状为“9064”模式——90%以居家为主，6%为社会和机构养老，4%为政府兜底。居家养老成了人们关注的热点。

试想，当你步入老年，会怎样安排自己的生活？是待在家，还是住进养老院？有没有一种生活，可以不离开熟悉的环境，既有家人和友人相伴，又能享受专业和暖心的服务？

几年前，经朋友推荐，退休教师陈奇修走进了位于浙江大学求是村的三替“慧生活”社区门店，他对三替提供的服务和企业文化十分认可，经常向身边的亲朋好友推荐，希望他们都能了解、享受到那样的服务。

张晁晗是陈奇修的好友，他决定来体验一番。

那天，恰逢社区举办老人生日会，门店工作人员邀请张晁晗一起参加。

唱生日歌、吃蛋糕，其乐融融的场景让张晁晗难以忘怀。庆生环节结束后，张晁晗与工作人员一起学习国学经典，感触颇深。临走时，张晁晗强烈请求带走几本书，他说三替学习的文化是很多企业都已经丢掉的、很有价值的东西。

此后，张晁晗便经常来门店，空闲的时间和工作人员说说话、谈谈心。

“我看到的是他们的热情，体会到的是他们的真心，我很感动。”张晁晗说，来到这儿，有一种很亲切、很舒适的感觉。一辈子风风雨雨，到了晚年，最缺乏的就是内心的安全感。如果没有人陪自己说话，没有人愿意倾听自己的故事，那是很凄凉的事。

张晁晗曾在老年大学学习书法，对书法颇有心得，但在家练习有些不便，孩子们工作也忙，无人欣赏。有了三替“慧生活”社区养老，他经常到门店里挥毫泼墨，心情也很畅快。如今，张晁晗已成为门店的常客。

几年前，三替集团在业内率先推出O2O一站式服务平台，如今线上业务量占比已达七成。但是，三替并没有放弃线下布局。随着老龄化时代的提早到来，独生子女因工作繁忙、孩子年幼等，有时不能很好地照顾老人，三替“慧生活”社区养老项目因此诞生。

2017年，三替集团开始部署“慧生活”社区居家养老服务，试着推出社区服务网点，推动家政服务进社区，将邻里生活社区和互联网完美融合。

与此同时，2017年6月22日，“杭州保姆纵火案”震惊全国，一度引发社会对家政服务行业的信任危机。

这时候，三替集团不仅将目光放在如何度过信任难关上，更将注意力放在整个杭州家政行业的保姆诚信认证上，提出了对家政人员做诚信核验的要求。

公司领导深知，只有信息化、政务业务一体化，才是解决家政信用问题的唯一出路。但摆在面前的第一个难题是，家政人员信用体系的建设没有先例。

如何通过系统切实可行地反馈家政人员的诚信情况，就成了重中之重。

三替自己是有身份核验体系的，为了让家政行业更好地共同发展，为了整个家政行业都可以使用这样查验身份的核验系统，为了让客户更有安全保障，三替专门推荐促成了这项工程。一是通过高拍仪等仪器与系统对接，实现企业资料和家政人员身份在服务站点的真实认证以及资料上传。二是根据家政信用信息积分体系核算阿姨积分，生成一整套家政卡管理体系。通过微信扫描家政卡二维码，快速展示阿姨的个人信用信息。

2017年8月，三替集团开发的杭州家政信用平台正式上线，得到了领导的肯定和业界的认可。

经过一段时间的准备和努力，2018年3月，三替集团第一家

“慧生活”社区居家养老服务样板店在浙江大学求是村开业。

“慧生活”社区健康养老门店提供家政服务、综合维修、紧急救援、陪同服务、生活照料、医疗保健、代办服务等12大类服务内容，客户通过手机App、微信小程序、电话、网格化门店等多种方式，可以随时随地预约到搬家、疏通、维修、保洁、收纳、保姆、月嫂、养老等家政服务。

你有所需，我有所应。三替用一站式居家养老服务打造了一所“没有围墙的养老院”。

样板店一开业，就成了社区老人们休闲、学习、养生的会客厅，他们走出封闭、孤寂的家庭，走进温馨、阳光的空间，住得舒心、吃得放心、活得开心，并且老有所学、老有所依、老有所乐，过上了家门口的五星级健康养老生活。

很快，这一模式受到各地社区的大力欢迎和认可，一些社区邀请三替“慧生活”社区居家养老服务落户辖区，为居民提供便利的居家养老服务。

2018年，国家发改委领导、全国各地50余位分管家政行业的领导以及部分优秀家政企业代表一起来到杭州，参加全国家政服务行业经验座谈会，并专门参观了浙江大学求是村的三替“慧生活”社区门店。

2019年6月，国务院办公厅印发《关于促进家政服务业提质扩容的意见》，指出推动家政进社区，促进居民就近享有便捷服务，包括支持家政企业在社区设置服务网点。

2019年7月，三替被国家发改委评为国家家政服务“提质扩容”领跑者企业，并作为全国家政行业的先进典型被写入由国家发改委、商务部、人力资源和社会保障部共同编写的《推进家政服务提质扩容——家政服务业发展典型案例汇编》。“三替·好生活”App作为民生创新服务项目，得到了国家发改委在微信公众号上的推广宣传。

2019年，浙江省政府工作报告首次提出建设未来社区，引发了社会各界广泛关注和热议。

未来社区，是以人民对美好生活的向往为中心，以实现美好生活零距离为目标，以人本化、生态化、数字化为价值导向，以和睦共治、绿色集约、智慧共享为内涵特征，引领未来生活方式变革的新型城市功能单元。

在未来社区，将会出现“远亲不如近邻”的场景，社区将营造特色的邻里文化，突出“社区即城市文化公园”的定位，打造邻里互助生活共同体。通过制定邻里公约、建立邻里社群、发挥社区群体特长优势，为居民提供放心安全的服务。

无疑，三替“慧生活”社区服务网点建设便是建设未来社区的一种有益探索。

2019年9月13日，正值中秋佳节，可很多老人无法与亲人团聚。

为了让这些老人度过一个温暖祥和的中秋，三替“慧生活”社区养老开展了形式多样的中秋节主题活动，邀请这些老人走出家门，与他们一起茶话过中秋，为他们送去中秋的祝福和关怀。

在社区服务网点，老人们乐起来、吃起来、玩起来，共叙邻里情，纷纷沉浸在节日的欢乐之中。

猜灯谜、做游戏，老人们积极响应，有的独自思考，有的聚集在一起探讨灯谜谜底。猜中答案的老人脸上露出了笑容。一位老人一连猜中了好几个灯谜，笑着说：“感觉多年不用的脑筋又‘复活’了！”老人们再一次感受到了生活的美好、温暖与幸福。

一位浙大退休教授经常来三替“慧生活”社区养老中心下象棋。在这里，他感受到了三替工作人员真正把老人放在心里的用心服务。活动现场，他提笔写了一首诗，点赞三替工作人员的暖心服务：“堂尊庇荫消酷暑，企业良知温婧谯。特色品牌得口碑，君主登堂指路灯。替民纾难得天道，排忧解难乐逍遥。天地万物为一体，更美家园有三替。”

短短的诗句，表达了老人们的感激之情。小小的纸片，凝聚了暖暖的感激之情，也为三替集团员工的工作增添了满满的动力。

三替社区服务网点的工作人员均经过严格的层层筛选，各网点都可随时提供保洁、保姆、维修等100余项家政服务。针对不同社区的特征，网点还个性化地定制了助行（背老人下楼或代办等）、助浴、助医（带老人去医院看病）、康复护理、老人日托等特色服务。

姜依婷是浙江丽水人，2014年来到三替家政学院，成为养老服务与管理专业的一名学生。2017年毕业后她一直留在三替，现在是三替社区养老公司的一名社区管家。

“特别幸运的是，在三替遇到了一群可爱的家人。”姜依婷说，工作这几年，她收获了部门同事及客户的关爱。三替的企业文化也让她感到非常实用，诚于己，信于人。

2019年，一位叫祁选冲的老爷爷因为家里没有测量血压的仪器，无法及时监控自己的血压情况。姜依婷就帮他在淘宝上买了一个血压仪。

之后，老爷爷给姜依婷买了一大袋葡萄，还不许她谢绝。重阳节的一大早，他又给姜依婷带来了重阳糕。

“就像爷爷关心孙女一样，几年来我们的联系从未中断。”姜依婷说，在工作中还有许许多多这样的故事在发生，这让她感到特别幸福，而且是那种由内而外的幸福。

同时，现在的姜依婷对于工作的责任意识也比以前强了很多。在工作岗位上，她学会了理发、助浴等技能。

“我一开始是抱着尝试的态度上阵，有次还把一位漂亮奶奶的发型理坏了，把她后面头发的尾部剪出了一个缺口，很难看了！幸好奶奶没有责怪我，还一个劲地安慰我别害怕，过几天就会长出新头发来的，多练练就好了。”

为了避免类似的情况再发生，姜依婷主动通过看视频、到理发店学习等方法提高理发技能，慢慢地就熟练了。有爷爷奶奶还夸奖她理发理得好，而且半天时间里理发的数量也多起来了，最多的时候能给20多个人理发，这是她以前不敢想象的。

现在，尽管姜依婷怀孕了，但是如果门店需要她为老人理发，只要身体状况允许，她一般都会去。尽管站一会儿就感到腰酸，但她还是会坚持下来。

“老人们也非常体谅我，让我休息一下再理发，非常感谢爷爷奶奶们的关爱。”姜依婷微笑着说。

在艮山门店工作的时候，她见过一位百岁奶奶，到了冬天，这位奶奶每个月都会来门店洗澡。

洗澡对于年轻人来说是一件很容易的事情，但对老年人来说却很不方便。老人家里通常卫生间比较小，且不够暖和，没有助浴设施，独自洗澡也存在跌倒的风险。三替集团的助浴服务就满足了老人们的洗澡需求。

在洗澡服务的过程中，姜依婷一边和老人聊天，一边帮她洗澡，缓解她的精神压力，关注她的感受。看到老人洗完澡后脸上洋溢着笑容，她也特别满足。

“真正关心老人不在于说得有多好，而在于设身处地地为老人设想周全，只要你这样做了，老人都能感受到。”

姜依婷说，在这样一个环境中成长，还能收获来自同事们的关心。在她偶尔心情不好的时候，同事们常常会陪伴、开导她。能够在这样的大家庭里工作，她觉得自己特别幸运。

苏雁是杭州人，毕业于湖南电大电算会计专业。一个偶然的机会，她看到了关于三替集团的介绍，上面写到了三替集团的使命：“为员工的成长创造舞台，为客户的品质生活提供服务保障，为社会的和谐发展创造更多的就业机会。”

2020年7月，苏雁来到三替，就职于居家养老公司，目前担任求是门店的店长。

苏雁说，她秉承着“品质、价值、微笑、感恩”的理念一路走来，在这里上班真的很开心。来到三替工作后，集团要求每个入职公司的员工都必须每天进行学习打卡，学习的内容不仅有传统文化，还有服务与管理方面的知识。通过持续不断的学习，苏雁懂得了更多的为人处世之道。现在的她，家庭更和谐、生活更幸福，真正成了孩子的榜样、父母的骄傲。

门店服务的多数老人是浙大的教授，整体素质都很好。作为养老公司的一员，她做的很多事情其实微不足道，但老人们却很感激。为客户提供优质的服务本是公司每个员工应尽的职责，只不过她会做得更细致入微一些。怀着友善、仁爱之心对待每一位需要帮助的老人，同时她自己也收获了善缘。

2021年夏天的一天，92岁的刘老师在求是门店下完棋后起身出门。苏雁站起来准备搀扶他下楼梯，看到他鞋带散了，老人自己却还浑然不知。苏雁马上叫住他，并蹲下给他系好鞋带。

这时老人才知道鞋带散了，顿时脸上露出歉意的微笑，很不好意思地说："谢谢！谢谢！"

苏雁说，其实这只是很小的一件事，可是老师心里很温暖，他说还没人给他系过鞋带呢。我们做的点点滴滴在老人的心目中也许就是缕缕春风，让他们心旷神怡。

还有一位72岁的杨老师，患有帕金森病，每次在外走一段时间，脚就没知觉了，动弹不得。

有一天，又出现这情况时，他刚好在门店门口。苏雁看着他觉得很奇怪，立马跑过去问清楚情况，随即推着轮椅让杨老师坐上去，把他送回家。

从此以后，只要有什么问题，杨老师都会第一时间联系苏雁，有时候快走不动了，就坐到店里来，等苏雁下班后送他到家。苏雁说："在他心中，我就是他的依靠。"

88岁的李老师，是一位独居老人。有一天，李老师需要去移动公司退宽带，于是打电话给苏雁，让她陪同。

苏雁陪他去把事情办理好。回来后，苏雁想，老人一直没有用宽带，客服却让老人签了字，那是否可以退一部分钱呢？苏雁拨通了中国移动的客服电话10086，反映了这个情况。两天后，客服人员回复说可以退一部分钱。老人感到很惊喜，还特地写了一封感谢信给公司，专门表扬苏雁。

2020年，新冠肺炎疫情来势汹汹，以入户服务为主的家政行业一度面临巨大冲击，业务受到了很大影响，三替家政各项服务应政府要求也一度停摆打烊。

在除夕前一天，湖北突然做出了封城的决定。那年正月初四凌晨2点多，陶晓莺辗转反侧，怎么也睡不着，担心员工们会对未来感到无助和绝望。她便起身专门为湖北籍员工写下了一封家书，这封家书当时还被杭州市人大在微信公众号转载。

各位亲爱的三替家人：

大家好！

今年这个年，我们大家都过得很辛苦，现在武汉乃至整个湖北省，新冠肺炎疫情严重，集团也非常牵挂各位湖北的家人。目前党中央、国务院以及省、市政府都非常重视，全国人民也都心系湖北。万众一心、众志成城，我们一定会渡过难关，打赢这场没有硝烟的战争！

这些年来，集团一直组织大家学习传统文化，我相信每位三替家人都有自己的感受和领悟。我代表三替集团对你们提出殷切的期望：好人好自己，一定要守住自己的底线，不要做出违背社会价值观的事情，要做知法守法的公民。眼下我们能为国家和社会做的，就是在家静候疫情过去，不外出，不聚会，不给政府、社会以及别人添麻烦。这是你们对自己、对社会、对国家最大的贡献。三替集团，包括我本人，期待着你们早日健康归来。无论你们在家休息多久，公司的工作岗位都会为你们保留，请你们务必放心。

这次的难关，在不久的将来一定会过去。全中国乃至全世界都在关心和支持湖北。我衷心地期望，每位优秀的三替家人都是有担当的，不仅可以管好自己，而且可以管好家人，同时还能帮助其他的亲戚朋友。其实这是我们自己的需要，对别人好，就是对自己好。

今天我让公司给你们建个群，每天给你们发一些向上、向善、正能量的学习内容，让你们每天不仅能够学习，而且能够感受到来自企业的关心和温暖。期待在这次疫情面前，能够看到我们三替家人的良好风采和高尚品德，让传统文化的学习成果在你们身上得以呈现，你们要让社会看到三替就是与众不同的。为企业争光，成为孩子的榜样、父母的骄傲，这是我对你们的期盼，也是我对你们的托付，拜托大家了，我相信你们一定都能做到！

最后，衷心地祝福大家，祝大家新年快乐，也祝福你们及家人都能平安健康！祝你们早日归来！谢谢！

陶晓莺

正月初四

面对家政行业的寒冬，公司为武汉抗疫的“逆行者”提供免费的家政服务。2020年2月10日，杭州市政府宣布实行分类分区分时段有序复工。三替复工前夕，集团董事长陶晓莺一直在想："2008年汶川地震发生时，我们很遗憾没能做点什么。这次在身边有这么多和平年代的无畏战士、'逆行者'，不顾个人安危，奔赴武汉。我们应该为他们的家庭做些什么，解决他们的后顾之忧，这也是间接为疫情作出贡献。"最后，她做出了为"逆行者"提供九大类免费服务（包括电路维修、木工维修、空调维修、下水管道疏通、洗衣机维修、热水器维修、煤气灶维修、油烟机维修等）的决定。后来，省总工会提出能否免费为所有"战士"提供免费服务，陶晓莺毫不犹豫地答应了。在疫情期间，三替已为1000多位援鄂医疗队员家庭提供服务。

疫情无情，三替有情。2020年新冠肺炎疫情暴发后，三替员工坚守岗位，为抗击疫情竭尽全力，为一线抗疫人员保驾护航。三替坚守在防控一线的故事也被写入杭州市委宣传部、市文明办联合推出的"战疫在杭州·最美逆行者"专栏。三替也获得了浙江省家政行业优秀抗疫集体的荣誉，被杭州市委、市政府评为杭州市抗击新冠肺炎疫情先进集体……

公司倡议，员工居家办公，并且通过多个线上视频会议，分拆任务，在短短两天内完成了抗疫人员家政服务的免费预约体系构建，包括抗疫人员认证、抗疫人员线上发卡、抗疫人员免费预约，一天时间就上传了抗疫说明函。

业务部门、技术部门通力合作，开发了保洁商品推广功能。公司还配合杭州"春暖杭城"活动，提供商品秒杀功能，开展集团营销推广。

疫情期间，三替集团还玩起了"云家政"，通过网络直播、线上交互、平台选购等多种手段，让客户直接线上选聘阿姨，仅2020年3月的一次直播，订单量就达389单，成交额超过120万元。

与此同时，面对疫情下“需求在里面、服务在外面”的困境，三替大胆投入，把服务搬进社区，通过在社区布点家政服务“大本营”，用固定的驻点服务来重新连接千家万户的需求。

选点中，除了考量人口密度外，还考虑小区的人群特点，重点针对人口年龄，推出“家政＋养老”“家政＋物业”等多种特色服务方案。一个网点服务一个片区，30多个网点就形成了杭州主要城区的“15分钟服务圈”。

疫情期间，三替集团的整体营业收入不降反升，比上年同期增长了近30%。

家庭是社会的最小细胞，子女在老人身边是对老人重要的精神慰藉。但是，子女并不是时时刻刻都在老人身边，三替“慧生活”社区居家养老服务模式正好满足了人们的这一生活服务需求。

健康老人在家中遇到问题，不需要子女的帮助，通过手机或家门口的三替“慧生活”社区养老网点，就可以解决所有的生活困扰：管道堵塞、电器维修、看病挂号等；还可以在网点参与学习、交流、娱乐、过节、免费理发等多项活动。

重要的是，三替“慧生活”社区养老为老人开发了App一键呼救的紧急救援服务，在很大程度上避免老人在家中出现意外而无处呼救的问题。如果在炎热的天气感到不适，老人按一下家里的按钮就会有专人上门服务。被纳入“慧社区”服务系统的老人，即便平时没有其他需求，也会有服务人员上门巡访，随时提供生活所需的照料服务。

2020年12月21日，冬至来临之际，花园亭社区携手三替居家养老中心，在启真名苑老年活动中心为老人们带来了一场“冬至暖人心”包饺子竞赛活动。

大家撸起袖子，洗干净手，有的揉面，有的擀皮，有的拌馅，有的动手包饺子，井然有序，忙而不乱。老人们互相比赛着谁包的饺子更好看，谁包的饺子皮薄馅大。大家有说有笑，沉浸在温馨的氛围中。不一会儿，就包出了一屉屉美味可口的饺子。

三替居家养老中心还组织到场的老人参加套圈、夹豆子比赛。有趣的小游戏不仅锻炼了老人们的协调能力，也增添了几分欢乐的节日气氛。

当热气腾腾的饺子端上来，大家一片欢呼，争先恐后地寻找着自己包的饺子，品尝着美食、分享着快乐，互相祝福。

“大家聚在一起包饺子很开心，平时自己一个人在家包饺子，感觉就是为了填饱肚子，在一起反而更热闹！”一位参加活动的老人开心地说。

每逢过年过节，花园亭社区和三替居家养老中心都会为老人送上节日祝福。同时，为他们提供打扫卫生、维修家电、助行助浴、免费理发等居家养老服务，周一到周六会开展智能手机教学、交谊舞、观赏电影、唱歌、下棋等活动，丰富社区内老人们的晚年生活，也让老人们感受到社区和三替对他们的关心、关怀。

2021年9月27日，“三替·好生活”第33家门店开业典礼盛大召开。门店位于文三路398号，文三路于2021年被确认为中国

"数智"一条街，"三替·好生活"的开启为"数智"一条街增添了一抹亮色。

一进入门店，首先就能感受到三替服务人员温暖而触动人心的服务标准，他们精神饱满地迎接客户，细致温和地向客户介绍门店的各项服务内容。

在门店内，客户可以感受到家的温暖与温馨。门店旨在实质性地帮助客户解决生活中的痛点问题，家庭保洁、家电清洗、居家养老、搬家搬场、母婴护理、保姆月嫂、家务管家、疏通维修、绿色食品、病患护理、智能报警设备等各项家政服务全品类覆盖、一站式服务，真正实现"品质生活，全程管家"。

从20多年前的热线电话呼三替，到电脑上找三替，再到手机下单、服务上门，以及不断扩容的实体网点，三替已然构建了一个全通道服务体系，而其中的一个关键字是"慧"。

一个是线上服务平台，一个是线下网格化服务网点，"慧生活"就这样将社区和互联网融合在一起。

未来，三替"慧生活"社区将不断提升水平，优化服务内容，扩大服务半径，力争让家门口的"养老院"模式走出杭州、走遍浙江、走向全国，让全国的老人们享受便捷的社区居家养老服务。三替集团获评杭州市健康养老家政示范企业、浙江省居家养老服务知名机构（企业），董事长陶晓莺也获评浙江省养老服务业领军人物。

三替的第三个十年是迈向伟大的阶段，品牌、标准、学院、研究院、技能鉴定所、管理信息系统、连锁经营网络、云服务平台等一系列的布局，构成了全新的三替家政服务体系。

三替深耕家政服务30年，携爱同行，始终围绕满足人民对美好生活的向往，以让家庭生活更美好为己任，让三替成为受人尊敬的生活服务提供商。

第四章 | 家国担当

陶晓莺，是传递奥运圣火、弘扬民族精神的火炬手，更是责任与担当的大爱使者。“爱是我们永恒的主题。”陶晓莺和她带领的三替，用每时每刻传递爱，用一生一世传承爱。

“净化心灵，改变命运。哪有服务，只有做人”，建设家政专业学院，培育家政专业人才，投身扶贫抗疫事业，奉守正心服务精神，以社会和谐为己任，这是三替集团的家国担当，亦是家政行业的熠熠之光。

“三替本身就已经承担了许多社会责任，为什么还要大力参与到脱贫攻坚、乡村振兴、应对老龄化、抗击疫情等重大工作中来？”

“家政行业本来就是一个充满温情的行业，是人与人之间相互联系、相互扶持的行业。”陶晓莺微笑着回答我们，“爱是世界最美好的语言，爱是我们永恒的主题。”

陶晓莺是一名火炬手。

2008年5月18日，奥运圣火来到了杭州。

那天清晨4点，陶晓莺就起床赶往西湖边的杭州市青少年宫，为了传递奥运圣火。

她考虑到时间太早，就没有通知驾驶员，而是直接打车去。但左等右等，一直没有打到车，她心里越来越着急，于是就随意拦了一辆车。

“你有什么事吗？”车上的驾驶员问道。

“我有点急事，但一直打不着车。”陶晓莺说。

“什么事那么急？”驾驶员关切地问。

“预演传递火炬。”陶晓莺说。

“你是奥运火炬手吗？”驾驶员有些惊喜。

“是的。”陶晓莺说。

“赶紧上车吧，我是西湖区交警大队的。”驾驶员说，“正好我要到那边去上班。”

此刻，陶晓莺深深感受到了作为一名火炬手的责任与使命。

陶晓莺告诉我们，亲手接过奥运圣火的那一刻，是她一生中最激动振奋的一刻，而亲手将火炬传递给下一位火炬手的那一刻，又是她在传递火炬的过程中感受到历史使命和万人期望最深切的时刻。

“一次传递，一生传承。”陶晓莺说，“我要感谢改革开放，感谢这个伟大的时代，让我有幸成为火炬手。”

她是一名火炬手，是传递圣火、弘扬民族精神的使者，更用责任与大爱书写了时代担当。

三替是爱心铸就的品牌，始终将深切的社会责任感融入企业发展中。

三替在创立之初就规定：对孤寡老人、特困家庭和重残家庭三类对象一律实行免费服务。迄今，三替已累计为10万多名下岗失业失地以及外来务工人员提供免费培训与再就业推荐。

20世纪90年代末，随着国家改革开放的不断深入，下岗失业问题一度成为社会关注的热点。当时，三替作为一家具有社会责任感的企业，考虑到不仅要给下岗失业人员提供一次就业的机会，更要给他们一份有稳定收入的工作。在2002年，他们专门成立三替职业技能培训学校，专业开展对家政服务员、母婴护理员、育婴师、养老护理员、病患护理员等的培训。

通过三替的帮助，一大批下岗失业、失地人员重新找回了自尊、找回了自我，拥有了一片人生的新天地。其中，有很多人还成了技术能手，被杭州市政府授予“杭州工匠”“商贸特色品牌个人”等荣誉，有的成了全国五一劳动奖章获得者、全国优秀家政服务员、全国关爱企业优秀员工、全国商业服务明星、浙江省劳动模范、浙江省巾帼建功标兵、优秀共产党员……

“三替，从事的是一项极其伟大的事业！”

有领导如此评价。

我们觉得，三替的不凡，不在于它为客户提供了多少服务，不在于它为社会创造了多少财富，而在于它教育和培养了一批批有职业素养、有自信、用勤劳的汗水为客户提供良好服务的家政人员。三替使他们拥有了职业的荣誉感、归属感、获得感，使他们把家政服务当成一份职业来做，找到了人生的希望和方向。在三替，工作了20多年的老员工有许多，工作了10年以上的老员工更是比比皆是。

在三替采访时，一幅画深深地吸引了我们。

其实这算不上画，而是一幅树叶剪贴图。

贴图右上角是一个太阳，左下角是一个女孩和一个男孩，中间是一架直升机，飞机上贴有“三替”字样。

这幅画的创作者是三替家政学院的学生，来自贵州省黔东南州的山区。

但这幅树叶剪贴图有着比一般画作更加深刻的含义："三替学院的招生就像那从天而降的直升机，载着我们飞出了大山，我们在橘色的阳光下兴奋地奔跑。"

"我们希望为寒门学子提供一个改变命运的机会。不曾想到，他们先感动了我。那天，我偶然间看到一幅用绿植拼出的美丽画作，上面歪歪扭扭地写着"三替"的字样。孩子们说：'三替家政学院的招生，就像那从天而降的直升机，载着我们兴奋地飞出了大山……'第一次看到这幅画的时候，我没想到大山里的孩子这么懂事，又这么有感恩之心。在那一瞬间，我流下了感动的眼泪。"陶晓莺告诉我们。

在脱贫攻坚、乡村振兴、共同富裕的主战场，一直有陶晓莺和三替人的身影。

他们助力产业扶贫。

2010年，随着中央新一轮对口支援新疆工作的开展，浙江与阿克苏地区和兵团一师"结缘"。十多年来，一批批干部人才扎根天山南麓，也将浙江开展"千万工程"、建设美丽乡村的智慧带到西北边陲，助力一个个村庄蜕变。

2013年7月的一天，陶晓莺第一次踏上新疆大地，第一次来到阿克苏。

"第一次来到新疆阿克苏，我有两个惊讶。第一个惊讶是我第一次感受到祖国的地大物博。从杭州坐飞机到乌鲁木齐四个小时，从乌鲁木齐转机到阿克苏还要一个多小时。"陶晓莺说，"第二个惊讶就是那里有着迥异的自然风光和风土人情。在阿克苏，我第一次关注到了天际线是如此一望无际，感觉地球仿佛要掉下去了。在那里，我还第一次看到盐碱地，第一次看到挂满枝头的青苹果。”

“我又能为果农做点啥呢？”回来的路上，陶晓莺一直在心里琢磨着。

“何不依托旗下的‘你好生活’品牌连锁以及三替的口碑与客户，帮助当地果农销售苹果，为当地果农打开市场、脱贫致富呢？”

陶晓莺决定为阿克苏的果农助力。

那年，她三次前往阿克苏，特别是第三次，她具体跟果农谈进一步的合作。当时正值苹果成熟的时节，偌大的果园中，红彤彤的苹果压弯了枝头，果园里处处可见果农们忙着采摘的身影。“特别是当看到那些朴实的果农用粗糙的双手摘苹果，提着一篮一篮苹果走在路上，然后把苹果堆成一座座山，我就更加坚定了帮助他们的想法。”陶晓莺说。

于是，三替与阿克苏签订了战略合作协议。

当年，三替就为阿克苏苹果大力宣传，在《都市快报》刊登消息，带货参加农博会、展销会，甚至在电视上做广告。更令人称道的是，陶晓莺他们并不是卖了苹果后再付钱给果农，而是不论苹果好不好、卖得好不好，都先付钱再拿货。他们充分发挥自身品牌优势、渠道优势和服务优势，为阿克苏果农在杭州搭起了特色优质农产品营销合作平台，架设了一条从“田间地头”到“都市餐桌”的直通桥梁，实现产品供销一体化，助推当地经济发展。

“实在销不动，就将苹果作为福利发给员工。”陶晓莺说，“仅阿克苏苹果就每年在杭州销售10万余箱，这对增加阿克苏农户收入和帮助当地脱贫致富、助推阿克苏经济发展，起到了添砖加瓦的作用。”

不仅如此，三替集团与新疆阿克苏，四川青川、美姑、昭觉，贵州黔东南，江西南昌、鄱阳，湖北咸宁、恩施，浙江常山、衢州等地进行对接，建立工作机制，搭建供需平台，帮助当地打开特色农产品在东部发达地区的销路，开展扶贫对接与培训。

他们还投身教育扶贫。

1996年起，宁波市与贵州省黔东南苗族侗族自治州、黔西南布依族苗族自治州对口扶贫协作工程正式启动。2013年，杭州市接过了帮扶黔东南州的接力棒。

陶晓莺说，三替家政学院是2013年底成立的，成立时，并没有想到为黔东南州贫困山区的孩子免费提供学习的机会。这一想法始于2014年她的一次黔东南之行。当时全国各地正在如火如荼地进行精准扶贫，有的地方已经发生巨大改变，有的地方还正在努力。黔东南的一些县还属于正在努力的地方。当时她看到一些贫困户家徒四壁，老人看不起病，孩子读不起书。深入探访后，她还发现，造成贫困的原因有很多方面，但最大的短板是当地群众缺乏技能。想到三替正在打造三替家政学院，为的就是培养专业技能人才，何不为这些大山里的孩子提供上学的机会，改变他们的命运呢？改变了孩子们的命运，不也就改变了他们家庭的命运？所有家庭的命运改变了，不就改变了贫困的现状，改变了一个地方的面貌吗？这正是习近平总书记说的“扶贫先扶智”呀。

很快，他们就决定，从2014年起，每年为来自黔东南地区贫困山区的孩子提供100个免费就读三替家政学院的名额，让他们有机会接受学历教育。学生读书不用自己花钱，公司除了补助，还为他们申请助学金。三替家政学院采取“双元制”的培养机制，以“国家学历＋专业技能＋职业资格＋国际接轨”为办学特色，培养适应现代家庭服务业发展需求的应用型人才。学生们不仅通过学习专业知识获得国家承认的学历证书，而且可以依靠三替集团强大的实训教师队伍和实习实践平台，训练和掌握相关工作技能，并可自愿选择报考育婴师、早教师、家庭教育指导师、养老护理员、家政管理师等国家职业资格证书，成为一专多能的复合型高技能人才。每一年的毕业典礼上，浙江省教育厅、人社厅、商务厅等领导都会到场参与。

陶晓莺告诉我们，有个来自黔东南的学生上了一学期课后放假回家，家乡人跟她说，她是村里唯一一个大学生，还拉着她问长问短，让她感到无比幸运和骄傲。学生毕业后，有的留在了三替集团，有的到其他单位工作，有的去了其他城市，有的回到了家乡。不论在哪里，这些来自山里的孩子，都在利用自己所学的本事改变命运。

但陶晓莺始终平淡而理性，她说：“在脱贫攻坚和乡村振兴中，我们三替只是主战场上的一支普通队伍，我们干的是很平凡的事情，我们只是有幸处于一个不平凡的时代。”

2021年12月，三替集团获得了国家发改委“帮扶助力乡村振兴典型案例”殊荣，同时还获得了脱贫攻坚卓越贡献奖。

“随着社会的发展和进步，我们与时俱进、开拓创新，集团的战略是让客户住得舒心、吃得放心、活得开心。三替在提供家庭所需服务的同时，推出了绿色优质农产品。”陶晓莺说，“可是在这个过程中，我发现我国90%的老人将在家中度过晚年，所以我们开始关注老年人，现在布局了五星级居家幸福养老项目。”

陶晓莺关注到的正是当今世界面临的重大社会问题之一——人口老龄化。人口老龄化是经济发展和社会进步的重要标志，所以老年人的生活状况及社会对于老年人的关心程度也体现了一个国家的综合国力和文明程度。老龄化是当今世界人口发展的必然趋势，也是世界各国普遍面临的重大社会问题。自20世纪六七十年代起，许多发达国家都进入了老龄化社会或处于人口老龄化的进程中。21世纪初，我国开始进入老龄化社会，65岁及以上老年人口的比重为7.1%，老年人口达到9062万人。根据第七次全国人口普查结果，截至2020年11月1日，我国65岁及以上老年人口为1.9亿人，占比13.5%。在短短20年里，我国老年人口比重迅速增加，必将给我国经济社会发展带来全面、深刻、持久的影响。2021年10月13日，习近平总书记对老龄工作作出重要指示，强调要贯彻落实积极应对人口老龄化国家战略，把积极老龄观、健康老龄化理念融入经济社会发展全过程。对于我国而言，应对人口老龄化必将是一项长期战略任务。

陶晓莺告诉我们，作为全国较早进入人口老龄化的省份之一，浙江提出构建“9064”养老服务格局，即90%以居家养老为主，6%为社会和机构养老，4%为政府兜底。

“居家养老，也是我一直在思考的问题。”陶晓莺说，“三替专注于传统家政服务，事实上从几年前就已经开始涉足居家养老领域，并通过和相关部门、机构的合作，积累了不少经验。”

“你有所呼，我有所应。”

2017年，陶晓莺便开始探索和部署社区养老、社区家政服务，首推“慧生活”社区居家养老，将邻里生活社区和互联网完美地融合，实现了家门口的五星级健康养老生活场景。

陶晓莺还敏锐地意识到，目前杭州的老龄人口比例已达23%左右，其中90%的人都将在家里养老。以前大家关注机构养老比较多，其实更应该关心的是那90%的居家养老人群。

2020年杭州市十三届人大五次会议上，陶晓莺带了三份建议，其中之一正是要求推动家政服务进社区工作。她希望利用社区的闲置公共配套用房等，让一些优秀的家政企业入驻社区，为居民提供更为完善的家政配套服务，从而打通社区家政服务的“最后一公里”。这种一站式的居家养老服务社区生态圈，被她称作“没有围墙的五星级养老院”。

“现在人的平均寿命增长了，退休在家后至少还能健康生活二三十年。这期间需要保洁、保姆、各类家电水电维修、管道疏通等就近便利的家政服务，以及解决居家养老生活必须配套相应措施的问题。”陶晓莺说。2021年11月，中共中央和国务院还联合下发了《关于加强新时代老龄工作的意见》，指出有效应对我国人口老龄化，事关国家发展全局，事关亿万百姓福祉，事关社会和谐稳定，对于全面建设社会主义现代化国家具有重要意义。出台政策，是为了实施积极应对人口老龄化国家战略，加强新时代老龄工作，提升广大老年人的获得感、幸福感、安全感。

这对于陶晓莺和三替来说，是无限希望，也意味着任重道远。

抗击疫情，他们也没缺席。

“无论你们在家休息多久，公司都会为你们保留工作岗位。”

“你们在家要体现作为三替人的担当和品德，不仅要照顾好家人，还要照顾好亲戚朋友，为社会奉献正能量。”

……

2020年1月28日，当时湖北特别是武汉的新冠肺炎疫情形势十分严峻，想到远在湖北的员工和他们的家人，陶晓莺怎么都睡不着，于是她凌晨2点多起床给大家写起信来。每天与家政人员朝夕相处的陶晓莺，对他们想要什么、缺少什么、存在哪些问题，最是清楚。

不仅如此，三替还为奋战在疫情防控第一线的医务人员、基层干部群众等进行捐款，主动为援鄂医疗队员以及奋战在杭州抗疫一线的医护人员家庭免费提供家政服务。2月19日，三替集团正式复工，陶晓莺再次承诺：为杭州市1000多名援鄂医疗队员家庭提供援鄂期间的免费家政服务。

陶晓莺这样做，员工们心里稳了，抗疫英雄们的心里暖了。

事实上，2020年第一季度三替的营收遭遇了断崖式下跌，只有2019年同期的1/3。

是什么给了陶晓莺信心？

责任！

她说，2008年汶川地震发生时，她很遗憾没能做点什么。这次终于能够为国家贡献一点力量，为这些“逆行者”、和平年代的英雄做点什么，她心里很高兴。她觉得，这也是她作为一个企业经营者应尽的社会责任。

再来听听两个三替员工学习传统文化的故事。

朱红燕，江苏南通人，2009年11月入职三替，现为三替商学院培训老师。她告诉我们，她是名“80后”，也是家中的独生女。从小她很少体贴父母，更不会换位思考，凡事都站在个人角度思考，从不顾及父母的感受。女儿上小学后，她就叫父母来杭州帮她照顾女儿。生活在一起后，矛盾更多了。父母抱怨的时候，她总会发脾气。

有一次，朱红燕回到家后，见父亲开了空调，便大发脾气，冲着父亲说，天气不热，开什么空调嘛。她并没有考虑父亲的感受。于是，父亲不愿意与她说话，她下班后回到家，父亲宁愿把自己关在房间里。在杭州生活，母亲最担忧的是在老家生活的外公、外婆，两位老人都年近九旬了。有时节假日，母亲就会问，是不是回去看看外公、外婆？朱红燕则说：“你回去干吗？你回去了，我怎么办？”她把自己看得很重，凡事以自我为中心。事实上，她跟女儿的关系也不太好，女儿更愿意跟外婆交流。

陶晓莺听说过朱红燕的家里情况，偶尔也会开导她。朱红燕第一次到三替，“陶妈妈”就走进了她的内心。当时她刚面试出来，便碰到了“陶妈妈”。“陶妈妈”微笑着问她：“怎么没见过你？”朱红燕看到自信而优雅的“陶妈妈”，有些胆怯，甚至觉得有些距离感。但“陶妈妈”的言行，很快就让她放下了心中的担忧。“陶妈妈”接连问她是哪里人，小孩多大了，父母身体怎么样。“陶妈妈”还叮嘱她，只要有爱心，肯付出，在家政行业工作就不难。

2018年的一天，陶晓莺找到朱红燕说："集团要组织部分员工到北京学习传统文化，你抽时间去一下。"

"'陶妈妈'，近段时间我家里事情蛮多的。"朱红燕有些犹豫地说。

朱红燕父亲前不久接受了心脏搭桥手术，她还是放心不下。

"学习传统文化，有助于你进一步认识和理解爱心和孝心，对工作和家庭都大有益处。"陶晓莺说。

"可是我手头上需要处理的工作还蛮多的呀。"朱红燕还是犹豫。

"工作固然重要，但如果通过传统文化的学习能够改变原来的一些固有思维，那样会更加有利于工作。"陶晓莺说，"你们去北京学习的所有费用由公司承担，公司也会安排好相关人员暂时接替你的工作。"

……

朱红燕告诉我们，真正开始领悟传统文化的时候，她的心就开始沉静下来了。她的心门渐渐被打开，心灯也被点亮。她慢慢明白了，帮助别人就是帮助自己，关心别人就是关心自己。在北京学习期间，"陶妈妈"还专程抽时间去看望他们，与他们交流心得体会。"人非圣贤，孰能无过。每个人都需要不断学习，都需要不断成长，每个人都是在学习中成长，在成长中学习。所谓孝顺老人，当然要以'顺'为先，要换位思考，要将心比心。对于工作，对于家庭，这颗心很重要。""陶妈妈"的话，让朱红燕感受到阳光与温暖。

在北京学习期间的一天深夜，她父亲突然感到身体不舒服。母亲本来想打电话给她，但被父亲叫住了，说这么晚了，女儿又在北京，打电话只会打扰她，让她不安心。直到第二天病情稳定，并确定并无大碍后，他们才给女儿打电话。

“挂了母亲的电话后，我顿时泪流满面，突然觉得自己以前是那么的任性、那么的自私。回想往事，我感到十分内疚与痛苦。”朱红燕说。

渐渐地，朱红燕开始发生了变化。传统文化的思想，不仅渗透到了她的工作，也渗透到了她的家庭，甚至影响了她的女儿。2020年7月12日余杭某微信公众号说，“110”接到一位小学生的报警电话，称一位老人找不到家人。这位学生正是朱红燕的女儿。看到这则消息，她眼圈泛红。“这只不过是一件举手之劳的小事，但让我看到了女儿的成长。可以说，传统文化改变了我，也改变了我的家人，包括我的女儿。现在女儿上初中了，和我的关系好了起来，我们能进行深入的交流和沟通了。”朱红燕说，“当然这也是‘陶妈妈’最愿意看到的。记得‘陶妈妈’入选2013年度风云浙商，参加完颁奖典礼后，她把颁奖时发的那条红色围巾给了我，要我带给我女儿，希望她快乐健康地成长，长大后成为一个有爱之人。”

朱红燕非常庆幸，在三替工作开启了她人生的新篇章。这些年在三替，朱红燕就像换了一个人，更加懂事理，明是非，懂得谦让，有教养，并成了孩子的榜样、父母的骄傲、更好的自己。三替让她明白了：“我是一切的根源，我是第一责任人，我要成为团队的柱子。凡事要内求，反求诸己。”如今的她已经是一名优秀的共产党员，并被杭州市妇联授予“杭州市新时代巾帼先锋”荣誉称号。

47岁的肖细华，来自湖北黄冈，是三替的一名星级保洁师。她说，以前她较为自我，脾气暴躁，甚至有时会大吼大叫。碰到问题，总是从别人身上找原因，从不认为自己有错。通过传统文化的学习，她的这种性格和心态已逐渐改变。心态变了，工作更顺了，客户有误解时，她不再争辩，而是心平气和地想办法解决问题。家庭关系更和谐了，小孩也听话了。“生活不是一帆风顺的，每个人都会有情绪，这很正常。但情绪就像水，宜疏不宜堵。学会控制情绪，不能把情绪看得过重，也不能一味地遏制情绪的产生。凡事从自己身上找原因，不挑剔别人，做更好的自己，才能遇见最好的生活。”肖细华说。

“在三替，每个员工都要学习传统文化，每天在线上分享学习心得，从中汲取向上向善的力量，点亮心灯，温暖别人。”陶晓莺说，“我希望整个公司都充满爱和温暖，只有管理人员向一线员工奉献爱，一线员工才能向千家万户奉献爱。”

在对三替集团的采访中，我们时刻感受到浓郁的学习氛围和文化气息。

陶晓莺说，他们从2017年开始启动中华传统文化学习，并向全员推广，将“诚信、爱心、满意、创新”的价值观与中国优秀传统文化相融合，用中华传统文化影响和重塑家政从业者的人生观、世界观、价值观，让每一个走进三替的员工都学习传统文化，特别是王阳明心学思想。弘扬大儒文化，传承民族经典，公司已从管理层至一线员工进行全面覆盖，努力让每一个三替人都向上向善。

“你未看此花时，此花与汝心同归于寂。你来看此花时，则此花的颜色一时明白起来，便知此花不在你的心外。”

“当极静时，觉此心中虚无物，旁通无穷，如长空云气，流行无所止极。”

“当下即去消磨，便是立命功夫。”

……

大儒王阳明的心学语录让他们陷入沉思。

“只要用一颗真诚之心、一颗正心奉道的心去为客户服务，那么三替的未来将无比光明。”陶晓莺想。

陶晓莺深知，家政行业既是朝阳产业，也是问题聚集、矛盾聚集、人员聚集的行业，是社会生活中的重大议题之一。三替是大家的三替，三替是客户的三替。只要员工把客户的事当成自己的事，就没有做不好的事。像爱自己的家人一样爱客户，会是一个多么温暖的场景。所以说，哪有服务，只有做人。就像三替的疏通师傅，不仅解决下水道的堵塞问题，还会在服务结束后告诉客户怎样做才不容易堵下水道。正因为绝大部分三替人的真诚质朴，社会各界才对三替服务高度认可。

陶晓莺逐渐明白了传统文化对三替的影响。传统文化所隐含的深入浅出的人生哲理，真可谓大道至简。帮助别人就是帮助自己，让他人获利就是最好的利己。人生最大的价值，就是成就他人、奉献社会。在建设自己的心灵品质的同时，能够成就他人建设心灵品质，就是对社会作出了实质性贡献。心灵品质提高了，就会有取之不尽的资源。要读懂伟大时代，就要把企业命运与伟大时代相连；最大的商道就是与伟大祖国同频共振；让企业长盛不衰的奥秘就是要在“心”上下功夫，企业建设心灵品质，开发心灵宝藏，就可以无瓶颈地发展。

“当我们良知清澈，智慧就会像泉水一样涓涓流淌，心生万法，一切的困难都将不再是问题，因为内心净化、志向高远，便力量无穷。”陶晓莺说。

爱是天平。

陶晓莺把爱给了事业，却把亏欠留给了家人。

陶晓莺说，20多年前的一天，深夜11点多她从公司回家，天下着蒙蒙细雨。她坐在出租车里，车上正好放着周华健的《真心英雄》：“祝福你的人生从此与众不同，把握生命里的每一分钟，全力以赴我们心中的梦，不经历风雨，怎么见彩虹，没有人能随随便便成功，把握生命里每一次感动……”听着听着，她的眼泪“唰唰”地掉了下来。在那个当下，她仿佛一下子明白了：要想成就一件事情或达成一件事情，必备条件就是“不经历风雨，怎么见彩虹，没有人能随随便便成功”。

“我把人生最美好的30年都奉献给了三替。”陶晓莺说，“我创办了三替，三替也成就了我，三替几乎成了我生命的全部，但对家人，有时我也会感到内疚。”

虽然现在儿子已经长大成人，并参加工作了，但陶晓莺依然感到有些愧疚。从儿子上幼儿园到上大学，她没陪儿子出门旅游过几次，没到外面吃过几顿饭，没看过几场电影，甚至只参加过一次家长会。那是儿子上初中时，她一个劲地向老师道歉，说因为工作太忙了，所以才第一次来参加家长会。老师却说：“你儿子虽然成绩算不上名列前茅，但懂礼貌、知礼节、能吃苦、肯奉献、勇担当，在其他方面真的是班里做得最好的，还担任了两个班委委员，人际关系也处理得不错，还爱劳动，特别是能勤俭节约。”

这与陶晓莺对儿子的教育理念有关。她让儿子从小就养成了节约的习惯，衣服和书包破了，她总是缝缝补补。现在连下岗工人的孩子都不会穿缝补过的衣服，而她儿子还在背缝补过的书包、穿缝补过的裤子……不论是小学、初中，还是高中，儿子住校的时候，她都没有给儿子买过手机，也从不开小车接他。儿子在学校需要做的事，她从不代劳，最多也只是提醒他自己做。她想让儿子明白，不论是现在，还是未来，一切只能靠自己去努力和奋斗。渐渐地，儿子长大了，也明白了妈妈的良苦用心。在读小学一年级的时候，他曾说：“妈妈，上帝对你不公平，你这么忙，事情这么多，上帝应该给你48个小时，而不是24个小时，因为你实在是太忙了，时间不够用，除了工作还是工作。”

当然，她还亏欠了自己。

三替一直都处在成长期，始终走在行业的发展前沿，始终在爬坡，所以她停不下来，更没有空去享受生活。三十年如一日，她的发型几乎没有变过，每天一起床，她就简单地扎一下头发；在买皮鞋的时候，她总是会多买几双同款的，鞋子一直穿到不能穿为止，她还总是利用在机场或高铁站等候的时间，只有在这个时候，她才能去顾及皮鞋，随手用餐巾纸擦一下鞋子就去参加会议了；包包一背就是很多年，总是要一直背到不能背为止；上班或参加活动，她总是一身西装……她不会开车，不会唱歌，不会跳舞，不会打麻将和扑克，不外出应酬，不去美容院，更没有时间看电影和电视剧。她的生活就是上班、下班，完全谈不上有什么生活的乐趣和情调。

“但我不仅没有任何失落感和遗憾，还非常享受这样充实的生活状态。”陶晓莺说，“我一直与三替同成长、共进步，与时代同呼吸、共命运，总是会在新的服务需求来临之前，把握住发展的机遇，跟着时代发展的节奏向前走。”

陶晓莺说，她非常感谢现在的自媒体时代，特别是有了微信后，她觉得生活又丰富了很多。通过微信，她可以快速了解时代资讯，甚至世界上发生的一切事情。虽然抖音出现几年了，但她是近一年才开始使用的。让她惊讶的是，抖音内容居然如此丰富，这让她的生活增添了不少乐趣，丰富了她日常忙碌的生活。

即便如此，她的生活依然是那样的单调。

“虽然我失去了很多平常女性的生活乐趣，但我也看到了别人看不到的风景。”陶晓莺说。

家政人的新学堂

2009年10月18日的杭州，秋高气爽。日光下，一辆银色的别克商务车停在三替集团金钥匙管家服务中心的办公楼下。

当后车门打开，身着粉色上衣和蓝色牛仔裤的世界体操名将桑兰出现在众人眼前。人们不会想到的是，她这趟是专门为了感谢三替集团给她找了一个满意的新保姆而来的。

这年的9月5日，桑兰在网上发表了一篇名为《什么是家政服务》的博文后，引发了著名的“保姆门”事件。桑兰，因一场事故永远坐上了轮椅。在这篇博文中，桑兰说自己聘请的保姆没有一个能够让她舒心，所以她被迫经常换保姆。而保姆的离去又让她陷入困境，她只能在朋友的帮助下生活。

郑菊春就是在“保姆门”事件发生后，经三替集团的推荐而进入桑兰的生活的。

当时，陶晓莺从《都市快报》上了解到桑兰的情况后，向《都市快报》表达了想法，说如果桑兰愿意，可以到三替来找保姆。

此时只有四年保姆从业经验的郑菊春只是三替下属公司金钥匙管家服务中心的管家助理。出人意料的是，就是这么一位管家助理，最终走进了桑兰的内心深处，成了令她满意的好保姆。

经纪人打开后备厢，拿出轮椅。身穿宝蓝色工作套装、系蓝黄色条纹丝巾的郑菊春弯下腰，娴熟地抱起了桑兰。

“郑姐，慢慢来。”桑兰的声音轻柔，说着话，她已经用双手搂住了郑菊春的脖子。

郑菊春将桑兰抱到轮椅上，为她系好安全带，两人相视一笑。郑菊春又蹲下身，将桑兰的裤腿理整齐。一切收拾妥帖，郑菊春才推着桑兰进入大楼。

一时间，桑兰在三替找到心仪保姆的故事成为美谈。而在这美谈背后，我们不得不提及一个学校，这个学校正是郑菊春接受培训的三替职业技能培训学校。如果不是经过了专业的技能培训，初来乍到的郑菊春恐怕很难做到让桑兰满意。

20世纪90年代末，随着改革开放的不断深入，下岗失业一度成为社会关注的热点问题。当时的三替，作为一家与社会密切接轨的家政公司，直面众多的下岗失业人员。为了给这些失业人员提供再就业的机会，2002年，在陶晓莺的主持下，三替职业技能培训学校成立了。为什么要成立这样一个家政专业培训学校？深谙家政服务之道的陶晓莺明白，失业人员之所以失业，主要原因是他们没有一技之长，要让这部分人重拾生活的自信，最主要的就是帮助他们掌握谋生的本领。于是，在此背景下成立的三替职业技能培训学校非常接地气地开设了家政服务、母婴护理、育婴、养老护理、病患护理等专业，并荣获首届全国家庭服务职业风采大赛团体优秀奖，是当时浙江省唯一一所能同时容纳数百人进行住宿制家政培训的学校。

三替职业技能培训学校的出现，对于广大民众而言就像是雨过天晴之后天空中挂着的一轮斑斓彩虹，给下岗人员灰暗的世界添上了一抹亮丽的色彩。

走进三替职业技能培训学校，肉眼可见的中西餐及面点实操室、母婴护理室、中医理疗室、专业洗涤熨烫室、养老护理室、模拟家庭套房、育婴早教室、游戏室等各类专业实操室让学校洋溢着专业气息。

熨烫衣服、插花、烧菜、做饭……每一期的培训班仅学习材料就要花费6000多元，可三替集团考虑到学员的情况，通常都不向学员收取一分钱学费，对下岗失业、失地人员更是提供免费培训和免费推荐再就业的“双免服务”。

郑菊春就是在这样的大背景下走进三替，并参加专业技能培训的。她是杭州千岛湖镇人，40多岁，初中学历。来到三替之前，她做过几年保姆，但没有进行过系统专业的培训。来到三替职业技能培训学校之后，通过岗前培训、“回炉”培训、带教培训等轮番培训，她学会了一套过硬的技能。

与其他的培训不同的是，三替职业技能培训学校不仅教授技能，还重视“道”“德”文化的熏陶。净化心灵，改变命运，哪有服务，只有做人。这是郑菊春在三替所接受的教育，这种“仁爱”的教育为她打开了一扇博大而宽广的窗户。

带着“替您排忧，替您解难，替您受累”的三替服务精神，郑菊春走进了桑兰的世界，与她一样的三替人则走进了千家万户。桃李不言，下自成蹊。当他们潜心、诚心、热心为客户竭诚服务时，他们也水到渠成地获得了客户的尊重和信任。

自成立以来，三替职业技能培训学校每年培养的“郑菊春”达5000名以上，她们大部分来自农村，没有接受过高等教育，没有一技之长，对城市更是没有足够的认知。通过在培训学校的学习，她们被打造成专业的家政服务人员，走向了稳定的工作岗位，无论在技能上还是在心理上都发生了翻天覆地的变化。这些妇女的变化终究推动的是社会的变化，是时代的进步。当她们重塑信心，找到人生的希望和方向，我们看到的是一个个家庭更加和睦，是整个社会更加和谐。迄今为止，三替为社会输送各类家政服务人才超10万人。在实践中，三替还逐步探索出一条集招生招工、培训培养、就业创业于一体的家政人才生产线。

当越来越多的家政服务一线人才从三替职业技能培训学校自信满满地毕业，我们知道，这所学校的意义或许不在于它为客户提供了多少服务，不在于它为社会创造了多少财富，而在于它培养了一批批自信、勤劳的家政服务员，并成功地使他们有了归属感，使他们把家政服务当成职业，并通过学习传统文化，使他们发自内心地把爱带给千家万户，点亮万家灯火，温暖亿万家庭。

时间来到2016年9月25日，伴着淡淡的桂花清香，坐落于老和山脚下的唯一一所由中国家政企业创办的家政学院出现了一群年轻的身影。他们，是三替家政学院2014届的学生。事实上，此时的三替家政学院准确的称呼应是杭州师范大学三替家政学院。

2013年，三替家政学院在杭州西子湖畔成立。与三替职业技能培训学校不同的是，三替家政学院针对的是青年学子，其目标是培养家政行业的经营人才、管理人才和家庭服务高端人才。这样一所横空出世的家政专属学院很快享誉社会，被誉为家政行业的“黄埔军校”。当然，它也开创了家政行业中校企联合办学的先河。

“给老人洗脸、刷牙、擦浴、洗脚等，都必须动作轻柔……”老师站在讲台上，一边说，一边拿着模型比画。

见到从未正式接触过的实训器材，同学们异常兴奋。认真听完老师讲课，大家就分散到各自的小组进行实操。有的同学在床铺上拿着模型做练习，有的同学则早已把床上的模型老人搬到一个角落里，拉着自己组内的同学当模特……

这样的老年护理实训课，是三替家政学院中再普通不过的一课。

“就像学医有临床学科，在这个学校，学生不但可以接受理论知识，还可以学到操作技能并有机会实践。”陶晓莺说，“在这所学校中，三替倾囊相授20多年的创业智慧和服务经验，毫无保留。”

刘伟文记得很清楚，三替家政学院成立之初，院训就是“博爱、诚信、卓越”。在此思想的指导下，三替家政学院以中华传统文化为基础，秉持理论与实践相结合的办学新理念，依托台湾相关大学合作办学新优势，设计了全新的家政人才培养培训体系。

刘伟文，台湾人，浙江省政协委员、省台联副会长、杭州师范大学三替家政学院执行院长，三替家政学院创始团队成员之一。在学院开学之初，陶晓莺就与院领导班子进行交流，专门交代：第一要教会做人，第二要教会做事，第三才是文凭，每天早上要学习一个小时的《论语》……在她的带领下，三替家政学院与台湾明新科技大学、台南应用科技大学、台湾佛光大学等学校进行了众多的两岸合作交流，同时还积极选派学生参加国际间的夏令营学习交流。

新在哪里？事实上，三替家政学院的创办宣示了“家政”将再也不是“保姆”的代名词，而是“生活应用科学”的集合。走进三替家政学院的课堂，我们便能很快理解这种“科学”。

“子贡问曰：‘有一言而可以终身行之者乎？’子曰：‘其恕乎！己所不欲，勿施于人。’”

在早晨的三替家政学院，总能听到学生们朗诵《论语》的声音。从2014年9月开始，三替家政学院从开学第一天起就规定每位学生都要花一个小时的时间进行晨读，学习国学文化，首先早读学习的是《论语》。除了《论语》，在不久后的日子里，太极拳、佛家幸福人生课程、道家、中医等中华传统文化都纷纷进入课堂。这是三替的一贯要求：要学做事，先学做人。三替家政学院希望通过学习中国传统文化，培养学生的博爱品德。另外，让学生们享受与职工一样的福利待遇，使他们感受到来自社会的温暖。

“学生的成长包含了生活习惯的养成、行为方式的纠正，更有道德品质的提升、才艺的挖掘和展示。通过通识课和基础课程的系统学习，我们希望孩子们能逐步成长为关爱同学、感恩他人、有礼貌、有社会责任感的青年学子。”三替集团办公室副主任何迪汝跟我们说。

内外兼修，知行合一，方成大美。修炼好了内在的品质就好比一座房屋有了牢固的结构，那么，如何让房子具备独特的个性，在无数的房子中独树一帜、大放异彩呢？这时候，我们还需要做的事就是去填充这所房子的血与肉。

三替家政学院所希望的是培养高端家政管理人才，即“未来”家政的引领者，修身正己和精技实干缺一不可。专业技能的修炼就好比填充一所房子的血与肉。当撒切尔夫人的前管家、英国管家学院院长、皇室礼仪大师盖瑞·威廉姆斯千里迢迢地来到中国，为学生们做英国管家课程培训；当菲律宾某知名大学的教授在三替家政学院开设菲佣专业体系课程；当在台湾享有“家政女皇”之称的张耿榕为学生们进行为期半个月的家政服务系统化课程培训……我们知道，这所学校正在尝试引入国际一流的家政知识，为学生们架设一条与国际接轨的快车道。

学问之道在于学以致用、用以促学、学用相长。“招生即招工，招工即招生”，是三替家政学院办学的最大特点。在课堂上，三替家政学院注重案例分析、模拟实操、课外实地操练等多个环节，以实现学员能力和态度双提升。班会、运动会等丰富多彩的活动则着眼于学生们德、艺、体、美、劳的全面发展。

在三替工作多年的何迪汝亲眼看见了这种培养模式的“卓有

成效”，从2015年开始，一批批毕业的青年学子陆续走上家政管理岗位，并在各自岗位上干出了突出成绩，这是三替所喜闻乐见的，也是社会所期待的。

“希望毕业生能以奉献社会的担当与爱心、坚守正道的诚心、止于至善的匠心，秉承‘诚信、博爱、卓越’的校训精神，敬业报国，面向未来之路，通过自己的努力成就人生的精彩。”每一期的毕业典礼上，陶晓莺都会寄语莘莘学子。这是她对每一位毕业生的期待，亦是她对家政行业未来的期待。

2017年，三替集团又成立了商学院。与家政学院不同的是，商学院更多的是针对家政行业成熟高端人才的培养，是资深家政人员“回炉”锻造、提升自我的“MBA型”学校。现在，三替商学院致力于培养家政行业的明日翘楚。

2022年，为深化国家发改委提出的产教融合以及国家教委倡导的校企合作，浙大城市学院与三替集团签订战略合作协议。根据协议，双方将在人才培养、产学研合作等方面开展务实合作。通过共建校内外实训实践基地、家庭护理（拟）特色班，共同培养高端管理服务型人才，实现协同育人；深化产学研合作，谋划共建三替家庭（文化）研究院，联合开展智慧康养、社区服务与管理等领域课题研究；通过共建智慧生活研究智库，融合校企的高智资源填充中国在智慧生活研究智库平台的空白，共建服务行业发展标准。未来，双方将共同打造培养以适应社会需求为目的的优秀技能型人才，全力促进高校毕业生更加充分更高质量就业。

自2002年成立三替职业技能培训学校，三替相继成立了金钥匙管家培训学校、三替家政学院、浙江三替智慧家政研究院、三替家政商学院等培训、教育机构。作为家政服务行业的领军企业，三替面向社会开展专业培训和管理输出，为家政行业的发展培养人才、积蓄力量，为整个行业的发展作出了不可磨灭的贡献。

多年来，成千上万的家政服务人才、学生在三替的这些家政人员专属学堂收获了春的希望、夏的蓬勃、秋的丰硕、冬的纯洁。我们看到，这些丰富的色彩已然凝聚成了一种力量，绽放成家政行业的明日芳华。

品牌、标准、培训基地、管理信息系统、连锁经营网络、智慧家政平台建设、高端家政经营管理人才培养……这一系列的布局，构成了完备的三替家庭服务体系。这一体系必将带领三替走向全国、走向世界、走向未来。

师者，传道授业

师者，传道授业解惑也。如果说学校是知识的殿堂，那么老师就是这片知识海域的领航者。在三替职业技能培训学校、三替家政学院、三替商学院等家政学校里，专业的老师如闪亮星辰，为学员指引方向。

走上母婴培训三尺讲台之前，徐雪玲是三替的VIP月嫂，她所服务的常常是“难带的宝宝”和“‘问题’宝妈”。

有个出生时体重仅1.8斤的早产儿令徐雪玲印象深刻。她接到这个重任时，宝宝已经在医院重症监护室住了6个月，出院时体重仅6斤。

“当时宝宝非常虚弱，持续吸氧，吃奶的力气很小很小，每天还要吃很多药。出院的时候，医生交代一定不能让宝宝呛奶。虽然新生儿吐奶是很常见的事，但对于这个宝宝来说却十分危险。因此，我跟宝妈24小时轮流照顾，给孩子喂奶时尤其小心，一顿奶喂下来总要半个小时。”徐雪玲说起当时的“小心翼翼”仍是频频咋舌。

“孩子这是怎么啦？你们快来啊……”那一日，徐雪玲才刚扒了几口饭，房间里的孩子奶奶就撕心裂肺地叫喊起来。

丢了碗筷，徐雪玲往房间跑去。只见可怜的孩子脸色、嘴唇已经发紫。

“奶奶，刚刚是怎么回事？”徐雪玲边抱起孩子，边向奶奶询问情况。

奶奶已经吓得瘫坐在地上，话都说不利索了：“我，我只给他喂了一点点水。”

徐雪玲意识到事态的严重性。她迅速地搜罗着自己脑袋里储备的急救知识。这种时候，怕是只有试试“海姆立克急救法”了。

着急是没用的，必须得镇定。很难想象，这位1988年出生的年轻月嫂在面对危急情况时真能做到镇定自若、冷静思考，可她的确做到了。这可能得益于徐雪玲的“科班出身”，她在学校学的就是护理专业。来自湖北襄阳的她，自小干练爽朗，秀气中透着几分飒爽英姿。加上她自己已是孩子的母亲，因而她的育儿经验也较为丰富。当然，最重要的一个原因，用她自己的话来讲，就是加入了三替，并参加了三替集团成熟、完备的月嫂培训。在培训课上，除了学习月嫂理论课程，包括母婴专业理论、婴儿照护专业技能等以外，三替集团还会组织她们到医院去学习实操，再“回炉”巩固。直到专业技术过硬，达到公司标准，确保能为客户提供满意的服务后，月嫂们才会正式上岗。徐雪玲年轻，学习能力也强。在培训课上，她认真学习揣摩，尤其注重掌握母乳喂养、新生儿急救等知识。她要求自己不仅要在理论知识上有所提高，更要领会到实际操作的规范性和科学性。培训结束后，她也没闲着，时常通过网课自学、向老师和同事求教等方法不断充实知识库，消灭知识盲区。徐雪玲说，育婴无小事，无论如何细致都不为过，平时多学一点，服务客户的时候自己就能少走弯路，可以用专业知识为孩子带去更多贴心的照护。

人们普遍都经历过“书到用时方恨少”的遗憾，这一次，徐雪玲非常庆幸自己在培训课上将急救知识印在了脑海里，用起来才能得心应手。由此，她也越发认识到了培训的重要性。或许，正是这次经历为她后来转行做月嫂培训老师埋下了火种。

几秒钟之后，孩子缓过来了。已经哭成泪人的妈妈，看到自己的孩子终于缓过气来了，激动地紧紧拉着徐雪玲的手说着感谢的话。

那一刻，徐雪玲感到从未有过的开心和感动。她知道，孩子是家人的心头肉，尤其是对这个特殊的宝妈而言，这个孩子显得格外重要，因为她以后再也没有生育机会了。那一刻，她更深刻地认识到月嫂这份工作的价值和意义。

那一个月，徐雪玲和宝妈仔细呵护早产宝宝，一个月护理下来，宝宝长了一斤半，而她自己却瘦了8斤。

还有一次是2019年，徐雪玲在富阳照顾一个月子宝宝。

当时，宝宝呼吸急促，哭闹时嘴唇和鼻翼发青。徐雪玲第一时间向家人反馈了宝宝的情况，宝妈知道后带宝宝去富阳当地医院检查，医院得出的结论是孩子没有异常。但回家以后，孩子还是一哭闹就脸色发青，身体颤抖，上气不接下气。这时候，徐雪玲的担忧情绪更浓了。她带过几十个月子宝宝，遇到过这样、那样的问题，但是这个宝宝和以前的都不同，她还是担心宝宝有身体疾病，如果稀里糊涂地做下去，一旦发生什么特殊情况，将会给这个家庭带来无可挽回的后果，也会给公司带来巨大的风险。因此，她跟家属强烈建议带宝宝到更大的医院去检查，不然就只能解约。

在徐雪玲的强烈建议下，这家人带着宝宝去了省儿童保健院检查。检查判定孩子有先天性心脏病——心脏瓣膜缺损。这下，徐雪玲悬在半空的心终于放了下来。

回想自己做月嫂的工作经历，徐雪玲不无感慨地说："要做好月嫂，我觉得需要融合四种职业的知识，成为一个多面手，即有医生的健康常识、老师的早教理念、大厨的手艺和心理专家的善解人意。"

徐雪玲也正是用这样的高标准要求自己。虽然自己来自中原地区，但是为了能够满足全国各地不同客户的口味，适应他们的生活习惯，徐雪玲努力学习各地美食的制作。她比较拿手的有南方的小炒、点心和北方的饺子。在工作中，只要妈妈们提出需求，她都会全力以赴地做出既美味又营养的月子餐，帮助妈妈们增强食欲，恢复身体。平时，她还经常给妈妈们做一些产后修复按摩，缓解她们睡眠不足导致的头痛和抱娃引起的肩颈酸痛，同时还能缓解宝妈们初为人母的紧张和焦虑。

徐雪玲最拿手的一项技能是乳腺疏通。"我服务的妈妈中有

90%是纯母乳喂养的，我鼓励她们用母乳喂养宝宝到两岁。我认为，母乳是新生儿最好的食物，用母乳喂养的婴儿发育更为健康，包括增强免疫力、提升智力等，它对孩子健康带来的益处可以延续到成人期。母乳喂养还能降低母亲患卵巢癌和乳腺癌的危险，给妈妈们带来健康和福祉。”这或许也是她学习乳腺疏通专业技能的初衷。

“集团领导陶董一直教导我们：‘哪有服务，只有做人。’这句话时刻警醒着我。”徐雪玲凭借着她的真诚和专业，获得了“金牌月嫂”的称号。她照顾过30多个月子宝宝，在那一个个美丽动人的母婴护理故事里，她推开的不只是一扇扇“家门”，更走进了一扇扇“心门”。

优秀的月嫂徐雪玲，很快迎来了自己职业生涯的大转机。

说到转向培训行业，徐雪玲用“幸运”二字来概括：“幸运的是我选择了月嫂这个前景光明的行业，幸运的是我所在的公司实力雄厚、蒸蒸日上，幸运的是我遇到了职业生涯的贵人。”

徐雪玲的“贵人”是谁？事情要从更早前说起。

“小徐啊，眼下有个机会，不知道你想不想试一试？”一日，林经理把徐雪玲喊到办公室，跟她谈心。林经理是她所在部门的领导，也是徐雪玲的引路人之一。

“经理，什么事啊？是有什么棘手的单子要我去做吗？”徐雪玲问。

“嘿，不是呢。你也看到了，近年来，我们三替母婴公司发展得越来越好，市场越来越大，随之而来的业务也越来越多，月嫂队伍日益庞大。我知道你是个很优秀的月嫂，可公司需要的不只是一个优秀的月嫂，而是很多优秀的月嫂。所以，你愿不愿意把自己的经验和技能教授给其他的月嫂呢？”林经理问道。

“教授月嫂？”徐雪玲还是一知半解，不过，她知道这事跟平常任何一个任务都不一样。

“对，做月嫂培训师。我们公司因业务发展需要，正在扩招培训老师。”林经理直入主题。

“不不。”徐雪玲这次听明白了，“不”字几乎脱口而出，“经理，我咋能做培训师呢？我能力不够啊。”

“你能的。不试试怎么知道？这可是一个难得的机会啊。你好好想想，要不要给自己一次挑战自我的机会？”林经理微笑着拍了拍徐雪玲的肩膀。

从经理办公室出来，徐雪玲的心绪渐渐恢复了平静。虽然她有些忐忑和担心，但她感觉有一股神秘的力量在把自己往“培训师”的方向推。是的，她想试一试。做了这么多年的月嫂，她积累了不少经验，她也很想把自己所学、所得的知识在总结、整理、归纳后输出。她觉得学习有输入和输出，能够输出的东西才真正是自己内化的东西。而且，她做月嫂已经得心应手了，为什么不勇敢地从月嫂的舒适圈跳出来，转入陌生、充满挑战却又让人心神向往、感到兴奋的培训师工作中呢？很多思绪在她脑子里翻腾，前路却似乎在这喷涌的思绪里渐渐清晰。

“经理，我想试试！”终于，徐雪玲勇敢地走到经理面前，应下了这次挑战。

万事开头难，突破自己的第一步走得举步维艰。

走上培训师的讲台，一向爽朗大方的徐雪玲感觉自己仿佛被一种奇特的魔力束缚住了手脚。当她将眼神投射到台下时，那一双双注视她的眼睛仿佛异常犀利，将她的脸顷刻间“刺”得通红。

“徐雪玲，你不要紧张，你要大胆一点、勇敢一点，工作最怕‘认真’二字。公司领导信任你，才把这个重要的任务交给你，你怎么能因为忧心忡忡而浪费时间……”一番自我鼓励和自我解压之后，徐雪玲调整好了心态，决心用积极的工作状态和优异的工作成绩来回馈公司和领导的厚爱。清了清嗓子，她开始了第一堂月嫂培训课堂。

这堂课，她是经过了充分准备的。在上课之前，她就将课上要讲的内容理得清清楚楚，甚至连学员们可能会提出的问题，她都进行了一番准备。不仅如此，她还不断练习月嫂的实操工作，虽然所有的动作她早已了然于心，但她还是一遍又一遍地练习，以求课上不慌、不乱。

真诚往往是最能打动人的。徐雪玲在将自己的亲身经历结合专业知识和盘托出之后，赢得了台下学员们的热烈掌声。那是一种“讲到心坎里”的共鸣的掌声。

下了课，学员们围着徐雪玲问这问那。徐雪玲也非常乐意为大家解答，她正好想趁着课余时间询问大家上课是否听得懂、是否有收获以及效果如何，以期提高自己的上课质量。

慢慢地，徐雪玲不仅能昂起头、自信地站在讲台上给四五十人讲课，而且能做到一口气讲完一整节课而不出一点错，还能随杭州市商务局扶贫代表团去黔东南地区给当地的家政老师讲课，并且去湖北恩施对接机构进行母婴专业知识讲解……她的经历正应了三替集团企业文化中一直倡导的那句话：“把简单的事做到极致，就变成了绝招。”

徐雪玲记得董事长陶晓莺经常强调的：高层要服务好中层，中层要服务好基层，基层要服务好一线。受这句话的启迪，她将月嫂当成自己的服务对象。每天向月嫂姐妹们传授前沿和新颖的理念，带领她们反复练习和雕琢月嫂工作中所需的每一项基础技能。从了解服务内容、服务模式到培训体系建设、课程内容优化、考核进阶模式更改及人员星级评定，她努力从多维度修正并改进母婴公司的品控管理。她希望能够凭借自己的培训工作确保公司的服务人员在上户过程中将所学、所感展现得淋漓尽致，把三替的暖心服务带给每一位客户，成为客户值得托付与信赖的人。

培训不能躲在“书斋”，而应贴近生活。当公司安排徐雪玲去三替母婴公司提供服务的杭州市妇保查房时，客户回访是她喜欢做的事，因为她想亲耳听到、亲眼看到客户的难点、痛点、堵点。当这些难点、痛点、堵点再一次走进她的课堂时，已然穿上了“解决方案”的外衣。

匠人追求“专、精、深”，徐雪玲也是，这也是三替集团对员工的一贯要求。

在月嫂和培训师岗位上做到极致之后，徐雪玲被推上了家政行业的竞技平台，并斩获荣誉无数，如“浙江金蓝领”荣誉称号及第二届浙江省家政教学技能大赛三等奖等。

2020年，徐雪玲代表三替集团参加了杭州市“926工匠日杯”育婴员职业技能竞赛，获得第一名。在浙江省家庭服务业协会举办的家庭服务大赛中，她获得母婴组第二名。“杭州市技术能手”“浙江金蓝领”等荣誉裹身，更是让这个“80末”的优秀女孩焕发光彩。

“荣誉不属于我一个人，而属于我们团队的每一个人，属于三替公司！”徐雪玲说。

她说这话不是没有原因的，她永远记得2021年在参加省妇联组织的培训师大赛前夕发生的一件事情。因为此次是代表杭州市去参加省里的大赛，三替母婴公司林碧波总经理考虑请陶董来把把关。

晚上6点多，徐雪玲忐忑地拿着课件，想请董事长陶晓莺指正一下。

“很不错，小徐。”陶晓莺在审核完徐雪玲的形象塑造、课件内容、语言表达等方方面面的内容之后，给出了肯定，同时也中肯地提出了问题，“只是有些地方还需要做些修改，我们一起来完善它。”

陶晓莺第一时间找来了徐雪玲的团队伙伴，对课程内容做了通篇梳理，并亲自指导修改PPT，全部修改完毕已经是深夜了。

时过境迁，徐雪玲每每想起这件事，都会涌起满满的感动。

事实上，三替集团给予她的还不止这些。徐雪玲告诉我，三替的企业文化——诚信、爱心、满意、创新，是她的工作宗旨。诚信是三替的灵魂，爱心铸就品牌，满意赢得客户，创新赢得未来。

随着国家推出三胎政策，月嫂市场迎来了更明朗的发展前景。徐雪玲发现，现代父母对于孕妇、婴儿健康的要求已经开始从简单的物质需求、传统的生理保护转变成更注意心理的调适、心灵的沟通以及科学文化的熏陶。因此，她觉得未来的月嫂应该更加注重自身的综合素养，因为随着三胎时代的到来，客户会更加注重月嫂的专业度。在时代潮流面前，她这个月嫂培训师必须成为开路先锋，干在实处、走在前列、勇立潮头。

在三替，徐雪玲不仅学到了专业知识、服务理念、管理体系，更“遇见”了传统文化，懂得了赢在执行、贵在沟通。她总是教导学员要不断地努力，用自己的智慧和汗水去服务好每个客户，众人拾柴火焰高，把爱洒满人间，温暖千家万户，让三替成为一家受人尊敬的企业。

“我的格言是‘我的人生不设限’。以前我是一名月嫂，直接服务于客户，奋斗在第一线，客户的满意就是我最大的成就。现在我是一名月嫂培训师，走到幕后，挑战自己，为月嫂姐妹们服务，大家的进步就是我最大的成就。在三替工作的过程中，三替的企业文化让我变得自信、努力、精进、永不服输。只有想不到，没有做不到，只要想得到，一定做得到，办法总比困难多。世上无难事，只怕有心人。我想，人生就是不能给自己设置限制和障碍，未来我一定会尽自己所能，开拓更多领域，获得更多成果。”徐雪玲是一个信心满满的人，而她同时也觉得自己只是一个“在平凡岗位上工作的普通人”。可正是一个个这样的普通人，共同铸就了一个行业的精彩。

眼里有光，心中有爱，目光所及皆是美好；脚下有路，行囊有梦，踏足之处均是坦途。未来，取决于每一个“极致”的当下。

“您好，三替工号508很高兴为您服务！”工作一段时间之后，这句话几乎成了朱红燕的口头禅。

与徐雪玲一样，朱红燕也是三替集团的一名培训师。她永远记得2009年的11月8日，这一天，她第一次走进三替集团。

这天天气晴好，料理完一家老小的早餐，又匆匆收拾好碗筷瓢盆后，朱红燕解下围裙。她望着那条天天穿的围裙，一种腻烦感油然而生。她又看了看镜子里的自己，脸色苍白又暗沉。才20多岁的年纪，她怎么就活成了这副模样？这些年，为了照顾孩子，她彻彻底底地变成了一个家庭主妇，每天围着锅炉、灶台转，日子仿佛没了颜色。“不行，不能再这么下去了！”她决定换一种人生。

前几日，朱红燕在网络上看到家门口的三替集团在招聘接线员。这一天，她鼓起勇气，准备去试试。

走进三替集团，一排排整齐的绿色搬家车抓住了她的眼球。“好专业，好亮丽啊！”朱红燕在心里默默感慨。那份亮丽其实也正是她眼下迫切追寻的颜色。

面试结束出来，朱红燕忐忑地低头往外走，迎面碰到了一位女士。朱红燕抬头看，很快被对方的气质震住了：自信的笑容，得体的穿着，抖擞的精神，浑身散发着新时代女性的魅力。她深深地被眼前的人吸引住了，说实话，她做梦都想成为这样的人。此时，她还不知道自己遇到的正是这家公司的董事长陶晓莺。

几天后，朱红燕就收到了三替集团的入职通知。她，一个家庭主妇，正式离开灶台，进入三替，成了一名接线员。

电话接线工作看似简单，要做好却不容易。

要做一名优秀的接线员，第一时间记录清楚客户的地址并准确作出反应，几乎是必备素质。为了让自己尽快熟悉杭州大街小巷的地名，朱红燕把公司为员工配备的地图都翻烂了。

除了“您好，三替工号×××很高兴为您服务”，朱红燕还不断地研究其他电话接线话术，把爱和温暖融入自己甜美的声音中。

当然，在电话接线中，朱红燕也犯过错。有一次，一位客户催修管道。朱红燕习惯使用五笔输入法打字，操作时没有发现自己将拼音输入法切换成了五笔输入法，又因为打字打得太快，将“催”打成了“取消”，弄出了一个大乌龙。

一个小时过去了，客户又打电话来了，问怎么还没人去修理。而此时已经是晚上9点多，师傅们已经下班了。朱红燕一检查单子，发现是自己犯了一个大错误，当下急得不行。她急忙打电话给疏通师傅汪全德，与他讲清楚事情的原委，讲述了客户的急切和自己的过失。汪师傅听了情况，二话没说，安慰道：“小朱，你不要急，我去给客户服务。”

就这样，在汪师傅的包容、体谅下，终于化险为夷，可这件事给朱红燕上了终生铭记的一课。事情发生后，三替集团针对电话接线工作形成了两条新规则：一是所有取消的单子必须填写原因；二是调度需要核实取消原因。因此，这类事情就再也没有发生过。

在营业厅工作的七年里，朱红燕一步一个脚印地成长。她从接线员成长为接线组长、调度员、营业厅主管，后又成长为营业厅经理，逐渐掌握了电话接线、订飞机票、购买火车票、预约医院看病等业务技能，成为一名优秀的家政服务人员。

正是电话接线的这几年，让朱红燕打开了一片新的职业天地。

“是三替公司吗？请帮我找一位阿姨。”客户打来电话。

“您需要怎样的阿姨？”朱红燕问。

“会做面食的，最好会烧海鲜，烧饭要好吃一些，卫生保洁也要做好……”客户说。

挂了电话，朱红燕陷入了沉思。她经常会遇到客户需要找一个能干的阿姨，但顺利匹配相对较难。慢慢地，朱红燕萌生了一个想法，她想帮每一位有需求的客户找到心仪的阿姨，若是真能办到，那可是一件非常有意义的事。

不，准确地说，这样的阿姨不是去“找”，而是去培养。

2018年，三替商学院发布了一则招聘培训老师的公告，这个岗位的职责正是培训高素质的保姆阿姨。看到这个招聘信息时，朱红燕无比开心，这不正是她梦寐以求的职业吗？

通过一系列的考核、面试，朱红燕应聘上了保姆培训的岗位。她进入商学院那天，天气晴朗，阳光明媚，跟她第一次来到三替那天一样，都让她有一种“美梦成真”的眩晕感。

要培训保姆，自己得先“有两把刷子”。电话接线多年，朱红燕非常清楚客户想要什么样的保姆，会做美食几乎是所有人对保姆的需求。朱红燕是南方人，不会做北方的面点，就算是家乡的美食，她也只会做几个小菜。自从有了当培训老师的念头之后，她就开始琢磨美食。因为她发现阿姨们普遍不会做精致的食品，只有自己学会了更多的本领和技能，她才有可能去教好阿姨们。

常常凌晨1点多了，朱红燕还在学习做美食。看网络视频，关注美食类微信公众号，买美食类书籍……能尝试的途径她都试了。做着做着，她发现这是一件很有趣的事，渐渐地就爱上了做美食，特别是做面点。

第一次做面点，朱红燕很忐忑。她将面点放在蒸锅里蒸，部门同事们都伸长了脖子看。“会不会不好吃也不好看？”朱红燕心里七上八下。十几分钟后，热腾腾的面点出炉，一阵香气扑鼻。

看到她的创新作品，同事们觉得“还挺好看呢”。有同事边说着，边伸手拿去品尝。“哇，味道也不错哦。”

得到了同事们的肯定，朱红燕信心更足了。“现在回过头来想想，那时候做的面点还真是蛮丑的，不过后来慢慢就做得越来越好看，也越来越精致了。”朱红燕说。事实证明，只要认真去做，事情总能做好。后来，朱红燕还考取了国家高级中式面点师职业资格证书。

她所有的学习都是为了服务和培养好每一位保姆阿姨。在培训课上，朱红燕毫无保留地将自己的美食制作技能教给阿姨们。办法说了千千万，不如亲手做一次。实操，是烹饪课的常规方式。手把手教学之后，来上课的阿姨们一一学会了制作美食。这项技能成了三替的“暖馨阿姨”们必不可少的加分项。

2020年初，受新冠肺炎疫情影响，服务行业的工作人员几乎都只能待在家里，特别是来自湖北的阿姨们，因当时武汉成了疫情重灾区，她们无法回杭州工作，难免焦虑彷徨。隔着屏幕，朱红燕都能感觉到她们的焦虑。

“我能做些什么来减轻阿姨们的焦虑呢？”朱红燕在心里琢磨。突然，她眼前一亮，说：“有了！”

朱红燕在家里摆开阵势，开始线上直播教学，让阿姨们在学习中疏解当下的压力，也让她们在学习中提升技能。这就是朱红燕想到的办法。

那该怎么直播？没有半点直播经验的朱红燕脑中一片空白。和之前学做美食一样，她决定从零开始学习。了解系统，下载软件，制定流程，提前准备拍摄场景、道具，反复测试……一遍又一遍尝试之后，朱红燕开始了人生第一场网络直播。

这办法还真奏效，阿姨们普遍燃起了浓厚的兴趣。直播间里，有阿姨留言说朱老师的直播给了她们很大的鼓励和支持，让她们在疫情期间感受到了温暖；还有阿姨在直播间送花花、送礼物……这些都坚定了朱红燕把保姆培训做深做专的决心。

在家待业的两个月里，朱红燕几乎每天都在直播和线上答疑，积累了一批“粉丝”用户。疫情一解封，朱红燕线上所教的一些美食，随着阿姨们回归工作岗位，出现在各个家庭，成为万家灯火中一抹别致的点缀。

从最基础的接线员到三替商学院的培训讲师和杭州市家协金牌培训讲师，朱红燕凭借“认真”二字破茧成蝶。她是职业化的家政人，还成了杭州市职工经济技术创新能手。

多年后的今天，朱红燕仍会时常想起自己第一次来公司见到陶晓莺，并将她当作自己成长目标时的情形。后来，她又多次见到董事长陶晓莺，并且和公司很多年轻员工一样，在心里亲切地称呼她为“陶妈妈”。陶晓莺就像一盏灯，这么多年来一直指引着朱红燕努力向前，努力成长，努力成为自己想成为的模样。现在，她也想成为这样一盏灯，帮助更多的保姆阿姨们自信、乐观地走上职业化之路。

培训之外，朱红燕跟保姆阿姨们更像朋友。面对形形色色的客户，阿姨们的委屈和困难亦是各式各样。无可奈何时，阿姨们会向培训老师寻求帮助。

一次，朱红燕陪着一位阿姨去上户。因为疫情，保安不让她们进小区，阿姨很着急。保安伸手拦，阿姨便没好气地与保安“杠”上了。

“保安大哥，对不起啊，我们去办一件事情，马上就出来……”朱红燕忙走上前，拦住了阿姨，又向保安连连道歉和解释。伸手不打笑脸人，见来人语气平和、笑脸盈盈，保安刚刚还顶在喉咙口的雷霆气，这会儿便已经消了一大半。好说歹说、软磨硬泡之后，朱红燕终于带着保姆进了小区。

返回的路上，朱红燕跟阿姨分析情况，问她是不是有点急躁了。这时，阿姨的情绪已经稳定下来了，她很不好意思，而且感触很深，说：“你说的话，我站在那边都听到了，是我自己不对，如果当时你不在，我估计就要跟保安打起来了。”最后，阿姨说自己以后要提高职业素养，向比自己年轻的朱红燕学习。

在服务工作中，好心性有时就是一种润滑剂，总能让事情化繁为简。朱红燕的好心性得益于三替集团传统文化的熏陶。培训时，她常常会将中华传统文化带入课堂，与阿姨们分享，而这种渗透已被证明是卓有成效的。

“我们有个阿姨因为工作难度比较大，一度想放弃，我就用学到的传统文化跟她交流，告诉她：‘阿姨，你的儿子如此优秀，是因为你帮助了很多人，所以得到了这么好的福报。如果继续帮助他人，你的家人会越来越好的。’就是通过这样不断的重复、一次次的交流，阿姨至今都没有放弃，还做得非常好。”朱红燕说。

还有一个案例，至今被朱红燕津津乐道。有一位客户想找一位阿姨照顾家里的三位老人，其中一位老人不能自理。按照市场行情，这种情形最少需月工资6000元才有阿姨愿意做，可当时客户最多只愿意月付4500元。正好在培训中有位阿姨想要照顾老人，她没有从业经验且家里的经济压力不大，所以三替就向客户推荐了这位阿姨。15天的实习期后，三替保姆公司抱着试试看的态度与客户谈单，希望客户能够给阿姨增加一点工资。没想到客户没有犹豫，当即就表态愿意加钱，但一定要这位阿姨去照顾家里的老人。客户的态度为什么会发生180度转变，愿意每月多花1500元请这位阿姨呢？原来是客户发现这位阿姨有日感恩、晚反省、记日志的习惯，便觉得这位阿姨与众不同、值得信赖，很放心把家里的父母和奶奶交给阿姨照顾。现在阿姨与家里的老人亲如一家，每天傍晚，阿姨都会带着老人外出散步，而客户也会手把手地教阿姨做他们喜欢吃的各种菜品。阿姨非常开心，因为她第一次做保姆就受到了客户的认可。客户在最近一次的服务回执单上也郑重地写下了他的建议和期望：“希望阿姨能永远保持这样的工作状态，希望三替多培养客户所需要的‘暖馨阿姨’，让大家能够享受生活的美好。”

自2009年加入三替集团，不知不觉间，朱红燕已经投身家政行业13个年头。三替不仅让她学到了专业技能，还让她在企业文化、传统文化及具体的经营管理上有了很大的收获。她深深地明白：要想服务好客户和学员，必须真心实意地去做利于他人的事情，只有常感恩、思利他，最终才能真正地利于自己。如今的朱红燕对家政行业有了深厚的感情，为了培养更多的“暖馨阿姨”，朱红燕不断充实自己。“未来不管经历多少个13年，我都将继续为家政服务行业的发展贡献自己的力量。”朱红燕笃定地说。

时至今日，朱红燕说自己的初心从未变过。她希望公司能为全国家政行业赋能，让阿姨们都能找到心仪的工作，让客户都能找到心仪的阿姨。而她自己，作为公司的一分子，正在这条未来之路上努力学习，且坚持不懈。

在“三替”这块家政行业的金字招牌背后，我们不能忽略这样一个群体，他们如徐雪玲、朱红燕这样，曾是服务一线的佼佼者，在充实到培训师资的队伍，以培训讲师的新身份，将知识、经验与热情带上三尺讲台后，他们便有了新的使命——为社会培养一支优秀的家政人才队伍。一个人优秀只是单纯的优秀，一支队伍的优秀才是真正的强大。

在家政行业盛若朝阳的今天，培养优秀的家政服务人员显得尤为重要。“善为师者，既美其道，有慎其行。”师者，传道授业，如春风化雨。在未来的漫漫长途中，我们会看到越来越多的家政专业人才如涓涓细流汇入家政行业这条宽阔江河，终成其大。

明日芳华

在三替家政学院，至今还保留着这样一幅用树叶拼成的画：天上有一架直升机，长满花草的大地上站着大山里的孩子，他们正欢快地仰头张望。

叶晴英，就是这幅画的作者之一。

叶晴英永远记得2015年的那个暑假，一个改变她命运的消息传到了她耳中。

“晴英，你听说了吗？杭州有个三替家政学院到我们学校来招生，听说学校很不错，免学费，每年还有补贴呢。”闺蜜快步赶上正心情低落、埋头走路的叶晴英。

当时的叶晴英，是贵州省从江县第一民族中学的一名高三毕业生。高考分数刚出来，她的分数没达到二本线，要继续读书的话，她只能读三本院校，可三本院校学费贵，一年得1万多元，这对于一个有着三个孩子的农村家庭而言，无疑是沉重的负担。更何况此时姐姐正在上大学，父母同时供两个孩子上大学得多累啊，懂事的叶晴英于心不忍。

是结束学习生涯，还是去上学费高昂的三本院校，抑或是复读？哪一条路都不是叶晴英想要的。正在她进退维谷的时候，闺蜜带来的这个好消息让她眼前一亮，她顿觉柳暗花明。

闺蜜传递给她的消息是真的。三替集团在招生函中明确表示三替家政学院为大家免费提供三年大专学习机会，所有学生毕业后都可以选择留在三替工作，也可以选择不留在三替工作；如果选择回家乡或者选择在杭州以外的任何一座城市工作，也都可以，并且三替不需要学生支付任何学习费用。学校还为在外就业的学生表示祝贺和祝福。同时，三替集团董事长陶晓莺明确表示："无论你们是否留在三替、身在何方，我都为你们高兴，并深深地祝福你们。"

当时，三替集团积极投身扶贫帮困事业，给贵州省贫困山区的孩子提供了100个免费上学的名额。叶晴英没有想到的是，自己还真就成了幸运儿。

抱着试一试的心态，叶晴英和闺蜜都参加了三替家政学院的招生面试。面试官问了她们的家庭情况、对家政行业的见解以及未来规划和发展等问题。这些在今天看来很简单的问题，对当时的叶晴英而言却是难以给出明确回答的难题。

"我希望通过不断学习，成为能为社会发展贡献一份力量的人。"叶晴英记得自己当时懵懵懂懂地说了这么一句话。

负责招生的是三替家政学院执行院长刘伟文，看着这群青涩的孩子，刘伟文用充满力量的声音告诉他们说，目前家政行业是一个朝阳产业，是一个蓬勃发展的行业，大有可为。现在的市场紧缺家政人才，他们如果被录取，将会被培养成家政行业的优秀人才，甚至是领头人、主力军，毕业后可以直接进入三替工作。

这话叶晴英听明白了，她甚至有些心潮澎湃。她预感到，这就是她想要的未来，她希望自己能顺利通过面试。

令人欣喜的是，一段时间后，她如愿以偿地收到了三替家政学院的入学通知书。就是这一纸通知书，给这个生活并不富足甚至境况有些艰难的农村家庭带来了一束温暖的光亮。

很快到了开学的时间，政府安排了开往杭州的专车。第一次与同学们出门远行，包括叶晴英在内的100个即将开启大学求学之路的山区孩子们，内心里都五味杂陈，有不舍、担心、害怕、激动、好奇、期望……

与家人含泪告别后，他们乘坐车子，向着杭州的方向疾驰。

“同学们，我是三替家政学院的老师，大家有什么疑惑、有什么困难可以随时找我……”正当叶晴英忐忑、低落的时候，一个温柔、热情的声音在车厢响起。

哦，原来三替家政学院还特意派了老师来接这群大山里的孩子。有些胆子大的同学已经七嘴八舌地围着老师有说有笑、问东问西了。叶晴英那会儿有点内敛，虽然有一肚子问题，但没敢凑上去问。不过，她感到暖暖的，十分心安，似乎暂时忘却了离别时的不舍与担心。

经过两天一夜的车程，途经三个省之后，他们终于到达了风景秀丽的杭州。车子在一栋精致典雅的校舍前停下，老师高呼了一声：“同学们，三替家政学院到了。大家拿齐行李，准备下车咯。”

刚走出车门，叶晴英便看到了一张张温暖的笑脸。

“学妹，我来帮你拿行李吧。”

“一路累了吧，我先带你们去宿舍啊。”

“我是大二的学姐，有什么困难尽管跟我说哦。”

……

老师和学长学姐已经等候多时，他们是来迎接这群远道而来的新同学的。这也让叶晴英在异地他乡找到了一种陌生又熟悉的温暖。

走进宿舍，放下行李，在车上两天没好好吃饭的叶晴英第一件事就是去食堂慰藉一下味蕾。贵州人从小吃饭离不开辣椒，没有菜下饭的话，直接用辣椒拌饭就可以吃下几碗米饭。当她尝到第一口杭州菜，她的味蕾就开始“造反”了。这道菜给她的印象很深刻，菜名叫糖醋里脊。“那味道又酸又甜，还有点咸。吃第一口时，我还以为这个菜坏掉了，后来有同学说糖醋里脊就是这个味儿。”叶晴英永远记得当时的感受，那菜简直难以下咽。她心想，以后这吃饭问题可怎么解决？

叶晴英没想到的是，她的这种担忧没持续几天。几天后，叶晴英就见到了董事长陶晓莺，她是专程来看这群新来的孩子们的。叶晴英第一眼见到陶晓莺，就喜欢上了这位和蔼可亲的长辈。“她把我们当作自己的孩子一样呵护、关爱，她一点都不像是高高在上的董事长，而更像一位亲切的妈妈。”

知道了从贵州来的这群孩子在杭州饮食不习惯，陶晓莺专门交代相关人员去购买了“老干妈”。因为有了这特别的“老干妈”，原本难以下咽的食堂饭菜也变得好吃了许多。

入学后，叶晴英上的第一课是军训。

他们顶着烈日站军姿、走正步、跑步。这群刚从高中走进大学的青涩学子，有着一股大山般的韧劲。有的孩子因在烈日下久站而中暑，恢复后仍旧继续参加军训。正是这样的训练磨砺了他们的心性。“军训虽然很辛苦，但让我们体会到了团结的力量、军人的责任担当。汗水与泪水共存，幸福与痛苦同在，尝遍酸甜苦辣，才能真正懂得坚强。”叶晴英说。

强身健体的理念并没有随着军训的结束而消失。三替家政学院重视教学，也重视学生们的身体健康。每天早上6点半，学生们准时到操场集合。在老师的带领下，他们围着操场晨跑。晨跑结束后，他们回宿舍洗漱，吃完早餐才7点半。经过跑步锻炼，浑身的细胞被激活，青年学子们精神抖擞，开启一整天的学习。

学习课程被安排得满满当当。

一所家政专科学校要开设哪些课程呢？《论语》、政治、英语、中医、电子商务、家政相关的专业知识等，统统都要学。

学院专门聘请了国内外知名专家授课。叶晴英上过菲律宾某知名大学的教授开设的菲佣专业体系课程，还听过在中国台湾享有“家政女皇”之称的张耿榕和撒切尔夫人的前管家、英国管家学院院长、皇室礼仪大师盖瑞·威廉姆斯等名家的课。这些课程精彩纷呈，大大增长了叶晴英对家政行业的认识和见识。

很快到了中秋节，满眼望去，学校周边的本地人家灯火通明，正欢天喜地地过佳节。远在他乡的叶晴英第一次无法跟父母家人们一起过中秋，心里满含浓郁的思乡之情，泪水在她眼眶里打转。

这时，父母打来视频电话，叶晴英强忍泪水，脸上挤出一丝笑意，生怕父母为自己担心，也怕自己因思念流下的泪水让他们觉得自己在杭州过得不好。挂了视频，她的眼泪便再也止不住了，顷刻间如决堤了一般。

“同学们，你们看谁来了？”突然，宿舍门口响起了班主任响亮的声音。紧接着，“咚咚咚”的脚步声近了。

陶晓莺专门交代集团总经理及院长、教职人员一定要在中秋节和所有留在学校的孩子们共度传统佳节。

“孩子们，中秋节快乐！”在欢声笑语中，陶晓莺专门为同学们准备了月饼、水果等。孩子们虽然远离家乡，但在杭州度过了一个幸福、快乐、开心、美好的中秋佳节。

刚刚还沉浸在思乡愁绪中的叶晴英，这会儿完全被眼前的温暖和欢乐笼罩了、鼓舞了。在这个陌生却美丽的城市，她感受到了家的温暖，感受到了满满的爱和满满的感动。

这种温暖和爱不仅满溢在这个中秋之夜，而且从叶晴英来到三替家政学院开始就发芽、生长、繁茂了。

三年的学习生涯漫长又短暂，说漫长在于它内容的丰富多彩，说短暂在于它持续的时间之短。

很快，叶晴英他们到了毕业季。走出学校大门，叶晴英将直接来到工作岗位，褪去学生时期的稚气和懵懂，蜕变成一个有技能、有担当、乐于奉献的三替家政人。

叶晴英至今还珍藏着三替集团董事长陶晓莺在毕业典礼上赠送给每位学生的珍贵寄语。

未来之路，匠心圆梦

陶晓莺

同学们，三年前，你们怀揣梦想，走进三替家政学院；今天，你们带着自信，即将告别母校，踏上新征程。你们中的大多数是来自贵州黔东南州的孩子，我仍记得三年前开学，你们送来“三替号”画作时的纯真；仍记得在军训座谈会上，你们对美好未来的憧憬；仍记得在服务技能大赛上，你们展现出的专注、细致的服务精神。我相信，你们在图书馆里查阅资料、在实训室里训练技能，体会到的不只是当“学霸”的艰辛，更是奋斗的意义；相信你们在三年的宿舍生活中，记住的不只是过往的欢笑和泪水，更是包容的道理；相信你们在志愿者活动中的踊跃参与，传递的不只是爱心，更是担当的精神。我更相信，三替家政学院“博爱、诚信、卓越”的校训精神，不仅会永远铭刻在你们的内心深处，更将成为伴随你们一生的宝贵财富！

今天，同学们即将离开校园，开始自己人生新的起点。在这里，我希望大家能常怀“三心”，逐梦未来：

第一是爱心。羊有跪乳之恩，鸦有反哺之义。爱是一切的答案，活着是为了温暖别人。爱心，是成就梦想的起点。爱祖国，爱人民，爱事业，爱每一个需要帮助的人。在今后的人生道路上，你们要学会对爱的追求、对善的坚守、对责任的执着，永葆阳光心态和博爱情怀。

作为三替家政学院的毕业生，你们未来要追求的人生，不只是一个“获取”的人生，更是一个“奉献”的人生。你们的每一点进步，既得益于自身的努力，也得益于父母、师长、朋友、学校的支撑，更得益于蓬勃发展的祖国、日新月异的时代。在这里，我要特别提醒你们，家人是最先应该感谢的。建议你们把毕业后的第一份劳动所得与家人分享，因为家人为你们付出的已经太多太多。

第二是诚心。作为各位的大家长，我想对大家说的是，说老实话、办老实事、做老实人，老实人不吃亏。我们三替家政学院的毕业生，我们的成功之路，不是去成什么“星”、争什么“家”，也不是去追逐“土豪式”的“功名”和“富贵”，而应是追求职业技能的完美和极致，靠着钻研和细致，凭着专注和坚守，成为家政领域不可或缺的专门人才。

“工必为之纯，品必为之精，业必为之勤，行必为之恭，信必为之诚。”希望你们能够对自己负责，对家庭负责，对国家和社会负责，在社会上赢得尊重，在工作中值得信任，在家庭里可以依靠，做人做事守住底线，有钱有权都不可任性。相信你们都能够成为有益于社会、有益于国家的人。

第三是匠心。“锲而舍之，朽木不折；锲而不舍，金石可镂。”匠心是指追求极致的精神，不只是把工作当作赚钱、养家糊口的工具，而是要对职业敬畏、对工作执着、对客户负责，注重细节，不断追求完美和极致。认真做事只能把事情做对，用心做事才能把事情做好，简单的招数做到了极致，就变成了绝招。

“没有比人更高的山，没有比脚更长的路。”同学们，今天，你们即将离开母校，扬帆远航，路就在你们的脚下，梦想就在前方，集结号已经吹响，诗和远方伴随你们前行。母校、同学、亲友和师长都在默默地关注你们，为你们祝福，期待着你们以奉献社会的爱心、坚守正道的诚心、止于至善的匠心，面向未来之路，通过自己的努力成就人生的精彩，敬业报国、匠心圆梦。

毕业后，叶晴英和她的同学们被分配到了三替集团做实习生。

每位学生都可以选择自己想要实习的部门。为了更好地学习和了解公司业务，叶晴英一开始选择了搬家公司，她想先从搬家、电话接线这些最基本的家政工作学起。当然，这种学习不是坐在办公室里学，而是经常跟着部门经理及同事去看搬家现场，跑业务市场。

在搬家公司待了一段时间之后，叶晴英申请换部门，换到了人事部。在这里，她学习到了公司人员的入离职档案、劳动关系、绩效考核、品控质量管理等相关知识。

最后，叶晴英申请到了保洁公司。她先从电话接线学起，了解了保洁业务产品及收费情况。之后，她跟着前辈们去看业务市场，看保洁现场，学习报价方案，学习人员安排、业绩考核、技能培训、质量管理等。这段时间，她经常扎根基层，与保洁阿姨们聊天，向前辈们“取经”。

叶晴英为什么要换这么多部门？她说，她是想在实习期全面了解公司的业务，快速成长。

从学校走向工作岗位，陶晓莺还是一如既往地心心念念这群来自贵州大山的孩子。

2020年2月中旬，受新冠肺炎疫情影响，回贵州过年的叶晴英原计划乘坐的到杭州的火车都停运了，抢票成了她头疼的事情，她只能在家里坐立不安，干着急。和她一样，其他同学、同事也遇到了同样的问题。

陶晓莺始终心系着这群孩子，她对孩子们的困难了然于心。在政府下发复工复产指令后的第一时间，她就安排集团相关负责人与相关部门进行对接，特地为这群贵州的孩子安排了回程的专列。当高铁专列从凯里南站倏忽驶出，坐在专列上的叶晴英那颗躁动不安的心才终于踏实了。

到达杭州东站时已是深夜12点了。地铁、公交已经没有了末班车，晚上打车费又贵，正当叶晴英他们感到为难的时候，董事长陶晓莺贴心地为他们安排好了相关车辆并到车站迎接，将他们一个个安全地送到了宿舍。

当折腾了一整天才终于到达公司宿舍的叶晴英安静下来，她感觉这一天好似在做梦一样。董事长陶晓莺和三替集团用爱和真诚为他们编织了这个梦，仿佛一双双温暖、厚实的手，在她的成长路上，托着、呵护着她茁壮成长。这个女孩再一次被温暖和感动了。

第二天，旭日东升，叶晴英感觉浑身有使不完的力气，觉得只有自己全身心投入工作，才能对得起这份温暖和感动。

在保洁公司，叶晴英待下来了，她没有再换岗，而是找到了自己的方向。她现在是一名人事专员，专管招聘工作。这个岗位看似很平凡，却责任重大。保洁市场鱼龙混杂，来面试的人素养、技能、品行不一，要把好这个关可不容易。如果没有把好这个关，将会带来不可估量的后果。

叶晴英也是在这个过程中练就了一双“火眼金睛”。她结合在学校学到的知识和自己的工作经验，层层面试，筛选、招聘德才兼备的优秀服务人员。通过面试的保洁人员经过培训和带教实习，才能上岗。

但叶晴英的工作并不是招人进来就完事了。她还要时刻跟进她们的日常。“有好几位一线服务人员跟我说，虽然自己已经独立接单了，但还是跟我比较亲近，遇到什么事情或者困难都会跟我说。我很开心她们这么信任我，我也会更努力、更用心地去服务一线员工。”叶晴英说。

三替集团的服务宗旨是：高层要服务好中层，中层要服务好基层，基层要服务好一线，一线要服务好客户。企业只有关爱员工，员工才会热爱企业。企业只有对员工讲诚信，员工才会诚信服务于客户。叶晴英深刻领会了这个思想，她觉得只有在一线员工需要自己的时刻，与他们做好沟通，解开员工的心结，用爱去温暖他们，才能培养出优秀且富有爱心、耐心的服务者。

“领导干部必须和一线群众同吃同住同劳动，从群众中来，到群众中去。只有这样，才能感受到一线人员的冷暖和疾苦，才能真正去服务好基层和一线。员工是连接客户的第一窗口，而我们是连接员工的关键，只有我们用语言、用行动、用爱温暖员工，才能让员工去温暖客户，时时刻刻把客户放心上，服务好客户，让客户满意，这也是三替人的唯一的服务标准。”叶晴英虽然年纪不大，却稳重成熟。她在三替读书，在三替实践，或许也可以将她视作三替这片温润土壤结出的丰硕成果。

在三替家政学院读书那会儿，叶晴英最喜欢的课程是传统文化课。每天晨读，老师都会带着学生们读《论语》，给他们讲解《论语》里的为人处世和修身修德的道理。“同学们，我们做事的前提就是要学会做人，做一个有爱心、责任心、正能量的人。只有这样，才能做好事情。”

老师的话在叶晴英耳边回荡，并飘进了她的心里，住了很久很久。2018年到公司实习，叶晴英看到，原来三替集团不只是管理人员在学习传统文化，一线员工也都在学。

“记得当时有一位阿姨还告诉我，她学习了传统文化后心境改变了许多，遇事不会急躁、乱发脾气了，会先沉下心去思考问题所在。因为心境改变了，她的孩子、老公还有其他家人与她的关系更加亲近了。其实，学习传统文化就是一个修心的过程，‘修’那颗在错综复杂的社会里容易浮躁、被名利影响的心。当自己有不好情绪时，要用行动控制情绪，用阳明心学的明心跟净心时刻关照自己的起心动念，不让自己产生不好的念头。”叶晴英说，她在工作中遇到的被传统文化影响的事情数不胜数。

2019年6月的一天，天公不作美，下起了倾盆大雨。而当天三替保洁公司正准备面向70岁以上的孤寡老人开展免费保洁公益活动，这场雨给公益活动的开展带来了困难。

叶晴英在走访独居老人时，看到了很多慈祥却无助的面孔。有的老人出于身体原因，每天只能躺床上，有的需要借助轮椅、拐杖行走……他们的身体状况普遍已经不允许他们做日常家务，所以家里比较脏乱。当保洁阿姨们冒着倾盆大雨赶来，帮老人家把家中打扫一新，老人们脸上绽放出了孩子般的灿烂笑容。有些老人虽然行动不便，却蹒跚着要张罗做饭给保洁阿姨们吃，还给她们拿各种好吃的。那一刻，叶晴英被感动了。

“爷爷奶奶，谢谢你们。三替员工不拿客户一分一毫，非常感谢您的好意，我们心领了，这是我们应该做的。”她双手搀扶着老人家，如同搀扶着自己的爷爷奶奶。

保洁阿姨们也是这么想的，比如那位赶了将近20公里路的阿姨，她在大雨中骑了将近2个小时的电瓶车，风雨无阻地来到了公益活动现场。“咱们服务的是孤寡老人，谁还没有老的那一天，再远也得来，再累也值得哩！”

保洁阿姨们爽朗的笑声感动了叶晴英，她想起了古语中所说的：“老吾老以及人之老，幼吾幼以及人之幼。”千百年来，我们的老祖先就教导我们要仁爱互助，中华文化多么博大精深啊！

当叶晴英将这份仁爱宽容运用到工作中，她发现很多矛盾都能有预见性地化解。当她学会用共情之心去理解对方时，她收获的往往也是被体谅和被理解。比如，有时候她在招聘时发现来应聘者不适合做保洁，但素质好，又有其他技能，而她也清楚地知道父母辈的人找工作多么不容易。每每此时，她都尽心为他们推荐更合适的岗位。这本是不求回报的助人为乐，叶晴英却发现自己往往会收获惊喜：这些人因为信任她，往往后来又将自己身边真正适合做保洁的朋友推荐给三替。或许，这就是现实生活中的“爱出者爱返，福往者福来”。

用爱孵化爱，爱就会变成一种强大的力量。如今，三替集团将迎来她的30岁。叶晴英说，在三替30年的浩瀚征途里，自己有幸陪伴了三替集团六个年头。而也正是三替集团的培养，让叶晴英从一个懵懂少年成长为一个讲仁爱、有担当、懂奉献的专业家政人。

她，和许多同她一样，被三替培养又被三替重用的年轻人，正是家政服务行业的明日芳华。他们，聚是一团火，散是满天星，将灿烂整个家政行业的未来。

一夜风吹遍地春

琚芝敏永远记得三年前的那天上午，阳光明媚，而她自己的心情却更像是晴转多云。

当她来到三替集团门口时，她只听见自己的心在怦怦地加速跳动。“我50多岁的年纪，从来没有过做保姆的经验，在一众阿姨中，我可以说是毫不占优势，公司能给自己这个工作机会吗？”琚芝敏这么想着，却还是忐忑地走进门去。毕竟，家里的经济情况困难，亟须自己赚这份钱补贴家用。

琚芝敏来自偏远的常山县。地处浙西的常山，一直以来是劳务输出大县，不少农村女性选择到大城市当保姆，经过多年发展，“常山阿姨”渐渐有了名气。2018年，三替集团与常山县人民政府签订了战略合作意向书，建立全面打响“常山阿姨”品牌战略合作关系，共同致力于培养高素质的家政服务人才，打造一支具有较高职业素养的“常山阿姨”品牌队伍，推动实现共同富裕。

合作协议签订以后，三替集团在衢州常山专门设立了分公司，将“我们是来帮助常山阿姨们就业的”承诺落到了实处，并与当地多家职业培训学校签订就业合作协议，对学员阿姨进行就业辅导和定向输出。

琚芝敏这样家庭贫困却勤劳上进的“常山阿姨”，正是三替所要培训和帮扶的对象。

培训报名出乎意料的顺利。获得了这张通行证，琚芝敏内心漾起了激动的小水花，这水花推动着她向前进步、探索，憧憬未来无限的可能。她决定放下包袱，投身家政行业，好好学习。

一个星期的学习培训之后，琚芝敏在三替的帮助下，很快找到了第一份保姆工作。作为一名新手阿姨，她第一次到客户家面试的时候非常紧张。

“琚阿姨，你擅长做什么？”

“我，我，我从来没有做过家政，一点特长都没有，也不会烧菜……”琚芝敏越说越小声，声音小到她自己都觉得听起来费劲，但马上她话锋一转，声音又大了起来，“但是，只要您愿意给我这次工作机会，我一定会认真学习，不让您失望！”

像一个孩子一般，她瞪着一双真诚的眼睛望着客户，等待对方作出决定。诚然，她什么都不会，可是她的真诚和虚心却是最好的敲门砖，为她赢得了这第一份保姆工作。

后面的事情，如琚阿姨自己所说，她勤奋好学、诚以待人，在雇主的包容、指点下，她认真钻研，努力提升自己的技能，并且每个周末回到三替参加免费的烹饪等各种技能学习。琚芝敏最开始对烹饪非常陌生，技艺生疏，后来却得到了客户的来信表扬，说她烧得一手美味可口的饭菜。

“苔花如米小，也学牡丹开。”同琚芝敏一样的“常山阿姨”们就像那不起眼的苔花，在平凡的岗位上，以勤劳、善良的品德和专业、熟练的技能，擦亮了“常山阿姨”这块金字招牌。

打响“常山阿姨”品牌、大力推进保姆行业转型升级的发展战略，一直也是三替在家政扶贫路上不懈努力的方向。在三替的助推下，每一位曾经自卑、贫穷、胆怯的“琚芝敏”，最终都成长为了自信、乐观、技艺精湛的“常山阿姨”。她和她们正是这块金字招牌的那一抹亮色，也是三替扶贫路上勇担社会责任的生动写照。

和琚芝敏一样，魏彩秀也来自大山，同样家庭贫困，通过参加三替组织的家政培训，并在三替的帮助下，靠勤劳的双手摆脱了贫穷，收获了崭新的明天。和琚芝敏不同的是，魏彩秀是从湖北省恩施州（恩施土家族苗族自治州）来到杭州的“恩施阿姨”。

事情要从2019年说起。这一年，三替集团响应国家精准扶贫的号召，跟湖北恩施对接，通过三替职业技能培训学校，针对恩施的建档立卡户组织技能培训，用“杭州服务”赋能“恩施阿姨”，并在实践中逐步探索出一条集招生招工、培训培养、就业创业于一体的家政扶贫模式。如果有客户请了这个班上的“恩施阿姨”，那么就是为脱贫攻坚的杭州样板出了一份力。“恩施阿姨”的背后，是杭州全民参与脱贫攻坚的一次积极尝试，是杭州社会力量主动参与扶贫攻坚的一次践行。

建档立卡户魏彩秀就是凭借这一政策红利来到杭州、来到三替的。时间过得真快呀，一转眼，魏彩秀到杭州已经两年了。可她永远记得两年前自己和来自恩施的姐妹们乘坐政府的专车，一起来到杭州、来到三替时的激动与忐忑。

“那时的我都不知道自己能不能找到合适的工作，但是既然已经来了，我就抱着大不了出来旅游的心态。”魏彩秀说。

当她来到三替的培训基地，听到三替保洁师的宣讲，她隐约有了一种自信，觉得自己可以成为一名优秀的保洁师。培训结束后，有的姐妹选择返回老家，或者前往其他地方工作，而魏彩秀留了下来，成了一名三替保洁师。在她勇敢地跨出第一步后，她的丈夫也来到了杭州工作，夫妻俩一起走出了大山，通过自己辛勤的劳动创造美好生活。

远道而来的魏彩秀是一名新人，什么都不懂，什么也没有。她正一筹莫展时，三替集团早就替她考虑到了这些困难。她没有电瓶车、没有住的地方，三替就给她租了一辆电瓶车，并且提供了宿舍。她没有经验和技能，三替就给她们这些新来的“恩施阿姨”们专门安排了培训……这些都让魏彩秀深受感动，也加快了她融入杭州、融入家政行业的步伐。

魏彩秀的第一份保洁工作是在寰宇天下小区的一位大姐家做的。魏彩秀第二次到大姐家，大姐就把门卡交给了她。

“大姐，您就这么把门卡给了我，您就不害怕吗？毕竟我才来您家第二次。”魏彩秀是个老实人，好奇啥她就说啥。

“魏阿姨，我当然不会害怕了。一来你是三替派来的，我信任你们公司；二来我听你们公司说，你是湖北恩施当地政府输送过来的建档立卡人员。虽然你做事还不够娴熟，有时还很青涩，但通过这几次接触，我感觉你是一个真诚、善良、做事认真的人。只要假以时日，我相信你一定会做得更好，所以我信你，我放心。你今后就安心地固定来我家搞卫生。”大姐说。

这位大姐的话把魏彩秀感动坏了，当时她就在心里默默地对自己说：“姐，您这么信任我，我一定会好好为您服务，不辜负您对我的信任。”

赠人玫瑰，手留余香。三替集团和杭州人民对魏彩秀的好，换来的是她的认真对待和真诚服务。贫困和自卑曾经像一座大山一样压着她，使她连大气都不敢喘。现在，魏彩秀知道，她已经有了一技之长，只要切切实实地把客户装进心里，踏踏实实地工作，她就能战胜贫困，摆脱那座无形的大山。

“扶贫不仅仅要扶智，还要更进一步促就业。”三替集团办公室副主任何迪汝边跟我们讲着诸如琚芝敏、魏彩秀的故事，边告诉我们：为认真落实商务部“‘百城万村’家政扶贫试点工作”的精神，三替集团作为浙江省两家家政扶贫工作试点单位之一，积极响应中央扶贫号召，已先后与新疆阿克苏、四川青川和美姑、贵州黔东南、湖北咸宁和恩施等地进行对接，使众多贫困人员重新找回了自信，找回了自我。在职业技能培训方面，三替充分利用随到随学的组织优势和师资优势，在实践中逐步探索出一条集招生招工、培训培养、就业创业于一体的家政扶贫模式，形成了岗前培训、“回炉”培训、带教培训三种方法相结合的分阶段培训模式，重点培训保洁员、护理师、钟点工、育儿嫂、月嫂等家政服务人员，让来自贫困地区的人们掌握一技之长，具备即时上岗的条件。仅仅2019年，三替一共开展了30多期扶贫对接与培训，分别在贵州黔东南、湖北恩施、浙江常山等地进行，通过送学员到杭培训与送培训到贫困地区两种模式，担当社会责任，助力精准扶贫。

现在魏彩秀已经有了五家星级客户，每个月工资平均七八千元，公司还为她缴纳社会保险。她家也早已摆脱贫困的泥淖。我们看到，众多来自贫困地区的同琚芝敏、魏彩秀一样的阿姨们，在三替的助力下，用勤劳的双手创造了崭新的生活。她们就像鱼儿，在一片崭新的辽阔海域，自由自在地游来游去，自由自在地呼吸、生活着，拥有了人生的一片新天地。

和“常山阿姨”“恩施阿姨”一样，在三替的助力下，已然响当当的还有“衢州阿姨”“大同阿姐”等各种品牌。三替集团也获得了“2021浙商助力共同富裕先进企业”荣誉称号。

三替对贫困人员的“扶智”还不止于此，除了职业技能培训，三替还利用三替家政学院的优势，为贫困山区的孩子送去了改变人生命运的“直升机”，利用免费就读的政策，带他们走出大山，走向希望。

在《明日芳华》一文中写到的叶晴英就是这项政策的受惠者之一。当时，家庭贫困的叶晴英正为读不读大学而纠结和烦恼。若选择读书，高昂的三本院校学费会使这个经济并不宽裕的家庭雪上加霜；若不读书，自己的前途在哪里？难道真的要早早地嫁人生子，重复上一代人的生活？她心有不甘。正是在这个关键时刻，三替家政学院给她带来了一个天大的好消息：可以读书，而且是免费读书，毕业之后还能直接就业。叶晴英说，三替家政学院给她带来的这次机会，让他们这些大山里的孩子走出了大山，最终改变了自己的命运。这样的幸运，每年都在上演。

三替家政学院采取“双元制”的培养机制，以“国家学历＋专业技能＋职业资格＋国际接轨”为办学特色，培养适应现代家庭服务业发展需求的应用型人才。这些人才，如同叶晴英一样，都成了家政行业的“明日芳华”。

在对贫困人员的扶助方面，三替自成立开始，就通过三替家政学院、三替商学院、三替职业技能培训学校、金钥匙管家培训学校、浙江三替智慧家政研究院、国家职业技能鉴定所等机构，为低收入人群创造高收入和改变家族命运提供机会；为数以十万计的下岗工人创造再就业的机会；为贫困人员送去了无限的温暖和光亮。当这些光亮汇聚，便形成了家政行业的一股极具韧性的力量。

除了人，还有事。当然，事的结果依旧体现于人。

当你在杭州“你好生活”品牌连锁超市买到一箱阿克苏苹果，并被这一个个糖心苹果沁甜的味道滋润了味蕾，你可能不会想到这箱苹果可能经历了百转千回的旅程，更不会想到它会跟三替集团密切相关，可事实确实如此。

时间回到2013年，这是精准扶贫刚刚拉开帷幕的开局之年。

这一年，三替集团与阿克苏签订了战略合作协议，协议内容包括要帮助阿克苏的农户把当地苹果、核桃、红枣等特色农产品在东部发达地区打开销路。

新疆得天独厚的气候条件孕育了别具特色的苹果、核桃、红枣等农产品。要论味道，这些农产品堪称美味。可地广人稀的新疆在产品销路上却远没有他们的产品那么“美丽”，这可愁坏了农户们。地处东南沿海的浙江，经济发达，农产品需求量大，与新疆形成完美互补。三替集团看到了这一点，强烈的社会责任感让三替勇敢地站了出来，自发在新疆与浙江之间建立起了一座特殊的“桥梁”。

这对阿克苏的农户而言，真是个天大的好消息。

从此，顺着这座特殊的“桥梁”，阿克苏的美味农产品源源不断地输往浙江，特别是杭州。

依托旗下的“你好生活”品牌连锁超市，三替集团将这些特色农产品摆上了货架，产品又顺着货架，走进了杭州的千家万户，滋养了人们的生活。资金回流到阿克苏农户的荷包，仿佛为他们本来身处的困境点亮了一盏盏明灯，最终将黑夜照耀成了白昼，亮堂了无数人的生活。

何迪汝跟着陶晓莺走访过这些贫困地区，她告诉我们，越是走进这些贫困地区，越是走近这些朴实的农民，就越想要帮助他们。这份“爱心”借助三替集团得以落地开花。

“我们三替集团发挥自身品牌优势、渠道优势和服务优势，为新疆阿克苏、四川青川等地在杭州搭建了特色优质农产品营销合作平台，架设了一条从‘田间地头’到‘都市餐桌’的‘直通桥梁’，实现了产品供销一体化，帮助当地农民实现了增产增收。”何迪汝说。而这正是她所喜闻乐见的，也是所有受惠的贫困农户所期待的。

“桃李不言，下自成蹊。”对于三替的所作所为、所担所承，阿克苏农户看在眼里，阿克苏当地政府也看在眼里。2020年，陶晓莺被阿克苏市政府聘请为“阿克苏市文明爱心大使”，并作为“杭州市最美人物”赴阿克苏参加“最美相融·携手追梦”交流活动。在暖意洋洋的氛围中，人们载歌载舞，欢迎他们尊贵的客人，或者说是可爱的家人。这时候，何迪汝他们发现，爱笑的陶晓莺笑得越发灿烂了。

“爱”送到了遥远的阿克苏、黔东南、青川等地，“爱”也留在杭州，留在身边的角角落落。三替所有的爱也汇集了政府的肯定与鼓励。对于三替在扶贫方面所做的工作，杭州市工商联专门授予三替“杭州市就业扶贫爱心企业”“最具社会责任感企业”称号。集团董事长陶晓莺也被省委、省政府授予“世界浙商大会杰出浙商奖”“世界浙商大会全球浙商金奖”“浙江省道德模范”“浙江省优秀共产党员”等荣誉。

维修公司经理张明强在三替工作近30年，把他的青春年华都奉献给了这份平凡的工作。前文已经说过，在他的职业生涯中，他免费帮助过无数“老弱病残贫”。这些时候，他就仿若三替的“爱心大使”。“爱”，通过他那双勤劳而坚毅的双手，被送往千家万户。

当然，三替不只有张明强这么一位“爱心大使”，每一位三替人都是这样的“爱心大使”。高层、中层把爱心传递给基层，基层服务人员就将这份“爱”传递给每一位需要帮助的客户。这样一种爱的文化滋养着“三替”品牌，让它在多少年的风风雨雨中屹立不倒，茁壮成长。

不唯扶贫事业，在2020年初新冠肺炎疫情肆虐的特殊时期，三替亦彰显了行业先锋的担当和作为。

自1992年创立以来，虽然春节期间家政行业往往会遭遇“用工荒”，但三替一直坚持春节期间不打烊，未料2020年却出现了点“小意外”。为响应政府疫情防控政策，同时为保障员工及客户的人身安全，三替在1月27日宣布暂停面向个人的全部服务，并向客户告知在疫情期间服务订单的免费退改政策。你以为三替家政人终于可以在家里好好休息了？其实并不然。越是在特殊时期，家政服务的作用越是显得重要且不可或缺。

疫情无情人有情。在这个特殊时期，三替面向机构的服务没有“打烊”。在医院、社区物业公司及机关、企事业单位，三替人担负起了物资搬运、病人护理、小区配套物业管理等各项后勤服务重任。仅物业管理，整个三替集团就有1000多名员工在持续工作着。

在这个关键时刻，三替集团董事长陶晓莺给全体员工写了一封家书，她在家书中说：“无论你们在家休息多久，公司的工作岗位都会为你们保留，请你们务必放心。”这为三替员工特别是湖北籍的一些员工打了一剂强心针。

经政府审批同意，三替在杭州地区于2020年2月19日复工。为保障有序有效复工，三替采取了“服务人员五保证”“客户三确认”“设备设施两消毒”政策，对于疫情期间在岗人员发放双倍工资，并统一订购工作餐，发放口罩、手套、防护服、消毒液等抗疫物资。

“点亮心灯，温暖别人！”这是陶晓莺一直倡导的理念。

这些年，三替集团作为家政行业的翘楚，积极响应中央号召，投身扶贫事业，勇担社会责任，且主动助力实现共同富裕。这些年，三替集团用志气消除思想上的贫困，用智慧消除贫困的代际传递，用精准的方略消除物质上的贫困。

2021年是我国顺利实现第一个百年奋斗目标、开启第二个百年奋斗目标新征程的关键之年，也是中央赋予浙江高质量发展建设共同富裕示范区新历史使命和开启“十四五”新发展征程的开局起步之年。我们期待，三替集团能在先富带后富中寻找着力点，推动民营企业在助力乡村振兴、推进共同富裕中作出更大的贡献。

又是一夜春风起，常山、恩施的年味还浓，琚芝敏、魏彩秀她们已经收拾好了包裹，准备跨出家门。叶晴英告别了父母，搭上了开往杭州的高铁，她已出落得洋气爽利，早已不像学生时代那般拘谨内敛。阿克苏的苹果树抽出了新芽，果农们在充满生机的土地上劳作，若想要有一个比上一年更好的收成，这开年的时间他们得抓紧……天边升起了一轮朝阳，暖洋洋地照耀着大地，滋养着蓬蓬勃勃的每一个生命。我们知道，不久，这世界将满目春色。

尾声◇共同富裕

浙江人历来奋勇争先、担当奉献。

面朝大海，春暖花开！

面对一片汪洋大海，有波涛，有暗流，有潮涨潮落，有波光粼粼的海面，更有无限向往与期待，也有诗和远方。

绿水逶迤去，青山相向开！

当波澜壮阔的大海拂动绵延青山的寂静，大山里的生态资源“C位出道”，成了独一无二的“绿色招牌”，在大海的助推下，为大山的革新注入源源不断的力量。

剪不断兄弟情，横跨山海，同心发展。

其实早在2002年，浙江省就启动山海协作工程，事关全省的巨大工程在青山与蓝海间拉开帷幕，浙江人携手描绘山海相连的美丽画卷，共同实现山海协作的美好愿景。

或许，这为后来探索共同富裕发展之路埋下了伏笔。

2021年，在宣布全面建成小康社会的历史性时刻，习近平总书记指出，要着力解决发展不平衡不充分问题和人民群众急难愁盼问题，推动人的全面发展、全体人民共同富裕取得更为明显的实质性进展。作为全国首个高质量发展建设共同富裕示范区，浙江肩负起这一光荣而艰巨的使命，在中国大地上率先展现共同富裕美好社会的基本图景，为在全国实现共同富裕先行探路。

一个由30多个部门组成的高质量发展建设共同富裕示范区工作专班正在高效运转，围绕共同富裕的重点任务、突破性抓手、重大改革、典型案例等清单，将指标任务落实落细，合力攻坚。

以七项任务为抓手，浙江的先行先试全面推进，它们分别是：经济高质量发展、收入分配制度改革、公共服务优质共享、城乡区域协调发展、社会主义先进文化发展、生态文明建设和社会治理。

以解决地区差距、城乡差距、收入差距为主攻方向，这轮改革把突破口放在了山区26县，这26个县占全省面积的44.5%，而2020年生产总值不到全省的10%。改革的着力点就是打造山海协作工程升级版。

在山海互济、陆海统筹中，26个山区县在加快跨越式高质量发展，位于深山里的乡村也在结对互助，携起手来一起致富。

陶晓莺和她的三替义无反顾地加入实现共同富裕的队伍中。

“三替本来就是家政服务企业，是服务千家万户的，同我们党的‘一切为了人民’‘要满足人民对美好生活的向往’的目标一致。”陶晓莺说，“更何况我还是省、市工商联的副会长，理应主动投入、集聚资源，在促进共同富裕中实现新发展、彰显新担当。”

2021年6月，陶晓莺以浙江省工商联副会长的身份出席“知名浙商助力衢州跨越式发展大会”。活动中，三替集团与衢州市柯城区开展“手拉手”结对活动，就推动柯城重点产业发展、促进乡村振兴和共同富裕进行深入交流，共同寻找合作机遇，携手助力柯城高质量发展。

同年8月，衢州妇联、农业局等领导先后两次来三替集团参观交流，三替与衢州市妇联展开结对帮扶，全面打造“衢州阿姨”品牌，实现乡村振兴。

2022年3月，杭州建德大同镇政府与三替集团进行深度沟通交流，就如何真正有效助力乡村振兴、实现共同富裕，达成了一致共识，随后推出了“100天培育100人，100户增收100万”的实施方案，并开启了“百日百人大同阿姐”免费职业化培训。除了线下举办的培训会以及师徒结对，线上96365生活服务平台上的“大同阿姐”馆也正式上线，助力“大同阿姐”精准匹配就业，切实拓宽就业渠道。此外，三替还成了“大同阿姐”在杭州的家，将为“大同阿姐”提供就业指导、回炉培训、法律援助、心理疏导、健康娱乐等各项服务。目前，“大同阿姐”培训班已经开课，首期学员50人，内容是育婴员中级培训。由三替集团有限公司引进优秀师资、编写特色课程，学员将实行封闭管理，统一考取技能证书。培训合格后，学员可根据意愿直接输送至企业，解决后续就业问题。

96365生活服务平台是被浙江省商务厅认定的全省性公益平

台，其运营主体——浙江生活三六五集团也将携手三替集团，聚焦家政服务小切口，计划为大同、衢州等地打造品牌特色场馆，提供更多有特色、有保障的服务人员，助力用户更快地匹配到合适的服务人员，帮助家政企业更好地连接消费者。

现由于新冠肺炎疫情，工作推进相对缓慢。待疫情好转，三替集团定将与浙江生活三六五集团共同助力“大同阿姐”“衢州阿姨”这些伟大的扶贫工程，为共同富裕奉献力量！

……

陶晓莺告诉我们，目前他们主要是打造服务品牌，促进乡村振兴和共同富裕。

要打造哪些服务品牌呢？

第一，浙江省96365生活服务平台将为“衢州阿姨”成立“衢州专区”。浙江省96365生活服务平台自创立以来，始终坚持在家政服务领域垂直深耕，团队曾为浙江省居民生活服务平台、“浙家政”“浙里好家政”、杭州市“安心找家政”等平台的建设提供技术服务。浙江省96365生活服务平台将为“衢州阿姨”成立“衢州专区”，由衢州市政府落实相对应的部门，具体提供家政从业人员身份信息、体检信息、技能等级及违法犯罪记录信息的查询服务，平台将为衢州家政企业提供全流程家政管理工具，为衢州专区的家政服务人员提供培训提升、快速择业就业等服务，并为打造“衢州阿姨”品牌提供96365客服热线答疑服务及相应的审核辅助。

第二，建立家政人员培训、就业推荐长效合作机制。衢州市政府负责组织招募有志于从事家政行业的从业人员；三替负责进行招生筛选，组织各类家政技能培训，安排等级考试（初、中、高级技能证及各类专项技能证）。衢州市政府引入三替的家政服务培训项目，加大家政技能人才培育力度，提升“衢州阿姨”整体素质，打通集招工招生、培训培养、就业创业于一体的家政人才生产线，推动衢州家政从业人员更好地标准化、规范化、职业化发展。

第三，设立在杭就职家政人员“衢州阿姨”驿站。衢州市政府委托三替集团设立在杭州市唯一的“衢州阿姨”服务驿站。该驿站可以为待业、想来杭州就业、已经在杭就业的“衢州阿姨”提供一个落脚休息的家，“衢州阿姨”可以免费参加岗前和岗中培训以及节假日活动，享受公司组织的生日庆祝活动，还可获得推荐就业的机会，空单期也可入住到“衢州阿姨”驿站。驿站让“衢州阿姨”在杭州感受到了“三替温暖家、在杭不孤单”的职业归属感。

“从脱贫攻坚、抗击‘非典’、抗击新冠肺炎疫情等公益事业，到现在的推进乡村振兴、助力共同富裕，您为什么如此坚定？”我们问。

“我是一名共产党员！”陶晓莺说。

她说话声音很轻，但一诺千金。

她说，虽然她早年辞职下海，但她始终没有忘记自己是一名共产党员，并一直用党员的标准严格要求自己。作为一名党员，她无论在哪个地方、哪个岗位，都要发挥党员的作用，都要为社会尽自己的绵薄之力。

2021年7月1日，中国共产党成立100周年。在此之前，关于如何庆祝党的百年华诞，陶晓莺征求了各部门的意见。

“在微信公众号上发篇文章来庆祝。”

“学习习近平总书记在庆祝中国共产党成立100周年大会上的讲话精神。”

……

大家纷纷发言。

“你们的建议都很好，但我觉得，还要组织一台主题晚会。”陶晓莺说，“这是党的百年华诞，是重要的历史时刻。”

7月1日，中国共产党成立100周年之际，三替集团“热烈庆祝中国共产党成立100周年——延安精神永放光芒”主题晚会暨第50期传统文化学习会隆重召开，集团总部各部门负责人、在杭员工代表近500人参加会议。

在晚会上，陶晓莺就“热烈庆祝中国共产党成立100周年——延安精神永放光芒”主题进行了学习分享。

“中国共产党在艰难困苦的疫情面前，在所有重大灾难面前，都能乘风破浪，勇往直前，创造奇迹，创造辉煌，才迎来了今天，走到了世界舞台中央。”

“在国际国内形势如此严峻的情况下，大家更应该珍惜工作机会，真正在工作中践行延安精神，尊重客户、珍惜客户、感谢客户，天天思利他，做利于他人的事情。”

……

“现在国家正在建国家版本馆。”

2021年7月16日，国家版本馆杭州分馆建设指挥部办公室相关负责人找到陶晓莺。

“国家版本馆？”陶晓莺对这个词很陌生。

“国家版本馆将古今中外载有中华文明印记的各类版本资源纳入收藏范围，核心功能为保藏、展示、研究和交流，是集展览馆、图书馆、档案馆、博物馆等多种功能形态于一体的综合性场馆。”负责人说，“建设国家版本馆，是党中央站在新时代历史起点上，从文化安全和文化复兴战略高度部署的一项重大文化工程，是列入国家‘十四五’规划的精品传世工程。国家版本馆为‘一总三分’建构体系，即一个中央总馆、三个地方分馆，中央总馆设在北京，三个分馆分别建在杭州、广州和西安，总分馆共同肩负着‘赓续中华文脉、坚定文化自信、展示大国形象、推动文明对话’的重要使命，共同承担中华文化基因种子库和版本资源灾备中心的重任。”

负责人还告诉她，杭州分馆建成之后，将成为江南特色版本库及华东地区版本资源集聚中心，成为传承中华文明、彰显浙江精神的文化新地标，对提升浙江公共文化服务水平、更好地弘扬浙江传统文化、推进文化浙江建设等，具有重大战略意义。

“我们可以吗？”陶晓莺深感荣幸，也很激动。

“当然可以。”负责人说，“民营经济是浙江的优势领域，浙江民营企业的发展历程与重要成就亦是浙江改革开放40多年来社会变迁、行业发展的映射，是浙江特色版本资源的重要来源渠道和中华版本资源体系的重要组成部分。三替是浙江民营企业的代表和缩影。”

陶晓莺深知建立国家版本馆的价值与意义，积极参与，大力支持，除了提供集团的相关资料，还将自己获得的国务院等颁发的“庆祝中华人民共和国成立70周年”纪念章、“浙江省优秀中国特色社会主义事业建设者”奖章、“全国劳动模范”奖章等捐献出来。

我们相信，优秀的企业家，在创造物质财富的同时也在创造精神财富。

后 记

在三替集团深入采访，特别是与董事长陶晓莺多次交流和沟通后，我们深切地感受到了温暖和力量。

这种温暖和力量是一座城市文明的体现。我们关注到，连续4次蝉联全国文明城市与连续15年荣获“中国最具幸福感城市”称号交相辉映——文明，是杭州的最亮底色，也是最暖心的名片。而随着我国经济发展和城市居民生活水平的不断提高，家政服务已成为城市居民生活中必不可少的一种需求。作为一种新兴的“朝阳行业”，家政服务业在我国发展迅速。无疑，杭州城市文明的建设，少不了三替人的汗水和心血，他们甚至是杭州最耀眼的名片之一。当然，不论是三替集团，还是杭州这座城市，在全国都具有引领作用。

这种温暖和力量是一座城市治理体系和治理能力现代化的重要体现。习近平总书记曾说，做好城市工作，要顺应城市工作新形势、改革发展新要求、人民群众新期待，坚持以人民为中心的发展思想，坚持人民城市为人民。采访三替集团诸多工作人员期间，我们感受到他们务实的人民情怀，他们致力于把爱带给千家万户，点亮万家灯火，温暖千万家庭。他们始终把人民放在心中，所以他们成就了一家受人尊重的企业、进入人民内心的企业。三替的服务在人们生活中渗透，也在变得更为深入，其影响慢慢地扩大到了每个家庭、每个人。

这种温暖和力量，让我们深刻地感受到了共产党员的初心和使命。陶晓莺虽然下海创业，但她始终没有忘记自己是一名共产党员，并始终按党员的标准来严格要求自己。她是在创业，但她也是在向社会献出爱、传递爱。陶晓莺告诉我们，党员在三替起着绝对的先锋模范作用。一个党员是一面旗帜，大家学有榜样、赶有目标。2003年“非典”期间，保俶路某小区的一个单元被封闭，很多服务业单位都提供不了服务，但是有三替服务。谁去？党员去。而且，去的那位党员觉得拥有这个机会，是一件很光荣的事。他们一直用党建统领企业方方面面的发展，使之融入日常工作之中。在30年的风雨兼程中，三替取得的每一个进步，靠的就是多年形成的优良传统所造就的党员队伍和由党员带领的优秀员工队伍，如此才有了今天企业的发展，使企业一直走在行业前列。

在采访和创作过程中，我们得到了三替集团特别是董事长陶晓莺的大力支持与帮助，得到了浙江人民出版社的具体指导与协助。在这里特别要感谢的是中国报告文学学会常务副会长、著名报告文学作家黄传会老师，从选题策划、框架设置、采访创作，到最后作品的修改打磨，他都给予了具体细致的指导与帮助。在此，深表敬意和谢意。

2022年1月25日

图书在版编目（CIP）数据

携爱而行 / 纪红建，曹永胜，杨丰美著. — 杭州 ：浙江人民出版社，2022.5

ISBN 978-7-213-10521-0

Ⅰ. ①携… Ⅱ. ①纪… ②曹… ③杨… Ⅲ. ①纪实文学-中国-当代 Ⅳ. ①I25

中国版本图书馆CIP数据核字(2022)第034768号

携爱而行

纪红建　曹永胜　杨丰美　著

出版发行	浙江人民出版社（杭州市体育场路347号　邮编　310006） 市场部电话:(0571)85061682　85176516
责任编辑	丁谨之　张苗群
责任校对	何培玉
责任印务	陈　峰
封面设计	王　芸
电脑制版	杭州兴邦电子印务有限公司
印　　刷	杭州富春印务有限公司
开　　本	880毫米×1230毫米　1/32
印　　张	10
字　　数	211千字
插　　页	14
版　　次	2022年5月第1版
印　　次	2022年5月第1次印刷
书　　号	ISBN 978-7-213-10521-0
定　　价	78.00元